201 LATIN VERBS

FULLY CONJUGATED
IN ALL THE TENSES
Alphabetically arranged

Joseph Wohlberg

Department of Classical Languages
The City College of the City University of New York
New York, New York

BARRON'S EDUCATIONAL SERIES,
Woodbury, N. Y.

CONTENTS

INTRODUCTION

A DICTIONARY OF Latin verbs with a full inflection of all the verb forms presents a problem different from the compiling of other Latin dictionaries, and from the preparation of similar works in modern languages. When in Latin we conjugate a verb fully, we have to ask ourselves the question whether a particular form is bound to be encountered in reading. This problem is particularly acute in the Passive voice, for we can never be certain that the specific form ever existed in actual usage. We know, for example, that *veniō*, though a transitive verb, appears in the Passive Third Person Singular forms in an impersonal sense, but how can we know that *exstinguō* (quench) would ever be used in the first or second person of the Passive voice?

Since this book is intended primarily for students in the early stages of their Latin studies, all the forms have been omitted which they are not likely to meet in their readings because of their forced meanings. Likewise, rare forms, such as the Future Imperatives and the Future Passive Infinitives are left out to save the student from unnecessary confusion.

The two hundred and one Latin verbs contained in this volume are essentially the most frequent verbs encountered in the New York State Regents examinations and the various College Board tests. The Latin verbs are listed and conjugated in their simplest form, although compound forms are listed in the vocabularies. Thus, while *subsequor* is listed as a separate verb with its own meaning in the Latin-English and the English-Latin vocabulary, for its conjugation the student is referred to its simple form, *sequor*. In case the stem of a simple verb is modified in its compound form, both the simple and the compound form of the verb are conjugated, as *teneō* and *abstineō*. In case several compound forms exist, the first one listed alphabetically is conjugated, and all other compounds have a cross-reference to the first form. Thus, *abstineō* is fully conjugated, while *contineō* has merely a cross-reference to *abstineō*.

The Latin verb is listed according to its traditional principal parts;

the first person singular of the Present Indicative (or the third person singular in the case of Impersonal Verbs); the Present Infinitive; the first person singular of the Perfect Indicative, and the Accusative form of the Supine. If the latter form does not exist, whenever possible, the Future Active Participle is substituted.

When there is a variation in the verb form, both forms are listed, with the less frequent form in parentheses. For example, the second person singular of the Future Indicative Passive of *portō* appears as *portāberis(-re)*; i. e. *portāberis* and its alternate form *portābere*. The third person plural of the Perfect Active Indicative is treated in the same manner. *Portāvērunt(-re)* indicates that *portāvērunt* and *portāvēre* occur as alternate forms. In forms compounded from the Perfect Passive or the Future Active Participles, variations according to gender and number are indicated within the parentheses. *Portātus(-a, -um) sum, es, est* means that the form may be *portātus sum* or *portāta sum* or *portātum sum*, as well as *portātus es, portāta es, portātum es* etc. and the plural forms are treated the same way. Finally, the Gerund is listed in the Genitive Case, with the endings of the other cases appearing after dashes. Thus, portandī, -ō, -um, -ō, shows that the Genetive case of the Gerund is *portandī*, Dative *portandō*, Accusative *portandum*, Ablative *portandō*.

The meaning and the translation of any particular verb varies according to Voice, Mood, Tense, Person, and Number. The Active Voice, indicates by its very nature that the subject participates in the idea expressed by the verb without any intermediary, while the Passive Voice shows the subject as a participant only to the extent that some outside agency acts upon it. Thus, *portābam* (Active) may be translated as *I was carrying*, indicating that the subject, *I*, was engaged by itself in the concept of carrying, whereas *portābar* (*I was being carried*) shows that some outside agency involved the subject in the carrying process. However in the Latin language several verbs (deponents) have Passive forms but their meaning is Active. Thus, *sequor* means *I follow*, and not *I am followed*. Occasionally, a verb may appear in the Passive Voice in the third person singular with an impersonal or general subject. *Ventum est* (literally, it was come) means *one came*, or *people* (in general) *came*.

The Mood of the verb denotes the several shades of meaning with which a single idea of a verb may be colored. The Indicative Mood is a direct, straightforward expression of the meaning of the verb. *Portābō* (I shall carry) or *portātī sumus* (we have been carried) are simple statements of fact without aηy overtones. On the other hand, the Imperative Mood always bears the additional meaning of a command; e. g. *portāte* (*carry!*)

The Subjunctive Mood colors the meaning of the verb by some overtone of wish, obligation, or possibility, or it subordinates the meaning to some other idea. Thus, *portent* may mean *may they carry!* (wish), or *they should carry* (obligation), or *they may carry* (possibility), or as a subordinate thought; e. g. *so as to carry, if they should carry, that they may carry.*

The Infinitive Mood, on the other hand, removes all coloration from the meaning of the verb, and merely expresses the idea of the verb without any reference to number and person. In English this is expressed by *to* and the verb. As an example in Latin, *portārī* means *to be carried; portātūrus esse to be about to carry* etc. Often the Infinitive is also used as the Nominative case of a verbal noun. Thus, *portāre* may mean *carrying*, as well as *to carry.*

A Participle is essentially a verbal adjective modifying a noun or a pronoun, and it is expressed in English by the ending *-ing*, or, in the Passive, by *-ed*. The Present Participle, *portāns* (Genitive case *portantis*) means *carrying* (as modifying a noun or pronoun), and *portātus, portāta,* or *portātum* (The Perfect Passive Participle) means *carried*. The Future Active Participle, (e. g. *portātūrus, -a, -um*) may be translated as *about to carry*, while the Future Passive Participle, (more often called the Gerundive), *portandus, portanda, portandum* is best translated as *to be carried.*

The Gerund is a verbal noun used in the oblique cases, of which the Present Infinitive may be considered the Nominative Case. It conveys an abstract, substantive idea of the verb, and it is translated by the *-ing* from of the English verb. Thus, *portandī* means *of carrying;* *portandō for carrying* etc. The Supine is a specialized verbal noun, limited to the Accusative and Ablative cases. Neither Active nor Passive in meaning, it merely contains a general idea of the Verb. the Accustive form is limited to an occasional expression to denote a goal or purpose, e. g. vēnērunt portātum (they came to carry). The Ablative case is limited to a few expressions dependent on adjectives; e. g. *difficile portātū*, (*difficult to carry*).

The translation of the various tenses of the Latin verb may vary considerably in English. The Latin Present Tense can be translated by a simple Present, a progressive Present, or an emphatic Present. Thus, *portat* can be translated as *he* or *she* or *it carries, he* or *she* or *it is carrying*, or *he* or *she* or *it does carry*. The Imperfect denotes usually continuous action in Past Time. For example, *portābātis* can be translated *you were carrying*. The Future Tense is translated usually in English by the use of *shall* or *will*; For example *portābō* can be translated as *I shall carry* or *I shall be carrying*. The Perfect Tense in Latin has two meanings; the simple past without reference to any particular time, or the true Perfect, where the action was started in the past, and is terminated at the present moment. Thus *portāvisti* may mean *you carried*, (simple past), or *you have carried*, or *you have been carrying* (true Perfect). The Pluperfect is a past view of a completed action, started at some time in the past, and completed at a later time, also in the past. Thus, *portāveram* (*I had carried*) means that I started to carry some time ago in the past, and I completed the carrying process later, but likewise in the past. On the other hand, in the Future Perfect Tense, the action started at some time, but its completion will take place in the Future. Thus *portāverint* (*they will have carried*) means that the carrying process, already started, or about to start, will be completed some time later in the future.

Person and Number require little comment. Thus, the first person singular, *portō* means *I carry*; the first person plural, *portāmus, we carry*; the second person singular and plural, *portās* and *portātis* both mean *you carry*, since the English language does not distinguish between the second person singular and plural. Finally, the third person singular, *portat*, means *he* or *she* or *it carries*, while the plural *portant* means *they carry*.

As a summary of the above, for the convenience of the reader there follows a complete translation of the conjugation of *portō* (*carry*).

portō

portāre, portāvī, portātum   *carry*

INDICATIVE

Pres.
I	carry (am carrying) (do carry)	we carry (are carrying) (do carry)
you	carry (are carrying) (do carry)	you carry (are carrying) (do carry)
he (she, it)	carries (is carrying) (does carry)	they carry (are carrying) (do carry)

Impf.
I	was carrying	we were carrying
you	were carrying	you were carrying
he (she, it)	was carrying	they were carrying

Fut.
I	shall (carry, be carrying)	we shall (carry, be carrying)
you	will (carry, be carrying)	you will (carry, be carrying)
he (she, it)	will (carry, be carrying)	they will (carry, be carrying)

Perf.
I	carried, have carried	we carried, have carried
you	carried, have carried	you carried, have carried
he (she, it)	carried, has carried	they carried, have carried

Plup.
I	had carried	we had carried
you	had carried	you had carried
he (she, it)	had carried	they had carried

Fut.
Perf.
I	shall have carried	we shall have carried
you	will have carried	you will have carried
he (she, it)	will have carried	they will have carried

SUBJUNCTIVE

Pres.
I	may carry	we may carry
you	may carry	you may carry
he (she, it)	may carry	they may carry

Impf.
I	might carry	we might carry
you	might carry	you might carry
he (she, it)	might carry	they might carry

Perf.
I	may have carried	we may have carried
you	may have carried	you may have carried
he (she, it)	may have carried	they may have carried

Plup.
I	might have carried	we might have carried
you	might have carried	you might have carried
he (she, it)	might have carried	they might have carried

IMPERATIVE

Pres.   carry!   carry!

INFINITIVE

Pres.   to carry
Perf.   to have carried
Fut.   to be about to carry

PARTICIPLE

Pres.   carrying
Perf.   ———
Fut.   about to carry

GERUND of carrying, for carrying, carrying, by carrying   SUPINE to carry, to carry

x

SAMPLE ENGLISH VERB CONJUGATION

PASSIVE

INDICATIVE

Pres.
I	am (am being) carried	we	are (are being) carried
you	are (are being) carried	you	are (are being) carried
he (she, it)	is (is being) carried	they	are (are being) carried

Impf.
I	was being carried	we	were being carried
you	were being carried	you	were being carried
he (she, it)	was being carried	they	were being carried

Fut.
I	shall be carried	we	shall be carried
you	will be carried	you	will be carried
he (she, it)	will be carried	they	will be carried

Perf.
I	was (have been) carried	we	were (have been) carried
you	were (have been) carried	you	were (have been) carried
he (she, it)	was (has been) carried	they	were (have been) carried

Plup.
I	had been carried	we	had been carried
you	had been carried	you	had been carried
he (she, it)	had been carried	they	had been carried

Fut.
Perf.
I	shall have been carried	we	shall have been carried
you	will have been carried	you	will have been carried
he (she, it)	will have been carried	they	will have been carried

SUBJUNCTIVE

Pres.
I	may be carried	we	may be carried
you	may be carried	you	may be carried
he (she, it)	may be carried	they	may be carried

Impf.
I	might be carried	we	might be carried
you	might be carried	you	might be carried
he (she, it)	might be carried	they	might be carried

Perf.
I	may have been carried	we	may have been carried
you	may have been carried	you	may have been carried
he (she, it)	may have been carried	they	may have been carried

Plup.
I	might have been carried	we	might have been carried
you	might have been carried	you	might have been carried
he (she, it)	might have been carried	they	might have been carried

IMPERATIVE

Pres. ———

INFINITIVE

Pres. to be carried
Perf. to have been carried
Fut. ———

PARTICIPLE

Pres. ———
Perf. carried, having been carried
Fut. to be carried (GERUNDIVE)

VERB TENSE ABBREVIATIONS

Fut.	Future
Fut. Perf.	Future Perfect
Impers.	Impersonal
Impf.	Imperfect
Perf.	Perfect
Plup.	Pluperfect
Pres.	Present

abstineō, abstinēre, abstinuī, abstentum   *keep back,* *refrain*

	ACTIVE		**PASSIVE**	

INDICATIVE

Pres.	abstineō	abstinēmus	abstineor	abstinēmur
	abstinēs	abstinētis	abstinēris(-re)	abstinēminī
	abstinet	abstinent	abstinētur	abstinentur
Impf.	abstinēbam	abstinēbāmus	abstinēbar	abstinēbāmur
	abstinēbās	abstinēbātis	abstinēbāris(-re)	abstinēbāminī
	abstinēbat	abstinēbant	abstinēbātur	abstinēbantur
Fut.	abstinēbō	abstinēbimus	abstinēbor	abstinēbimur
	abstinēbis	abstinēbitis	abstinēberis(-re)	abstinēbiminī
	abstinēbit	abstinēbunt	abstinēbitur	abstinēbuntur
Perf.	abstinuī	abstinuimus	abstentus sum	abstentī sumus
	abstinuistī	abstinuistis	(-a, -um) es	(-ae, -a) estis
	abstinuit	abstinuērunt(-re)	est	sunt
Plup.	abstinueram	abstinuerāmus	abstentus eram	abstentī erāmus
	abstinuerās	abstinuerātis	(-a, -um) erās	(-ae, -a) erātis
	abstinuerat	abstinuerant	erat	erant
Fut.	abstinuerō	abstinuerimus	abstentus erō	abstentī erimus
Perf.	abstinueris	abstinueritis	(-a, -um) eris	(-ae, -a) eritis
	abstinuerit	abstinuerint	erit	erunt

SUBJUNCTIVE

Pres.	abstineām	abstineāmus	abstinear	abstineāmur
	abstineās	abstineātis	abstineāris(-re)	abstineāminī
	abstineat	abstineant	abstineātur	abstineāntur
Impf.	abstinērem	abstinērēmus	abstinērer	abstinērēmur
	abstinērēs	abstinērētis	abstinēréris(-re)	abstinērēminī
	abstinēret	abstinērent	abstinērētur	abstinērentur
Perf.	abstinuerim	abstinuerimus	abstentus sim	abstentī sīmus
	abstinueris	abstinueritis	(-a, -um) sīs	(-ae, -a) sītis
	abstinuerit	abstinuerint	sit	sint
Plup.	abstinuissem	abstinuissēmus	abstentus essem	abstentī essēmus
	abstinuissēs	abstinuissētis	(-a, -um) essēs	(-ae, -a) essētis
	abstinuisset	abstinuissent	esset	essent

IMPERATIVE

Pres.   abstinē   abstinēte

INFINITIVE

Pres.   abstinēre   abstinērī
Perf.   abstinuisse   abstentus(-a, -um) esse
Fut.   abstentūrus(-a, -um) esse

PARTICIPLE

Pres.   abstinēns(-tis)
Perf.   abstentus(-a, -um)
Fut.   abstentūrus(-a, -um)   abstinendus(-a, -um) (GERUNDIVE)

GERUND abstinendī, -ō, -um, -ō   SUPINE abstentum, -ū

1

accidō

accidō, accidere, accidī, ———   *happen*

ACTIVE
INDICATIVE

Pres.	accidō	accidimus
	accidis	acciditis
	accidit	accidunt

Impf.	accidēbam	accidēbāmus
	accidēbās	accidēbātis
	accidēbat	accidēbant

Fut.	accidam	accidēmus
	accidēs	accidētis
	accidet	accident

Perf.	accidī	accidimus
	accidistī	accidistis
	accidit	accidērunt(-re)

Plup.	accideram	acciderāmus
	acciderās	acciderātis
	acciderat	acciderant

Fut.	acciderō	acciderimus
Perf.	accideris	accideritis
	acciderit	acciderint

SUBJUNCTIVE

Pres.	accidam	accidāmus
	accidās	accidātis
	accidat	accidant

Impf.	acciderem	acciderēmus
	acciderēs	acciderētis
	accideret	acciderent

Perf.	acciderim	acciderimus
	accideris	accideritis
	acciderit	acciderint

Plup.	accidissem	accidissēmus
	accidissēs	accidissētis
	accidisset	accidissent

IMPERATIVE
Pres. accide   accidite

INFINITIVE
Pres. accidere
Perf. accidisse

PARTICIPLE
Pres. accidēns(-tis)

GERUND   accidendī, -ō, -um, -ō

2

accipiō, accipere, accēpī, acceptum   *accept, receive*

	ACTIVE		PASSIVE	
		INDICATIVE		
Pres.	accipiō	accipimus	accipior	accipimur
	accipis	accipitis	acciperis(-re)	accipiminī
	accipit	accipiunt	accipitur	accipiuntur
Impf.	accipiēbam	accipiēbāmus	accipiēbar	accipiēbāmur
	accipiēbās	accipiēbātis	accipiēbāris(-re)	accipiēbāminī
	accipiēbat	accipiēbant	accipiēbātur	accipiēbantur
Fut.	accipiam	accipiēmus	accipiar	accipiēmur
	accipiēs	accipiētis	accipiēris(-re)	accipiēminī
	accipiet	accipient	accipiētur	accipientur
Perf.	accēpī	accēpimus	acceptus sum	acceptī sumus
	accēpistī	accēpistis	(-a, -um) es	(-ae, -a) estis
	accēpit	accēpērunt(-re)	est	sunt
Plup.	accēperam	accēperāmus	acceptus eram	acceptī erāmus
	accēperās	accēperātis	(-a, -um) erās	(-ae, -a) erātis
	accēperat	accēperant	erat	erant
Fut.	accēperō	accēperimus	acceptus erō	acceptī erimus
Perf.	accēperis	accēperitis	(-a, -um) eris	(-ae, -a) eritis
	accēperit	accēperint	erit	erunt
		SUBJUNCTIVE		
Pres.	accipiam	accipiāmus	accipiar	accipiāmur
	accipiās	accipiātis	accipiāris(-re)	accipiāminī
	accipiat	accipiant	accipiātur	accipiantur
Impf.	acciperem	acciperēmus	acciperer	acciperēmur
	acciperēs	acciperētis	acciperēris(-re)	acciperēminī
	acciperet	acciperent	acciperētur	acciperentur
Perf.	accēperim	accēperimus	acceptus sim	acceptī sīmus
	accēperis	accēperitis	(-a, -um) sīs	(-ae, -a) sītis
	accēperit	accēperint	sit	sint
Plup.	accēpissem	accēpissēmus	acceptus essem	acceptī essēmus
	accēpissēs	accēpissētis	(-a, -um) essēs	(-ae, -a) essētis
	accēpisset	accēpissent	esset	essent

IMPERATIVE

Pres.   accipe   accipite

INFINITIVE

Pres.   accipere   accipī
Perf.   accēpisse   acceptus(-a, -um) esse
Fut.   acceptūrus(-a, -um) esse

PARTICIPLE

Pres.   accipiēns(-tis)
Perf.   acceptus(-a, -um)
Fut.   acceptūrus(-a, -um)   accipiendus(-a, -um) (GERUNDIVE)

GERUND accipiendī, -ō, -um, -ō   SUPINE acceptum, -ū

3

accūsō

accūsō, accūsāre, accūsāvī, accūsātum   *charge, accuse*

	ACTIVE		PASSIVE	
		INDICATIVE		
Pres.	accūsō	accūsāmus	accūsor	accūsāmur
	accūsās	accūsātis	accūsāris(-re)	accūsāminī
	accūsat	accūsant	accūsātur	accūsantur
Impf.	accūsābam	accūsābāmus	accūsābar	accūsābāmur
	accūsābās	accūsābātis	accūsābāris(-re)	accūsābāminī
	accūsābat	accūsābant	accūsābātur	accūsābantur
Fut.	accūsābō	accūsābimus	accūsābor	accūsābimur
	accūsābis	accūsābitis	accūsāberis(-re)	accūsābiminī
	accūsābit	accūsābunt	accūsābitur	accūsābuntur
Perf.	accūsāvī	accūsāvimus	accūsātus sum	accūsātī sumus
	accūsāvistī	accūsāvistis	(-a, -um) es	(-ae, -a) estis
	accūsāvit	accūsāvērunt(-re)	est	sunt
Plup.	accūsāveram	accūsāverāmus	accūsātus eram	accūsātī erāmus
	accūsāverās	accūsāverātis	(-a, -um) erās	(-ae, -a) erātis
	accūsāverat	accūsāverant	erat	erant
Fut.	accūsāverō	accūsāverimus	accūsātus erō	accūsātī erimus
Perf.	accūsāveris	accūsāveritis	(-a, -um) eris	(-ae, -a) eritis
	accūsāverit	accūsāverint	erit	erunt
		SUBJUNCTIVE		
Pres.	accūsem	accūsēmus	accūser	accūsēmur
	accūsēs	accūsētis	accūsēris(-re)	accūsēminī
	accūset	accūsent	accūsētur	accūsentur
Impf.	accūsārem	accūsārēmus	accūsārer	accūsārēmur
	accūsārēs	accūsārētis	accūsārēris(-re)	accūsārēminī
	accūsāret	accūsārent	accūsārētur	accūsārentur
Perf.	accūsāverim	accūsāverimus	accūsātus sim	accūsātī sīmus
	accūsāveris	accūsāveritis	(-a, -um) sīs	(-ae, -a) sītis
	accūsāverit	accūsāverint	sit	sint
Plup.	accūsāvissem	accūsāvissēmus	accūsātus essem	accūsātī essēmus
	accūsāvissēs	accūsāvissētis	(-a, -um) essēs	(-ae, -a) essētis
	accūsāvisset	accūsāvissent	esset	essent

IMPERATIVE

Pres. accūsā   accūsāte

INFINITIVE

Pres. accūsāre   accūsārī
Perf. accūsāvisse   accūsātus(-a, -um) esse
Fut. accūsātūrus(-a, -um) esse

PARTICIPLE

Pres. accūsāns(-tis)
Perf.   accūsātus(-a, -um)
Fut. accūsātūrus(-a, -um)   accūsandus(-a, -um) (GERUNDIVE)

GERUND accūsandī, -ō, -um, -ō   SUPINE accūsātum, -ū

4

addō, addere, addidī, additum *add*

<table>
<tr><th colspan="3" align="center">ACTIVE</th><th colspan="2" align="center">PASSIVE</th></tr>
<tr><th colspan="5" align="center">INDICATIVE</th></tr>
</table>

	ACTIVE		PASSIVE	
Pres.	addō	addimus	addor	addimur
	addis	additis	adderis(-re)	addiminī
	addit	addunt	additur	adduntur
Impf.	addēbam	addēbāmus	addēbar	addēbāmur
	addēbās	addēbātis	addēbāris(-re)	addēbāminī
	addēbat	addēbant	addēbātur	addēbantur
Fut.	addam	addēmus	addar	addēmur
	addēs	addētis	addēris(-re)	addēminī
	addet	addent	addētur	addentur
Perf.	addidī	addidimus	additus sum	additī sumus
	addidistī	addidistis	(-a, -um) es	(-ae, -a) estis
	addidit	addidērunt(-re)	est	sunt
Plup.	addideram	addiderāmus	additus eram	additī erāmus
	addiderās	addiderātis	(-a, -um) erās	(-ae, -a) erātis
	addiderat	addiderant	erat	erant
Fut.	addiderō	addiderimus	additus erō	additī erimus
Perf.	addideris	addideritis	(-a, -um) eris	(-ae, -a) eritis
	addiderit	addiderint	erit	erunt

<table><tr><th colspan="5" align="center">SUBJUNCTIVE</th></tr></table>

	ACTIVE		PASSIVE	
Pres.	addam	addāmus	addar	addāmur
	addās	addātis	addāris(-re)	addāminī
	addat	addant	addātur	addantur
Impf.	adderem	adderēmus	adderer	adderēmur
	adderēs	adderētis	adderēris(-re)	adderēminī
	adderet	adderent	adderētur	adderentur
Perf.	addiderim	addiderimus	additus sim	additī sīmus
	addideris	addideritis	(-a, -um) sīs	(-ae, -a) sītis
	addiderit	addiderint	sit	sint
Plup.	addidissem	addidissēmus	additus essem	additī essēmus
	addidissēs	addidissētis	(-a, -um) essēs	(-ae, -a) essētis
	addidisset	addidissent	esset	essent

IMPERATIVE

Pres. adde   addite

INFINITIVE

Pres. addere   addī
Perf. addidisse   additus(-a, -um) esse
Fut. additūrus(-a, -um) esse

PARTICIPLE

Pres. addēns(-tis)
Perf.   additus(-a, -um)
Fut. additūrus(-a, -um)   addendus(-a, -um) (GERUNDIVE)

GERUND addendī, -ō, -um, -ō   SUPINE additum, -ū

adhibeō, adhibēre, adhibuī, adhibitum   *summon, furnish*

| | ACTIVE | | PASSIVE | |

INDICATIVE

	ACTIVE		PASSIVE	
Pres.	adhibeō	adhibēmus	adhibeor	adhibēmur
	adhibēs	adhibētis	adhibēris(-re)	adhibēminī
	adhibet	adhibent	adhibētur	adhibentur
Impf.	adhibēbam	adhibēbāmus	adhibēbar	adhibēbāmur
	adhibēbās	adhibēbātis	adhibēbāris(-re)	adhibēbāminī
	adhibēbat	adhibēbant	adhibēbātur	adhibēbantur
Fut.	adhibēbō	adhibēbimus	adhibēbor	adhibēbimur
	adhibēbis	adhibēbitis	adhibēberis(-re)	adhibēbiminī
	adhibēbit	adhibēbunt	adhibēbitur	adhibēbuntur
Perf.	adhibuī	adhibuimus	adhibitus sum	adhibitī sumus
	adhibuistī	adhibuistis	(-a, -um) es	(-ae, -a) estis
	adhibuit	adhibuērunt(-re)	est	sunt
Plup.	adhibueram	adhibuerāmus	adhibitus eram	adhibitī erāmus
	adhibuerās	adhibuerātis	(-a, -um) erās	(-ae, -a) erātis
	adhibuerat	adhibuerant	erat	erant
Fut.	adhibuerō	adhibuerimus	adhibitus erō	adhibitī erimus
Perf.	adhibueris	adhibueritis	(-a, -um) eris	(-ae, -a) eritis
	adhibuerit	adhibuerint	erit	erunt

SUBJUNCTIVE

Pres.	adhibeām	adhibeāmus	adhibear	adhibeāmur
	adhibeās	adhibeātis	adhibeāris(-re)	adhibeāminī
	adhibeat	adhibeant	adhibeātur	adhibeantur
Impf.	adhibērem	adhibērēmus	adhibērer	adhibērēmur
	adhibērēs	adhibērētis	adhibērēris(-re)	adhibērēminī
	adhibēret	adhibērent	adhibērētur	adhibērentur
Perf.	adhibuerim	adhibuerimus	adhibitus sim	adhibitī sīmus
	adhibueris	adhibueritis	(-a, -um) sīs	(-ae, -a) sītis
	adhibuerit	adhibuerint	sit	sint
Plup.	adhibuissem	adhibuissēmus	adhibitus essem	adhibitī essēmus
	adhibuissēs	adhibuissētis	(-a, -um) essēs	(-ae, -a) essētis
	adhibuisset	adhibuissent	esset	essent

IMPERATIVE

Pres.   adhibē   adhibēte

INFINITIVE

Pres.   adhibēre   adhibērī
Perf.   adhibuisse   adhibitus(-a, -um) esse
Fut.   adhibitūrus(-a, -um) esse

PARTICIPLE

Pres.   adhibēns(-tis)
Perf.   adhibitus(-a, -um)
Fut.   adhibitūrus(-a, -um) adhibendus(-a, -um) (GERUNDIVE)

GERUND adhibendī, -ō, -um, -ō   SUPINE adhibitum, -ū

adimō, adimere adēmī, adēmptum — *take away, deprive*

ACTIVE		PASSIVE	

INDICATIVE

	ACTIVE		PASSIVE	
Pres.	adimō	adimimus	adimor	adimimur
	adimis	adimitis	adimeris(-re)	adimiminī
	adimit	adimunt	adimitur	adimuntur
Impf.	adimēbam	adimēbāmus	adimēbar	adimēbāmur
	adimēbās	adimēbātis	adimēbāris(-re)	adimēbāminī
	adimēbat	adimēbant	adimēbātur	adimēbantur
Fut.	adimam	adimēmus	adimar	adimēmur
	adimēs	adimētis	adimēris(-re)	adimēminī
	adimet	adiment	adimētur	adimentur
Perf.	adēmī	adēmimus	adēmptus sum	adēmptī sumus
	adēmistī	adēmistis	(-a, -um) es	(-ae, -a) estis
	adēmit	adēmērunt(-re)	est	sunt
Plup.	adēmeram	ademerāmus	adēmptus eram	adēmptī erāmus
	adēmerās	adēmerātis	(-a, -um) erās	(-ae, -a) erātis
	adēmerat	adēmerant	erat	erant
Fut.	adēmerō	adēmerimus	adēmptus erō	adēmptī erimus
Perf.	adēmeris	adēmeritis	(-a, -um) eris	(-ae, -a) eritis
	adēmerit	adēmerint	erit	erunt

SUBJUNCTIVE

	ACTIVE		PASSIVE	
Pres.	adimam	adimāmus	adimar	adimāmur
	adimās	adimātis	adimāris(-re)	adimāminī
	adimat	adimant	adimātur	adimantur
Impf.	adimerem	adimerēmus	adimerer	adimerēmur
	adimerēs	adimerētis	adimerēris(-re)	adimerēminī
	adimeret	adimerent	adimerētur	adimerentur
Perf.	adēmerim	adēmerimus	adēmptus sim	adēmptī sīmus
	adēmeris	adēmeritis	(-a, -um) sīs	(-ae, -a) sītis
	adēmerit	adēmerint	sit	sint
Plup.	adēmissem	adēmissēmus	adēmptus essem	adēmptī essemus
	adēmissēs	adēmissētis	(-a, -um) essēs	(-ae, -a) essētis
	adēmisset	adēmissent	esset	essent

IMPERATIVE

Pres.	adime	adimite

INFINITIVE

	ACTIVE	PASSIVE
Pres.	adimere	adimī
Perf.	adēmisse	adēmptus(-a, -um) esse
Fut.	adēmptūrus(-a, -um) esse	

PARTICIPLE

	ACTIVE	PASSIVE
Pres.	adimēns(-tis)	
Perf.		adēmptus(-a, -um)
Fut.	adēmptūrus(-a, -um)	adimendus(-a, -um) (GERUNDIVE)

GERUND adimendī, -ō, -um, -ō   SUPINE adēmptum, -ū

adipīscor

adipīscor, adipīscī, adeptus sum   *attain,   obtain*

ACTIVE
INDICATIVE

Pres.	adipīscor	adipīscimur
	adipīsceris(-re)	adipīsciminī
	adipīscitur	adipīscuntur
Impf.	adipīscēbar	adipīscēbāmur
	adipīscēbāris(-re)	adipīscēbāminī
	adipīscēbātur	adipīscēbantur
Fut.	adipīscar	adipīscēmur
	adipīscēris(-re)	adipīscēminī
	adipīscētur	adipīscentur
Perf.	adeptus sum	adeptī sumus
	(-a, -um) es	(-ae, -a) estis
	est	sunt
Plup.	adeptus eram	adeptī erāmus
	(-a, -um) erās	(-ae, -a) erātis
	erat	erant
Fut.	adeptus erō	adeptī erimus
Perf.	(-a, -um) eris	(-ae, -a) eritis
	erit	erunt

SUBJUNCTIVE

Pres.	adipīscar	adipīscāmur
	adipīscāris(-re)	adipīscāminī
	adipīscātur	adipīscantur
Impf.	adipīscerer	adipīscerēmur
	adipīscerēris(-re)	adipīscerēminī
	adipīscerētur	adipīscerentur
Perf.	adeptus sum	adeptī sīmus
	(-a, -um) sīs	(-ae, -a) sītis
	sit	sint
Plup.	adeptus essem	adeptī essēmus
	(-a, -um) essēs	(-ae, -a) essētis
	esset	essent

IMPERATIVE

Pres.	adipīscere	adipīsciminī

INFINITIVE

Pres.	adipīscī
Perf.	adeptus(-a, -um) esse
Fut.	adeptūrus(-a, -um) esse

Active	PARTICIPLE	Passive
Pres. adipīscēns(-tis)		
Perf. adeptus(-a, -um)		
Fut. adeptūrus(-a, -um)		adipiscendus(-a, -um) (GERUNDIVE)

GERUND adipīscendī, -ō, -um, -ō   SUPINE adeptum, -ū

8

aggredior, aggredī, aggressus sum   *attack*

ACTIVE
INDICATIVE

Pres. aggredior   aggredimur
     aggrederis(-re)   aggrediminī
     aggreditur   aggrediuntur

Impf. aggrediēbar   aggrediēbāmur
     aggrediēbāris(-re)   aggrediēbāminī
     aggrediēbātur   aggrediēbantur

Fut. aggrediar   aggrediēmur
     aggrediēris(-re)   aggrediēminī
     aggrediētur   aggredientur

Perf. aggressus sum   aggressī sumus
     (-a, -um) es   (-ae, -a) estis
        est   sunt

Plup. aggressus eram   aggressī erāmus
     (-a, -um) erās   (-ae, -a) erātis
        erat   erant

Fut. aggressus erō   aggressī erimus
Perf. (-a, -um) eris   (-ae, -a) eritis
        erit   erunt

SUBJUNCTIVE

Pres. aggrediar   aggrediāmur
     aggrediāris(-re)   aggrediāminī
     aggrediātur   aggrediantur

Impf. aggrederer   aggrederēmur
     aggrederēris(-re)   aggrederēminī
     aggrederētur   aggrederentur

Perf. aggressus sim   aggressī sīmus
     (-a, -um) sīs   (-ae, -a) sītis
        sit   sint

Plup. aggressus essem   aggressī essēmus
     (-a, -um) essēs   (-ae, -a) essētis
        esset   essent

IMPERATIVE
Pres. aggredere   aggrediminī

INFINITIVE
Pres. aggredī
Perf. aggressus(-a, -um) esse
Fut. aggressūrus(-a, -um) esse

	Active	PARTICIPLE	**Passive**
Pres.	aggrediēns(-tis)		
Perf.	aggressus(-a, -um)		
Fut.	aggressūrus(-a, -um)		aggrediendus(-a, -um) (GERUNDIVE)

GERUND aggrediendī, -ō, -um, -ō SUPINE aggressum, -ū

agō

agō, agere, ēgī, āctum   *do,   drive*

	ACTIVE		PASSIVE	

INDICATIVE

	ACTIVE		PASSIVE	
Pres.	agō	agimus	agor	agimur
	agis	agitis	ageris(-re)	agiminī
	agit	agunt	agitur	aguntur
Impf.	agēbam	agēbāmus	agēbar	agēbāmur
	agēbās	agēbātis	agēbāris(-re)	agēbāminī
	agēbat	agēbant	agēbātur	agēbantur
Fut.	agam	agēmus	agar	agēmur
	agēs	agētis	agēris	agemīnī
	aget	agent	agētur	agentur
Perf.	ēgī	ēgimus	āctus sum	āctī sumus
	ēgistī	ēgistis	(-a, -um) es	(-ae, -a) estis
	ēgit	ēgērunt(-re)	est	sunt
Plup.	ēgeram	ēgerāmus	āctus eram	āctī erāmus
	ēgerās	ēgerātis	(-a, -um) erās	(-ae, -a) erātis
	egerat	ēgerant	erat	erant
Fut.	ēgerō	ēgerimus	āctus erō	āctī erimus
Perf.	ēgeris	ēgeritis	(-a, -um) eris	(-ae, -a) eritis
	ēgerit	ēgerint	erit	erunt

SUBJUNCTIVE

	ACTIVE		PASSIVE	
Pres.	agam	agāmus	agar	agāmur
	agās	agātis	agāris(-re)	agāminī
	agat	agant	agātur	agantur
Impf.	agerem	agerēmus	agerer	agerēmur
	agerēs	agerētis	agerēris(-re)	agerēminī
	ageret	agerent	agerētur	agerentur
Perf.	ēgerim	ēgerimus	āctus sim	āctī sīmus
	ēgeris	ēgeritis	(-a, -um) sīs	(-ae, -a) sītis
	ēgerit	ēgerint	sit	sint
Plup.	ēgissem	ēgissēmus	āctus essem	āctī essēmus
	ēgissēs	ēgissētis	(-a, -um) essēs	(-ae, -a) essētis
	ēgisset	ēgissent	esset	essent

IMPERATIVE

Pres.   age   agite

INFINITIVE

Pres.	agere	agī
Perf.	ēgisse	āctus(-a, -um) esse
Fut.	āctūrus(-a, -um) esse	

PARTICIPLE

Pres.	agēns(-tis)	
Perf.		āctus(-a, -um)
Fut.	āctūrus(-a, -um)	agendus(-a, -um) (GERUNDIVE)

GERUND agendī, -ō, -um, -ō   SUPINE āctum, -ū

amō, amāre, amāvī, amātum   *like, love*

ACTIVE		PASSIVE	

I N D I C A T I V E

Pres.	amō	amāmus	amor	amāmur
	amās	amātis	amāris(-re)	amāminī
	amat	amant	amātur	amantur
Impf.	amābam	amābāmus	amābar	amābāmur
	amābās	amābātis	amābāris(-re)	amābāminī
	amābat	amābant	amābātur	amābantur
Fut.	amābō	amābimus	amābor	amābimur
	amābis	amābitis	amāberis(-re)	amābiminī
	amābit	amābunt	amābitur	amābuntur
Perf.	amāvī	amāvimus	amātus sum	amātī sumus
	amāvistī	amāvistis	(-a, -um) es	(-ae, -a) estis
	amāvit	amāvērunt(-re)	est	sunt
Plup.	amāveram	amāverāmus	amātus eram	amātī erāmus
	amāverās	amāverātis	(-a, -um) erās	(-ae, -a) erātis .
	amāverat	amāverant	erat	erant
Fut.	amāverō	amāverimus	amātus erō	amātī erimus
Perf.	amāveris	amāveritis	(-a, -um) eris	(-ae, -a) eritis
	amāverit	amāverint	erit	erunt

S U B J U N C T I V E

Pres.	amem	amēmus	amer	amēmur
	amēs	amētis	amēris(-re)	amēminī
	amet	ament	amētur	amentur
Impf.	amārem	amārēmus	amārer	amārēmur
	amārēs	amārētis	amārēris(-re)	amārēminī
	amāret	amārent	amārētur	amārentur
Perf.	amāverim	amāverimus	amātus sim	amātī sīmus
	amāveris	amāveritis	(-a, -um) sīs	(-ae, -a) sītis
	amāverit	amāverint	sit	sint
Plup.	amāvissem	amāvissēmus	amātus essem	amātī essēmus
	amāvissēs	amāvissētis	(-a, -um) essēs	(-ae, -a) essētis
	amāvisset	amāvissent	esset	essent

I M P E R A T I V E

Pres.	amā	amāte

I N F I N I T I V E

Pres.	amāre	amārī
Perf.	amāvisse	amātus(-a, -um) esse
Fut.	amātūrus(-a, -um) esse	

P A R T I C I P L E

Pres.	amāns(-tis)	
Perf.		amātus(-a, -um)
Fut.	amātūrus(-a, -um)	amandus(-a, -um) (GERUNDIVE)

GERUND amandī, -ō, -um, -ō   SUPINE amātum, -ū

11

appellō

appellō, appellāre, appellāvī, appellātum   *name*

	ACTIVE		PASSIVE	
		INDICATIVE		
Pres.	appellō	appellāmus	appellor	appellāmur
	appellās	appellātis	appellāris(-re)	appellāminī
	appellat	appellant	appellātur	appellantur
Impf.	appellābam	appellābāmus	appellābar	appellābāmur
	appellābās	appellābātis	appellābāris(-re)	appellābāminī
	appellābat	appellābant	appellābātur	appellābantur
Fut.	appellābō	appellābimus	appellābor	appellābimur
	appellābis	appellābitis	appellāberis(-re)	appellābiminī
	appellābit	appellābunt	appellābitur	appellābuntur
Perf.	appellāvī	appellāvimus	appellātus sum	appellātī sumus
	appellāvistī	appellāvistis	(-a, -um) es	(-ae, -a) estis
	appellāvit	appellāvērunt(-re)	est	sunt
Plup.	appellāveram	appellāverāmus	appellātus eram	appellātī erāmus
	appellāverās	appellāverātis	(-a, -um) erās	(-ae, -a) erātis
	appellāverat	appellāverant	erat	erant
Fut.	appellāverō	appellāverimus	appellātus erō	appellātī erimus
Perf.	appellāveris	appellāveritis	(-a, -um) eris	(-ae, -a) eritis
	appellāverit	appellāverint	erit	erunt
		SUBJUNCTIVE		
Pres.	appellem	appellēmus	appeller	appellēmur
	appellēs	appellētis	appellēris(-re)	appellēminī
	appellet	appellent	appellētur	appellentur
Impf.	appellārem	appellārēmus	appellārer	appellārēmur
	appellārēs	appellārētis	appellārēris(-re)	appellārēminī
	appellāret	appellārent	appellārētur	appellārentur
Perf.	appellāverim	appellāverimus	appellātus sim	appellātī sīmus
	appellāveris	appellāveritis	(-a, -um) sīs	(-ae, -a) sītis
	appellāverit	appellāverint	sit	sint
Plup.	appellāvissem	appellāvissēmus	appellātus essem	appellātī essēmus
	appellāvissēs	appellāvissētis	(-a, -um) essēs	(-ae, -a) essētis
	appellāvisset	appellāvissent	esset	essent

IMPERATIVE
Pres. ,appellā   appellāte

INFINITIVE
Pres. appellāre   appellārī
Perf. appellāvisse   appellātus(-a, -um) esse
Fut. appellātūrus(-a, -um) esse

PARTICIPLE
Pres. appellāns(-tis)
Perf.   appellātus(-a, -um)
Fut. appellātūrus(-a, -um)   appeliandus(-a, -um) (GERUNDIVE)

GERUND appellandī, -ō, -um, -ō   SUPINE appellātum, -ū

ārdeō

ārdeō, ārdēre, ārsī ārsum   *blaze,   glow*

<table>
<tr><td colspan="2">**ACTIVE**</td><td colspan="2">**PASSIVE**</td></tr>
<tr><td colspan="4">I N D I C A T I V E</td></tr>
</table>

	ACTIVE		PASSIVE	
Pres.	ārdeō	ārdēmus	ārdeor	ārdēmur
	ārdēs	ārdētis	ārdēris(-re)	ārdēminī
	ārdet	ārdent	ārdētur	ārdentur
Impf.	ārdēbam	ārdēbāmus	ārdēbar	ārdēbāmur
	ārdēbās	ārdēbātis	ārdēbāris(-re)	ārdēbāminī
	ārdēbat	ārdēbant	ārdēbātur	ārdēbantur
Fut.	ārdēbō	ārdēbimus	ārdēbor	ārdēbimur
	ārdēbis	ārdēbitis	ārdēberis(-re)	ārdēbiminī
	ārdēbit	ārdēbunt	ārdēbitur	ārdēbuntur
Perf.	ārsī	ārsimus	ārsus sum	ārsī sumus
	ārsistī	ārsistis	(-a, -um) es	(-ae, -a) estis
	ārsit	ārsērunt(-re)	est	sunt
Plup.	ārseram	ārserāmus	ārsus eram	ārsī erāmus
	ārserās	ārserātis	(-a, -um) erās	(-ae, -a) erātis
	ārserat	ārserant	erat	erant
Fut.	ārserō	ārserimus	ārsus erō	ārsī erimus
Perf.	ārseris	ārseritis	(-a, -um) eris	(-ae, -a) eritis
	ārserit	ārserint	erit	erunt

S U B J U N C T I V E

Pres.	ārdeam	ārdeāmus	ārdear	ārdeāmur
	ārdeās	ārdeātis	ārdeāris(-re)	ārdeāminī
	ārdeat	ārdeant	ārdeātur	ārdeantur
Impf.	ārdērem	ārdērēmus	ārdērer	ārdērēmur
	ārdērēs	ārdērētis	ārdērēris(-re)	ārdērēminī
	ārdēret	ārdērent	ārdērētur	ārdērentur
Pref.	ārserim	ārserimus	ārsus sim	ārsī sīmus
	ārseris	ārseritis	(-a, -um) sīs	(-ae, -a) sītis
	ārserit	ārserint	sit	sint
Plup.	ārsissem	ārsissēmus	ārsus essem	ārsī essēmus
	ārsissēs	ārsissētis	(-a, -um) essēs	(-ae, -a) essētis
	ārsisset	ārsissent	esset	essent

I M P E R A T I V E

Pres. ārdē   ārdēte

I N F I N I T I V E

Pres.	ārdēre	ārdērī
Perf.	ārsisse	ārsus(-a, -um) esse
Fut.	ārsūrus(-a, -um) esse	

P A R T I C I P L E

Pres.	ārdēns(-tis)	
Perf.		ārsus(-a, -um)
Fut.	ārsūrus(-a, -um)	ārdendus(-a, -um) (GERUNDIVE)

GERUND ārdendī, -ō, -um, -ō   SUPINE ārsum, -ū

13

armō, armāre, armāvī, armātum

arm, equip

ACTIVE		PASSIVE	
		INDICATIVE	

	ACTIVE		PASSIVE	
Pres.	armō	armāmus	armor	armāmur
	armās	armātis	armāris(-re)	armāminī
	armat	armant	armātur	armantur
Impf.	armābam	armābāmus	armābar	armābāmur
	armābās	armābātis	armābāris(-re)	armābāminī
	armābat	armābant	armābātur	armābantur
Fut.	armābō	armābimus	armābor	armābimur
	armābis	armābitis	armāberis(-re)	armābiminī
	armābit	armābunt	armābitur	armābuntur
Perf.	armāvī	armāvimus	armātus sum	armātī sumus
	armāvistī	armāvistis	(-a, -um) es	(-ae, -a) estis
	armāvit	armāvērunt(-re)	est	sunt
Plup.	armāveram	armāverāmus	armātus eram	armātī erāmus
	armāverās	armāverātis	(-a, -um) erās	(-ae, -a) erātis
	armāverat	armāverant	erat	erant
Fut.	armāverō	armāverimus	armātus erō	armātī erimus
Perf.	armāveris	armāveritis	(-a, -um) eris	(-ae, -a) eritis
	armāverit	armāverint	erit	erunt

			SUBJUNCTIVE	
Pres.	armem	armēmus	armer	armēmur
	armēs	armētis	armēris(-re)	armēminī
	armet	arment	armētur	armentur
Impf.	armārem	armārēmus	armārer	armārēmur
	armārēs	armārētis	armārēris(-re)	armārēminī
	armāret	armārent	armārētur	armārentur
Perf.	armāverim	armāverimus	armātus sim	armātī sīmus
	armāveris	armāveritis	(-a, -um) sīs	(-ae, -a) sītis
	armāverit	armāverint	sit	sint
Plup.	armāvissem	armāvissēmus	armātus essem	armātī essēmus
	armāvissēs	armāvissētis	(-a, -um) essēs	(-ae, -a) essētis
	armāvisset	armāvissent	esset	essent

IMPERATIVE

Pres. armā armāte

INFINITIVE

Pres.	armāre	armārī
Perf.	armāvisse	armātus(-a, -um) esse
Fut.	armātūrus(-a, -um) esse	

PARTICIPLE

Pres.	armāns(-tis)	
Perf.		armātus(-a, -um)
Fut.	armātūrus(-a, -um)	armandus(-a, -um) (GERUNDIVE)

GERUND armandī, -ō, -um, -ō SUPINE armātum, -ū

14

audeō, audēre, ausus sum   *dare*

ACTIVE

INDICATIVE

Pres. audeō   audēmus
audēs   audētis
audet   audent

Impf. audēbam   audēbāmus
audēbās   audēbātis
audēbat   audēbant

Fut. audēbō   audēbimus
audēbis   audēbitis
audēbit   audēbunt

Perf. ausus   sum   ausī   sumus
(-a, -um) es   (-ae, -a) estis
est   sunt

Plup. ausus   eram   ausī   erāmus
(-a, -um) erās   (-ae, -a) erātis
erat   erant

Fut. ausus   erō   ausī   erimus
Perf. (-a, -um) eris   (-ae, -a) eritis
erit   erunt

SUBJUNCTIVE

Pres. audeam   audeāmus
audeās   audeātis
audeat   audeant

Impf. audērem   audērēmus
audērēs   audērētis
audēret   audērent

Perf. ausus   sim   ausī   sīmus
(-a, -um) sīs   (-ae, -a) sītis
sit   sint

Plup. ausus   essem   ausī   essēmus
(-a, -um) essēs   (-ae, -a) essētis
esset   essent

IMPERATIVE

Pres. audē   audēte

INFINITIVE

Pres. audēre
Perf. ausus(-a, -um) esse
Fut. ausūrus(-a, -um) esse

PARTICIPLE

Pres. audēns(-tis)
Perf. ausus(-a, -um)
Fut. ausūrus(-a, -um)

GERUND audendī, -ō, -um, -ō   SUPINE ausum, -ū

audio

audiō, audīre, audīvī, audītum   *hear*

	ACTIVE		PASSIVE	
		INDICATIVE		
Pres.	audiō	audīmus	audior	audīmur
	audīs	audītis	audīris(-re)	audīminī
	audit	audiunt	audītur	audiuntur
Impf.	audiēbam	audiēbāmus	audiēbar	audiēbāmur
	audiēbās	audiēbātis	audiēbāris(-re)	audiēbāminī
	audiēbat	audiēbant	audiēbātur	audiēbantur
Fut.	audiam	audiēmus	audiar	audiēmur
	audiēs	audiētis	audiēris(-re)	audiēminī
	audiet	audient	audiētur	audientur
Perf.	audīvī	audīvimus	audītus sum	audītī sumus
	audīvistī	audīvistis	(-a, -um) es	(-ae, -a) estis
	audīvit	audīvērunt(-re)	est	sunt
Plup.	audīveram	audīverāmus	audītus eram	audītī erāmus
	audīverās	audīverātis	(-a, -um) erās	(-ae, -a) erātis
	audīverat	audīverant	erat	erant
Fut.	audīverō	audīverimus	audītus erō	audītī erimus
Perf.	audīveris	audīveritis	(-a, -um) eris	(-ae, -a) eritis
	audīverit	audīverint	erit	erunt
		SUBJUNCTIVE		
Pres.	audiam	audiāmus	audiar	audiāmur
	audiās	audiātis	audiāris(-re)	audiāminī
	audiat	audiant	audiātur	audiantur
Impf.	audīrem	audīrēmus	audīrer	audīrēmur
	audīrēs	audīrētis	audīrēris(-re)	audīrēminī
	audīret	audīrent	audīrētur	audīrentur
Perf.	audīverim	audīverimus	audītus sim	audītī sīmus
	audīveris	audīveritis	(-a, -um) sīs	(-ae, -a) sītis
	audīverit	audīverint	sit	sint
Plup.	audīvissem	audīvissēmus	audītus essem	audītī essēmus
	audīvissēs	audīvissētis	(-a, -um) essēs	(-ae, -a) essētis
	audīvisset	audīvissent	esset	essent

IMPERATIVE

Pres. audī   audīte

INFINITIVE

Pres. audīre   audīrī
Perf. audīvisse   audītus(-a, -um) esse
Fut.   audītūrus(-a, -um) esse

PARTICIPLE

Pres. audiēns(-tis)
Perf.   audītus(-a, -um)
Fut.   audītūrus(-a, -um)   audiendus(-a, -um) (GERUNDIVE)

GERUND audiendī, -ō, -um, -ō   SUPINE audītum, -ū

a_auferō, auferre, abstulī, ablātum_   _take away_

ACTIVE		PASSIVE	

INDICATIVE

	ACTIVE		PASSIVE	
Pres.	auferō	auferimus	auferor	auferimur
	aufers	aufertis	auferris(-re)	auferiminī
	aufert	auferunt	aufertur	auferuntur
Impf.	auferēbam	auferēbāmus	auferēbar	auferēbāmur
	auferēbās	auferēbātis	auferēbāris(-re)	auferēbāminī
	auferēbat	auferēbant	auferēbātur	auferēbantur
Fut.	auferam	auferēmus	auferar	auferēmur
	auferēs	auferētis	auferēris(-re)	auferēminī
	auferet	auferent	auferētur	auferentur
Perf.	abstulī	abstulimus	ablātus sum	ablātī sumus
	abstulistī	abstulistis	(-a, -um) es	(-ae, -a) estis
	abstulit	abstulērunt(-re)	est	sunt
Plup.	abstuleram	abstulerāmus	ablātus eram	ablātī erāmus
	abstulerās	abstulerātis	(-a, -um) erās	(-ae, -a) erātis
	abstulerat	abstulerant	erat	erant
Fut.	abstulerō	abstulerimus	ablātus erō	ablātī erimus
Perf.	abstuleris	abstuleritis	(-a, -um) eris	(-ae, -a) eritis
	abstulerit	abstulerint	erit	erunt

SUBJUNCTIVE

	ACTIVE		PASSIVE	
Pres.	auferam	auferāmus	auferar	auferāmur
	auferās	auferātis	auferāris(-re)	auferāminī
	auferat	auferant	auferātur	auferantur
Impf.	auferrem	auferrēmus	auferrer	auferrēmur
	auferrēs	auferrētis	auferrēris(-re)	auferrēminī
	auferret	auferrent	auferrētur	auferrentur
Perf.	abstulerim	abstulerimus	ablātus sim	ablātī sīmus
	abstuleris	abstuleritis	(-a, -um) sīs	(-ae, -a) sītis
	abstulerit	abstulerint	sit	sint
Plup.	abstulissem	abstulissēmus	ablātus essem	ablātī essēmus
	abstulissēs	abstulissētis	(-a, -um) essēs	(-ae, -a) essētis
	abstulisset	abstulissent	esset	essent

IMPERATIVE

Pres.	aufer	auferte

INFINITIVE

Pres.	auferre	auferrī
Perf.	abstulisse	ablātus(-a, -um) esse
Fut.	ablātūrus(-a, -um) esse	

PARTICIPLE

Pres.	auferēns(-tis)	
Perf.		ablātus(-a, -um)
Fut.	ablātūrus(-a, -um)	auferendus(-a, -um) (GERUNDIVE)

GERUND auferendī, -ō, -um, -ō SUPINE ablātum, -ū

17

augeō

augeō, augēre, auxī, auctum   *increase*

ACTIVE		PASSIVE	
INDICATIVE			
Pres. augeō	augēmus	augeor	augēmur
augēs	augētis	augēris(-re)	augēminī
auget	augent	augētur	augentur
Impf. augēbam	augēbāmus	augēbar	augēbāmur
augēbās	augēbātis	augēbāris(-re)	augēbāminī
augēbat	augēbant	augēbātur	augēbantur
Fut. augēbō	augēbimus	augēbor	augēbimur
augēbis	augēbitis	augēberis(-re)	augēbiminī
augēbit	augēbunt	augēbitur	augēbuntur
Perf. auxī	auximus	auctus sum	auctī sumus
auxistī	auxistis	(-a, -um) es	(-ae, -a) estis
auxit	auxērunt(-re)	est	sunt
Plup. auxeram	auxerāmus	auctus eram	auctī erāmus
auxerās	auxerātis	(-a, -um) erās	(-ae, -a) erātis
auxerat	auxerant	erat	erant
Fut. auxerō	auxerimus	auctus erō	auctī erimus
Perf. auxeris	auxeritis	(-a, -um) eris	(-ae, -a) eritis
auxerit	auxerint	erit	erunt
SUBJUNCTIVE			
Pres. augeam	augeāmus	augear	augeāmur
augeās	augeātis	augeāris(-re)	augeāminī
augeat	augeant	augeātur	augeantur
Impf. augērem	augērēmus	augērer	augērēmur
augērēs	augērētis	augērēris(-re)	augērēminī
augēret	augērent	augērētur	augērentur
Perf. auxerim	auxerimus	auctus sim	auctī sīmus
auxeris	auxeritis	(-a, -um) sīs	(-ae, -a) sītis
auxerit	auxerint	sit	sint
Plup. auxissem	auxissēmus	auctus essem	auctī essēmus
auxissēs	auxissētis	(-a, -um) essēs	(-ae, -a) essētis
auxisset	auxissent	esset	essent

IMPERATIVE

Pres. augē   augēte

INFINITIVE

Pres. augēre   augērī
Perf. auxisse   auctus(-a, -um) esse
Fut. auctūrus(-a, -um) esse

PARTICIPLE

Pres. augēns(-tis)
Perf.   auctus(-a, -um)
Fut. auctūrus(-a, -um)   augendus(-a, -um) (GERUNDIVE)

GERUND augendī, -ō, -um, -ō   SUPINE auctum, -ū

18

cadō, cadere, cecidī, casūrus   *fall*

ACTIVE

INDICATIVE

Pres.	cadō	cadimus
	cadis	caditis
	cadit	cadunt
Impf.	cadēbam	cadēbāmus
	cadēbās	cadēbātis
	cadēbat	cadēbant
Fut.	cadam	cadēmus
	cadēs	cadētis
	cadet	cadent
Perf.	cecidī	cecidimus
	cecidistī	cecidistis
	cecidit	cecidērunt(-re)
Plup.	cecideram	ceciderāmus
	ceciderās	ceciderātis
	ceciderat	ceciderant
Fut.	ceciderō	ceciderimus
Perf.	cecideris	cecideritis
	ceciderit	ceciderint

SUBJUNCTIVE

Pres.	cadam	cadāmus
	cadās	cadātis
	cadat	cadant
Impf.	caderem	caderēmus
	caderēs	caderētis
	caderet	caderent
Perf.	ceciderim	ceciderimus
	cecideris	cecideritis
	ceciderit	ceciderint
Plup.	cecidissem	cecidissēmus
	cecidissēs	cecidissētis
	cecidisset	cecidissent

IMPERATIVE

Pres.	cade	cadite

INFINITIVE

Pres.	cadere
Perf.	cecidisse
Fut.	casūrus(-a, -um) esse

PARTICIPLE

Pres.	cadēns(-tis)
Perf.	———
Fut.	casūrus(-a, -um)

GERUND cadendī, -ō, -um, -ō

19

caedō

caedō, caedere, cecīdī, caesum   *cut, kill*

ACTIVE		PASSIVE	
INDICATIVE			
Pres. caedō	caedimus	caedor	caedimur
caedis	caeditis	caederis(-re)	caediminī
caedit	caedunt	caeditur	caeduntur
Impf. caedēbam	caedēbāmus	caedēbar	caedēbāmur
caedēbās	caedēbātis	caedēbāris(-re)	caedēbāminī
caedēbat	caedēbant	cadēbātur	caedēbantur
Fut. caedam	caedēmus	caedar	caedēmur
caedēs	caedētis	caedēris(-re)	caedēminī
caedet	caedent	caedētur	caedentur
Perf. cecīdī	cecīdimus	caesus sum	caesī sumus
cecīdistī	cecīdistis	(-a, -um) es	(-ae, -a) estis
cecīdit	cecīdērunt(-re)	est	sunt
Plup. cecīderam	cecīderāmus	caesus eram	caesī erāmus
cecīderās	cecīderātis	(-a, -um) erās	(-ae, -a) erātis
cecīderat	cecīderant	erat	erant
Fut. cecīderō	cecīderimus	caesus erō	caesī erimus
Perf. cecīderis	cecīderitis	(-a, -um) eris	(-ae, -a) eritis
cecīderit	cecīderint	erit	erunt
SUBJUNCTIVE			
Pres. caedam	caedāmus	caedar	caedāmur
caedās	caedātis	caedāris(-re)	caedāminī
caedat	caedant	caedātur	caedantur
Impf. caederem	caederēmus	caederer	caederēmur
caederēs	caederētis	caederēris(-re)	caederēminī
caederet	caederent	caederētur	caederentur
Perf. cecīderim	cecīderimus	caesus sim	caesī sīmus
cecīderis	cecīderitis	(-a, -um) sīs	(-ae, -a) sītis
cecīderit	cecīderint	sit	sint
Plup. cecīdissem	cecīdissēmus	caesus essem	caesī essēmus
cecīdissēs	cecīdissētis	(-a, -um) essēs	(-ae, -a) essētis
cecīdisset	cecīdissent	esset	essent

IMPERATIVE

Pres. caede   caedite

INFINITIVE

Pres. caedere   caedī
Perf. cecīdisse   caesus(-a, -um) esse
Fut. caesūrus(-a, -um) esse

PARTICIPLE

Pres. caedēns(-tis)
Perf.   caesus(-a, -um)
Fut. caesūrus(-a, -um)   caedendus(-a, -um) (GERUNDIVE)

GERUND caedendī, -ō, -um, -ō SUPINE caesum, -ū

canō, canere, cecinī, cantātum   *sing*

ACTIVE		PASSIVE	

INDICATIVE

	ACTIVE		PASSIVE	
Pres.	canō	canimus	canor	canimur
	canis	canitis	caneris(-re)	caniminī
	canit	canunt	canitur	canuntur
Impf.	canēbam	canēbāmus	canēbar	canēbāmur
	canēbās	canēbātis	canēbāris(-re)	canēbāminī
	canēbat	canēbant	canēbātur	canēbantur
Fut.	canam	canēmus	canar	canēmur
	canēs	canētis	canēris(-re)	canēminī
	canet	canent	canētur	canentur
Perf.	cecinī	cecinimus	cantātus sum	cantātī sumus
	cecinistī	cecinistis	(-a, -um) es	(-ae, -a) estis
	cecinit	cecinērunt(-re)	est	sunt
Plup.	cecineram	cecinerāmus	cantātus eram	cantātī erāmus
	cecinerās	cecinerātis	(-a, -um) erās	(-ae, -a) erātis
	cecinerat	cecinerant	erat	erant
Fut.	cecinerō	cecinerimus	cantātus erō	cantātī erimus
Perf.	cecineris	cecineritis	(-a, -um) eris	(-ae, -a) eritis
	cecinerit	cecinerint	erit	erunt

SUBJUNCTIVE

	ACTIVE		PASSIVE	
Pres.	canam	canāmus	canar	canāmur
	canās	canātis	canāris(-re)	canāminī
	canat	canant	canātur	canantur
Impf.	canerem	canerēmus	canerer	canerēmur
	canerēs	canerētis	canerēris(-re)	canerēminī
	caneret	canerent	canerētur	canerentur
Perf.	cecinerim	cecinerimus	cantātus sim	cantātī sīmus
	cecineris	cecineritis	(-a, -um) sīs	(-ae, -a) sītis
	cecinerit	cecinerint	sit	sint
Plup.	cecinissem	cecinissēmus	cantātus essem	cantātī essēmus
	cecinissēs	cecinissētis	(-a, -um) essēs	(-ae, -a) essētis
	cecinisset	cecinissent	esset	essent

IMPERATIVE

Pres. cane canite

INFINITIVE

Pres.	canere	canī
Perf.	cecinisse	cantātus (-a, -um) esse
Fut.	cantātūrus(-a, -um) esse	

PARTICIPLE

Pres.	canēns(-tis)	
Perf.		cantātus(-a, -um)
Fut.	cantātūrus(-a, -um)	canendus(-a, -um) (GERUNDIVE)

GERUND canendī, -ō, -um, -ō   SUPINE cantātum, -ū

capiō

capiō, capere, cēpī, captum   *seize, take*

ACTIVE		**PASSIVE**	

INDICATIVE

Pres.	capiō	capimus	capior	capimur
	capis	capitis	caperis(-re)	capiminī
	capit	capiunt	capitur	capiuntur
Impf.	capiēbam	capiēbāmus	capiēbar	capiēbāmur
	capiēbās	capiēbātis	capiēbāris(-re)	capiēbāminī
	capiēbat	capiēbant	capiēbātur	capiēbantur
Fut.	capiam	capiēmus	capiar	capiēmur
	capiēs	capiētis	capiēris(-re)	capiēminī
	capiet	capient	capiētur	capientur
Perf.	cēpī	cēpimus	captus sum	captī sumus
	cēpistī	cēpistis	(-a, -um) es	(-ae, -a) estis
	cēpit	cēpērunt(-re)	est	sunt
Plup.	cēperam	cēperāmus	captus eram	captī erāmus
	cēperās	cēperātis	(-a, -um) erās	(-ae, -a) erātis
	cēperat	cēperant	erat	erant
Fut.	cēperō	cēperimus	captus erō	captī erimus
Perf.	cēperis	cēperitis	(-a, -um) eris	(-ae, -a) eritis
	cēperit	cēperint	erit	erunt

SUBJUNCTIVE

Pres.	capiam	capiāmus	capiar	capiāmur
	capiās	capiātis	capiāris(-re)	capiāminī
	capiat	capiant	capiātur	capiantur
Impf.	caperem	caperēmus	caperer	caperemur
	caperēs	caperētis	caperēris(-re)	caperēminī
	caperet	caperent	caperētur	caperentur
Perf.	cēperim	cēperimus	captus sim	captī sīmus
	cēperis	cēperitis	(-a, -um) sīs	(-ae, -a) sītis
	cēperit	cēperint	sit	sint
Plup.	cēpissem	cēpissēmus	captus essem	captī essēmus
	cēpissēs	cēpissētis	(-a, -um) essēs	(-ae, -a) essētis
	cēpisset	cēpissent	esset	essent

IMPERATIVE

Pres.	cape	capite		

INFINITIVE

Pres.	capere	capī
Perf.	cēpisse	captus(-a, -um) esse
Fut.	captūrus(-a, -um) esse	

PARTICIPLE

Pres.	capiēns(-tis)	
Perf.		captus(-a, -um)
Fut.	captūrus(-a, -um)	capiendus(-a, -um) (GERUNDIVE)

GERUND capiendī, -ō, -um, -ō   SUPINE captum, -ū

careō, carēre, caruī, caritūrus   *be without,*   *do without*

ACTIVE

INDICATIVE

Pres.	careō	carēmus
	carēs	carētis
	caret	carent
Impf.	carēbam	carēbāmus
	carēbās	carēbātis
	carēbat	carēbant
Fut.	carēbō	carēbimus
	carēbis	carēbitis
	carebit	carēbunt
Perf.	caruī	caruimus
	caruistī	caruistis
	caruit	caruērunt(-re)
Plup.	carueram	caruerāmus
	caruerās	caruerātis
	caruerat	caruerant
Fut.	caruerō	caruerimus
Perf.	carueris	carueritis
	caruerit	caruerint

SUBJUNCTIVE

Pres.	caream	careāmus
	careās	careātis
	careat	careant
Impf.	carērem	carērēmus
	carērēs	carērētis
	carēret	carērent
Perf.	caruerim	caruerimus
	carueris	carueritis
	caruerit	caruerint
Plup.	caruissem	caruissēmus
	caruissēs	caruissētis
	caruisset	caruissent

IMPERATIVE

Pres.	carē	carēte

INFINITIVE

Pres. carēre
Perf. caruisse
Fut.   caritūrus(-a, -um) esse

PARTICIPLE

Pres. carēns(-tis)
Perf. ——
Fut.   caritūrus(-a, -um)

GERUND carendī, -ō, -um, -ō

caveō, cavēre, cāvī, cautum   *avoid, beware*

ACTIVE		PASSIVE	
		INDICATIVE	

Pres. caveō   cavēmus   caveor   cavēmur
         cavēs   cavētis   cavēris(-re) cavēminī
         cavet   cavent   cavētur   caventur

Impf. cavēbam   cavēbāmus   cavēbar   cavēbāmur
         cavēbās   cavēbātis   cavēbāris(-re) cavēbāminī
         cavēbat   cavēbant   cavēbātur   cavēbantur

Fut. cavēbō   cavēbimus   cavēbor   cavēbimur
         cavēbis   cavēbitis   cavēberis(-re) cavēbiminī
         cavēbit   cavēbunt   cavēbitur   cavēbuntur

Perf. cāvī   cāvimus   cautus sum   cautī sumus
         cāvistī   cāvistis   (-a, -um) es (-ae, -a) estis
         cāvit   cāvērunt(-re)   est   sunt

Plup. cāveram   cāverāmus   cautus eram   cautī erāmus
         cāverās   cāverātis   (-a, -um) erās (-ae, -a) erātis
         cāverat   cāverant   erat   erant

Fut. cāverō   cāverimus   cautus erō   cautī erimus
Perf. cāveris   cāveritis   (-a, -um) eris (-ae, -a) eritis
         cāverit   cāverint   erit   erunt

| | | **SUBJUNCTIVE** | |

Pres. caveam   caveāmus   cavear   caveāmur
         caveās   caveātis   caveāris(-re) caveāminī
         caveat   caveant   caveātur   caveantur

Impf. cavērem   cavērēmus   cavērer   cavērēmur
         cavērēs   cavērētis   cavērēris(-re) cavērēminī
         cavēret   cavērent   cavērētur   cavērentur

Perf. cāverim   cāverimus   cautus sim   cautī sīmus
         cāveris   cāveritis   (-a, -um) sīs (-ae, -a) sīmus
         cāverit   cāverint   sit   sint

Plup. cāvissem   cāvissēmus   cautus essem cautī essēmus
         cāvissēs   cāvissētis   (-a, -um) essēs (-ae, -a) essētis
         cāvisset   cāvissent   esset   essent

| | | **IMPERATIVE** | |

Pres. cavē   cavēte
Fut. cavētō   cavētōte

| | | **INFINITIVE** | |

Pres. cavēre   cavērī
Perf. cāvisse   cautus(-a, -um) esse
Fut. cautūrus(-a, -um) esse

| | | **PARTICIPLE** | |

Pres. cavēns(-tis)
Perf.   cautus(-a, -um)
Fut. cautūrus(-a, -um)   cavendus(-a, -um) (GERUNDIVE)

        GERUND cavendī, -ō, -um, -ō   SUPINE cautum, -ū

cēdō, cēdere cessī, cessūrus   *yield*

ACTIVE

INDICATIVE

Pres. cēdō   cēdimus
         cēdis   cēditis
         cēdit   cēdunt

Impf. cēdēbam   cēdēbāmus
         cēdēbās   cēdēbātis
         cēdēbat   cēdēbant

Fut.   cēdam   cēdēmus
         cēdēs   cēdētis
         cēdet   cēdent

Perf. cessī   cessimus
         cessistī   cessistis
         cessit   cessērunt(-re)

Plup. cesseram   cesserāmus
         cesserās   cesserātis
         cesserat   cesserant

Fut.   cesserō   cesserimus
Perf. cesseris   cesseritis
         cesserit   cesserint

SUBJUNCTIVE

Pres. cēdam   cēdāmus
         cēdās   cēdātis
         cēdat   cēdant

Impf. cēderem   cēderēmus
         cēderēs   cēderētis
         cēderet   cēderent

Perf. cesserim   cesserimus
         cesseris   cesseritis
         cesserit   cesserint

Plup. cessissem   cessissēmus
         cessissēs   cessissētis
         cessisset   cessissent

IMPERATIVE

Pres. cēde   cēdite

INFINITIVE

Pres. cēdere
Perf. cessisse
Fut.   cessūrus(-a, -um) esse

PARTICIPLE

Pres. cēdēns(-tis)
Perf. ———
Fut.   cessūrus(-a, -um)

GERUND cēdendī, -ō, -um, -ō

25

cēnseō, cēnsēre, cēnsuī, cēnsum   *think*

	ACTIVE		**PASSIVE**	
		I N D I C A T I V E		
Pres.	cēnseō	cēnsēmus	cēnseor	cēnsēmur
	cēnsēs	cēnsētis	cēnsēris(-re)	cēnsēminī
	cēnset	cēnsent	cēnsētur	cēnsentur
Impf.	cēnsēbam	cēnsēbāmus	cēnsēbar	cēnsēbāmur
	cēnsēbās	cēnsēbātis	cēnsēbāris(-re)	cēnsēbāminī
	cēnsēbat	cēnsēbant	cēnsēbātur	cēnsēbantur
Fut.	cēnsēbō	cēnsēbimus	cēnsēbor	cēnsēbimur
	cēnsēbis	cēnsēbitis	cēnsēberis(-re)	cēnsēbiminī
	cēnsēbit	cēnsēbunt	cēnsēbitur	cēnsēbuntur
Perf.	cēnsuī	cēnsuimus	cēnsus sum	cēnsī sumus
	cēnsuistī	cēnsuistis	(-a, -um) es	(-ae, -a) estis
	cēnsuit	cēnsuērunt(-re)	est	sunt
Plup.	cēnsueram	cēnsuerāmus	cēnsus eram	cēnsī erāmus
	cēnsuerās	cēnsuerātis	(-a, -um) erās	(-ae, -a) erātis
	cēnsuerat	cēnsuerant	erat	erant
Fut.	cēnsuerō	cēnsuerimus	cēnsus erō	cēnsī erimus
Perf.	cēnsueris	cēnsueritis	(-a, -um) eris	(-ae, -a) eritis
	cēnsuerit	cēnsuerint	erit	erunt
		S U B J U N C T I V E		
Pres.	cēnseam	cēnseāmus	cēnsear	cēnseāmur
	cēnseās	cēnseātis	cēnseāris(-re)	cēnseāminī
	cēnseat	cēnseant	censeātur	cēnseantur
Impf.	cēnsērem	cēnsērēmus	cēnsērer	cēnsērēmur
	cēnsērēs	cēnsērētis	cēnsērēris(-re)	cēnsērēminī
	cēnsēret	cēnsērent	cēnsērētur	cēnsērentur
Perf.	cēnsuerim	cēnsuerimus	cēnsus sim	cēnsī sīmus
	cēnsueris	cēnsueritis	(-a, -um) sīs	(-ae, -a) sītis
	cēnsuerit	cēnsuerint	sit	sint
Plup.	cēnsuissem	cēnsuissēmus	cēnsus essem	cēnsī essēmus
	cēnsuissēs	cēnsuissētis	(-a, -um) essēs	(-ae, -a) essētis
	cēnsuisset	cēnsuissent	esset	essent

I M P E R A T I V E

Pres. cēnsē   cēnsēte

I N F I N I T I V E

Pres. cēnsēre   cēnsērī
Perf. cēnsuisse   cēnsus(-a, -um) esse
Fut. cēnsūrus(-a, -um) esse

P A R T I C I P L E

Pres. cēnsēns(-tis)
Perf.   cēnsus(-a, -um)
Fut. cēnsūrus(-a, -um)   cēnsendus(-a, -um) (GERUNDIVE)

GERUND cēnsendī, -ō, -um, -ō SUPINE cēnsum, -ū

certō, certāre, certāvī, certātum   *struggle*

ACTIVE		PASSIVE	

INDICATIVE

Pres.	certō	certāmus	certor	certāmur
	certās	certātis	certāris(-re)	certāminī
	certat	certant	certātur	certantur
Impf.	certābam	certābāmus	certābar	certābāmur
	certābās	certābātis	certābāris(-re)	certābāminī
	certābat	certābant	certābātur	certābantur
Fut.	certābō	certābimus	certābor	certābimur
	certābis	certābitis	certāberis(-re)	certābiminī
	certābit	certābunt	certābitur	certābuntur
Perf.	certāvī	certāvimus	certātus sum	certātī sumus
	certāvistī	certāvistis	(-a, -um) es	(-ae, -a) estis
	certāvit	certāvērunt(-re)	est	sunt
Plup.	certāveram	certāverāmus	certātus eram	certātī erāmus
	certāverās	certāverātis	(-a, -um) erās	(-ae, -a) erātis
	certāverat	certāverant	erat	erant
Fut.	certāverō	certāverimus	certātus erō	certātī erimus
Perf.	certāveris	certāveritis	(-a, -um) eris	(-ae, -a) eritis
	certāverit	certāverint	erit	erunt

SUBJUNCTIVE

Pres.	certem	certēmus	certer	certēmur
	certēs	certētis	certēris(-re)	certēminī
	certet	certent	certētur	certentur
Impf.	certārem	certārēmus	certārer	certārēmur
	certārēs	certārētis	certārēris(-re)	certārēminī
	certāret	certārent	certārētur	certārentur
Perf.	certāverim	certāverimus	certātus sim	certātī sīmus
	certāveris	certāveritis	(-a, -um) sīs	(-ae, -a) sītis
	certāverit	certāverint	sit	sint
Plup.	certāvissem	certāvissēmus	certātus essem	certātī essēmus
	certāvissēs	certāvissētis	(-a, -um) essēs	(-ae, -a) essētis
	certāvisset	certāvissent	esset	essent

IMPERATIVE

Pres.	certā	certāte

INFINITIVE

Pres.	certāre	certārī
Perf.	certāvisse	certātus(-a, -um) esse
Fut.	certātūrus(-a, -um) esse	

PARTICIPLE

Pres.	certāns(-tis)	
Perf.		certātus(-a, -um)
Fut.	certātūrus(-a, -um)	certandus(-a, -um) (GERUNDIVE)

GERUND certandī, -ō, -um, -ō   SUPINE certātum, -ū

clāmō, clāmāre, clāmāvī, clāmātum   *shout*

ACTIVE		PASSIVE	

INDICATIVE

	ACTIVE		PASSIVE	
Pres.	clāmō	clāmāmus	clāmor	clāmāmur
	clāmās	clāmātis	clāmāris(-re)	clāmāminī
	clāmat	clāmant	clāmātur	clāmantur
Impf.	clāmābam	clāmābāmus	clāmābar	clāmābāmur
	clāmābās	clāmābātis	clāmābāris(-re)	clāmābāminī
	clāmābat	clāmābant	clāmābātur	clāmābantur
Fut.	clāmābō	clāmābimus	clāmābor	clāmābimur
	clāmābis	clāmābitis	clāmāberis(-re)	clāmābiminī
	clāmābit	clāmābunt	clāmābitur	clāmābuntur
Perf.	clāmāvī	clāmāvimus	clāmātus sum	clāmātī sumus
	clāmāvistī	clāmāvistis	(-a, -um) es	(-ae, -a) estis
	clāmāvit	clāmāvērunt(-re)	est	sunt
Plup.	clāmāveram	clāmāverāmus	clāmātus eram	clāmātī erāmus
	clāmāverās	clāmāverātis	(-a, -um) erās	(-ae, -a) erātis
	clāmāverat	clāmāverant	erat	erant
Fut.	clāmāverō	clāmāverimus	clāmātus erō	clāmātī erimus
Perf.	clāmāveris	clāmāveritis	(-a, -um) eris	(-ae, -a) eritis
	clāmāverit	clāmāverint	erit	erunt

SUBJUNCTIVE

	ACTIVE		PASSIVE	
Pres.	clāmem	clāmēmus	clāmer	clāmēmur
	clāmēs	clāmētis	clāmēris(-re)	clāmēminī
	clāmet	clāment	clāmētur	clāmentur
Impf.	clāmārem	clāmārēmus	clāmārer	clāmārēmur
	clāmārēs	clāmārētis	clāmārēris(-re)	clāmārēminī
	clāmāret	clāmārent	clāmārētur ,	clāmārentur
Perf.	clāmāverim	clāmāverimus	clāmātus sim	clāmātī sīmus
	clāmāveris	clāmāveritis	(-a, -um) sīs	(-ae, -a) sītis
	clāmāverit	clāmāverint	sit	sint
Plup.	clāmāvissem	clāmāvissēmus	clāmātus essem	clāmātī essēmus
	clāmāvissēs	clāmāvissētis	(-a, -um) essēs	(-ae, -a) essētis
	clāmāvisset	clāmāvissent	esset	essent

IMPERATIVE

Pres.	clāmā	clāmāte

INFINITIVE

Pres.	clāmāre	clāmārī
Perf.	clāmāvisse	clāmātus(-a, -um) esse
Fut.	clāmātūrus(-a, -um) esse	

PARTICIPLE

Pres.	clāmāns(-tis)	
Perf.		clāmātus(-a, -um)
Fut.	clāmātūrus(-a, -um)	clāmandus(-a, -um) (GERUNDIVE)

GERUND clāmandī, -ō, -um, -ō   SUPINE clāmātum, -ū

claudō, claudere, clausī, clausum   *close,   shut*

	ACTIVE		PASSIVE	
		I N D I C A T I V E		
Pres.	claudō	claudimus	claudor	claudimur
	claudis	clauditis	clauderis(-re)	claudiminī
	claudit	claudunt	clauditur	clauduntur
Impf.	claudēbam	claudēbāmus	claudēbar	claudēbāmur
	claudēbās	claudēbātis	claudēbāris(-re)	claudēbāminī
	claudēbat	claudēbant	claudēbātur	claudēbantur
Fut.	claudam	claudēmus	claudar	claudēmur
	claudēs	claudētis	claudēris(-re)	claudēminī
	claudet	claudent	claudētur	claudentur
Perf.	clausī	clausimus	clausus sum	clausī sumus
	clausistī	clausistis	(-a, -um) es	(-ae, -a) estis
	clausit	clausērunt(-re)	est	sunt
Plup.	clauseram	clauserāmus	clausus eram	clausī erāmus
	clauserās	clauserātis	(-a, -um) erās	(-ae, -a) erātis
	clauserat	clauserant	erat	erant
Fut.	clauserō	clauserimus	clausus erō	clausī erimus
Perf.	clauseris	clauseritis	(-a, -um) eris	(-ae, -a) eritis
	clauserit	clauserint	erit	erunt
		S U B J U N C T I V E		
Pres.	claudam	claudāmus	claudar	claudāmur
	claudās	claudātis	claudāris(-re)	claudāminī
	claudat	claudant	claudātur	claudantur
Impf.	clauderem	clauderēmus	clauderer	clauderēmur
	clauderēs	clauderētis	clauderēris(-re)	clauderēminī
	clauderet	clauderent	clauderētur	clauderentur
Perf.	clauserim	clauserimus	clausus sim	clausī sīmus
	clauseris	clauseritis	(-a, -um) sīs	(-ae, -a) sītis
	clauserit	clauserint	sit	sint
Plup.	clausissem	clausissēmus	clausus essem	clausī essēmus
	clausissēs	clausissētis	(-a, -um) essēs	(-ae, -a) essētis
	clausisset	clausissent	esset	essent

I M P E R A T I V E

Pres. claude   claudite

I N F I N I T I V E

Pres. claudere   claudī
Perf. clausisse   clausus(-a, -um) esse
Fut. clausūrus(-a, -um) esse

P A R T I C I P L E

Pres. claudēns(-tis)
Perf.   clausus(-a, -um)
Fut. clausūrus(-a, -um)   claudendus(-a, -um) (GERUNDIVE)

GERUND claudendī, -ō, -um, -ō   SUPINE clausum -ū

29

coepī

coepī, coepisse, coeptum   *began*

ACTIVE   PASSIVE

INDICATIVE
Pres.

Impf.

Fut.

Perf.	coepī	coepimus	coeptus	sum	coeptī	sumus
	coepistī	coepistis	(-a, -um)	es	(-ae, -a)	estis
	coepit	coepērunt(-re)		est		sunt
Plup.	coeperam	coeperāmus	coeptus	eram	coeptī	erāmus
	coeperās	coeperātis	(-a, -um)	erās	(-ae, -a)	erātis
	coeperat	coeperant		erat		erant
Fut.	coeperō	coeperimus	coeptus	erō	coeptī	erimus
Perf.	coeperis	coeperitis	(-a, -um)	eris	(-ae, -a)	eritis
	coeperit	coeperint		erit		erunt

SUBJUNCTIVE
Pres.

Impf.

Perf.	coeperim	coeperimus	coeptus	sim	coeptī	sīmus
	coeperis	coeperitis	(-a, -um)	sīs	(-ae, -a)	sītis
	coeperit	coeperint		sit		sint
Plup.	coepissem	coepissēmus	coeptus	essem	coeptī	essēmus
	coepissēs	coepissētis	(-a, -um)	essēs	(-ae, -a)	essētis
	coepisset	coepissent		esset		essent

INFINITIVE
Perf. coepisse   coeptus(-a, -um) esse
Fut. coeptūrus(-a, -um) esse

PARTICIPLE
Perf.   coeptus(-a, -um)
Fut. coeptūrus(-a, -um)

SUPINE coeptum, -ū

30

cōgitō, cōgitāre, cōgitāvī, cōgitātum   *think, reflect*

ACTIVE		PASSIVE	

INDICATIVE

Pres.	cōgitō	cōgitāmus	cōgitor	cōgitāmur
	cōgitās	cōgitātis	cōgitāris(-re)	cōgitāminī
	cōgitat	cōgitant	cōgitātur	cōgitantur
Impf.	cōgitābam	cōgitābāmus	cōgitābar	cōgitābāmur
	cōgitābās	cōgitābātis	cōgitābāris(-re)	cōgitābāminī
	cōgitābat	cōgitābant	cōgitābātur	cōgitābantur
Fut.	cōgitābō	cōgitābimus	cōgitābor	cōgitābimur
	cōgitābis	cōgitābitis	cōgitāberis(-re)	cōgitābiminī
	cōgitābit	cōgitābunt	cōgitābitur	cōgitābuntur
Perf.	cōgitāvī	cōgitāvimus	cōgitātus sum	cōgitātī sumus
	cōgitāvistī	cōgitāvistis	(-a, -um) es	(-ae, -a) estis
	cōgitāvit	cōgitāvērunt(-re)	est	sunt
Plup.	cōgitāveram	cōgitāverāmus	cōgitātus eram	cōgitātī erāmus
	cōgitāverās	cōgitāverātis	(-a, -um) erās	(-ae, -a) erātis
	cōgitāverat	cōgitāverant	erat	erant
Fut.	cōgitāverō	cōgitāverimus	cōgitātus erō	cōgitātī erimus
Perf.	cōgitāveris	cōgitāveritis	(-a, -um) eris	(-ae, -a) eritis
	cōgitāverit	cōgitāverint	erit	erunt

SUBJUNCTIVE

Pres.	cōgitem	cōgitēmus	cōgiter	cōgitēmur
	cōgitēs	cōgitētis	cōgitēris(-re)	cōgitēminī
	cōgitet	cōgitent	cōgitētur	cōgitentur
Impf.	cōgitārem	cōgitārēmus	cōgitārer	cōgitārēmur
	cōgitārēs	cōgitārētis	cōgitārēris(-re)	cōgitārēminī
	cōgitāret	cōgitārent	cōgitārētur	cōgitārentur
Perf.	cōgitāverim	cōgitāverimus	cōgitātus sim	cōgitātī sīmus
	cōgitāveris	cōgitāveritis	(-a, -um) sīs	(-ae, -a) sītis
	cōgitāverit	cōgitāverint	sit	sint
Plup.	cōgitāvissem	cōgitāvissēmus	cōgitātus essem	cōgitātī essēmus
	cōgitāvissēs	cōgitāvissētis	(-a, -um) essēs	(-ae, -a) essētis
	cōgitāvisset	cōgitāvissent	esset	essent

IMPERATIVE

Pres.   cōgitā   cōgitāte

INFINITIVE

Pres.   cōgitāre   cōgitārī
Perf.   cōgitāvisse   cōgitātus(-a, -um) esse
Fut.   cōgitātūrus(-a, -um) esse

PARTICIPLE

Pres.   cōgitāns(-tis)
Perf.   cōgitātus(-a, -um)
Fut.   cōgitātūrus(-a, -um)   cōgitandus(-a, -um) (GERUNDIVE)

GERUND cōgitandī, -ō, -um, -ō   SUPINE cōgitātum, -ū

cōgō

cōgō, cōgere, coēgī, coāctum   *collect, compel, force*

<table>
<tr><td colspan="2" align="center">**ACTIVE**</td><td colspan="2" align="center">**PASSIVE**</td></tr>
<tr><td colspan="4" align="center">I N D I C A T I V E</td></tr>
<tr><td>*Pres.* cōgō</td><td>cōgimus</td><td>cōgor</td><td>cōgimur</td></tr>
<tr><td>cōgis</td><td>cōgitis</td><td>cōgeris(-re)</td><td>cōgiminī</td></tr>
<tr><td>cōgit</td><td>cōgunt</td><td>cōgitur</td><td>cōguntur</td></tr>
<tr><td>*Impf.* cōgēbam</td><td>cōgēbāmus</td><td>cōgēbar</td><td>cōgēbāmur</td></tr>
<tr><td>cōgēbās</td><td>cōgēbātis</td><td>cōgēbāris(-re)</td><td>cōgēbāminī</td></tr>
<tr><td>cōgēbat</td><td>cōgēbant</td><td>cōgēbātur</td><td>cōgēbantur</td></tr>
<tr><td>*Fut.* cōgam</td><td>cōgēmus</td><td>cōgar</td><td>cōgēmur</td></tr>
<tr><td>cōgēs</td><td>cōgētis</td><td>cōgēris(-re)</td><td>cōgēminī</td></tr>
<tr><td>cōget</td><td>cōgent</td><td>cōgētur</td><td>cōgentur</td></tr>
<tr><td>*Perf.* coēgī</td><td>coēgimus</td><td>coāctus sum</td><td>coāctī sumus</td></tr>
<tr><td>coēgistī</td><td>coēgistis</td><td>(-a, -um) es</td><td>(-ae, -a) estis</td></tr>
<tr><td>coēgit</td><td>coēgērunt(-re)</td><td>est</td><td>sunt</td></tr>
<tr><td>*Plup.* coēgeram</td><td>coēgerāmus</td><td>coāctus eram</td><td>coāctī erāmus</td></tr>
<tr><td>coēgerās</td><td>coēgerātis</td><td>(-a, -um) erās</td><td>(-ae, -a) erātis</td></tr>
<tr><td>coēgerat</td><td>coēgerant</td><td>erat</td><td>erant</td></tr>
<tr><td>*Fut.* coēgerō</td><td>coēgerimus</td><td>coāctus erō</td><td>coāctī erimus</td></tr>
<tr><td>*Perf.* coēgeris</td><td>coēgeritis</td><td>(-a, -um) eris</td><td>(-ae, -a) eritis</td></tr>
<tr><td>coēgerit</td><td>coēgerint</td><td>erit</td><td>erunt</td></tr>
<tr><td colspan="4" align="center">S U B J U N C T I V E</td></tr>
<tr><td>*Pres.* cōgam</td><td>cōgāmus</td><td>cōgar</td><td>cōgāmur</td></tr>
<tr><td>cōgās</td><td>cōgātis</td><td>cōgāris(-re)</td><td>cōgāminī</td></tr>
<tr><td>cōgat</td><td>cōgant</td><td>cōgātur</td><td>cōgantur</td></tr>
<tr><td>*Impf.* cōgerem</td><td>cōgerēmus</td><td>cōgerer</td><td>cōgerēmur</td></tr>
<tr><td>cōgerēs</td><td>cōgerētis</td><td>cōgerēris(-re)</td><td>cōgerēminī</td></tr>
<tr><td>cōgeret</td><td>cōgerent</td><td>cōgerētur</td><td>cōgerentur</td></tr>
<tr><td>*Perf.* coēgerim</td><td>coēgerimus</td><td>coāctus sim</td><td>coāctī sīmus</td></tr>
<tr><td>coēgeris</td><td>coēgeritis</td><td>(-a, -um) sīs</td><td>(-ae, -a) sītis</td></tr>
<tr><td>coēgerit</td><td>coēgerint</td><td>sit</td><td>sint</td></tr>
<tr><td>*Plup.* coēgissem</td><td>coēgissēmus</td><td>coāctus essem</td><td>coāctī essēmus</td></tr>
<tr><td>coēgissēs</td><td>coēgissetis</td><td>(-a, -um) essēs</td><td>(-ae, -a) essētis</td></tr>
<tr><td>coēgisset</td><td>coēgissent</td><td>esset</td><td>essent</td></tr>
<tr><td colspan="4" align="center">I M P E R A T I V E</td></tr>
<tr><td>*Pres.* cōge</td><td>cōgite</td><td></td><td></td></tr>
</table>

I N F I N I T I V E

Pres. cōgere   cōgī
Perf. coēgisse   coāctus(-a, -um) esse
Fut. coāctūrus(-a, -um) esse

P A R T I C I P L E

Pres. cōgēns(-tis)
Perf.   coāctus(-a, -um)
Fut. coāctūrus(-a, -um)   cōgendus(-a, -um) (GERUNDIVE)

GERUND cōgendī, -ō, -um, -ō SUPINE coāctum, -ū

cōgnōscō, cōgnōscere, cōgnōvī, cōgnitum   *recognize,   find out,   learn*

	ACTIVE		PASSIVE	
		INDICATIVE		
Pres.	cōgnōscō	cōgnōscimus	cōgnōscor	cōgnōscimur
	cōgnōscis	cōgnōscitis	cōgnōsceris(-re)	cōgnōsciminī
	cōgnōscit	cōgnōscunt	cōgnōscitur	cōgnōscuntur
Impf.	cōgnōscēbam	cōgnōscēbāmus	cōgnōscēbar	cōgnōscēbāmur
	cōgnōscēbās	cōgnōscēbātis	cōgnōscēbāris(-re)	cōgnōscēbāminī
	cōgnōscēbat	cōgnōscēbant	cōgnōscēbātur	cōgnōscēbantur
Fut.	cōgnōscam	cōgnōscēmus	cōgnōscar	cōgnōscēmur
	cōgnōscēs	cōgnōscētis	cōgnōscēris(-re)	cōgnōscēminī
	cōgnōscet	cōgnōscent	cōgnōscētur	cōgnōscentur
Perf.	cōgnōvī	cōgnōvimus	cōgnitus sum	cōgnitī sumus
	cōgnōvistī	cōgnōvistis	(-a, -um) es	(-ae, -a) estis
	cōgnōvit	cōgnōvērunt(-re)	est	sunt
Plup.	cōgnōveram	cōgnōverāmus	cōgnitus eram	cōgnitī erāmus
	cōgnōverās	cōgnōverātis	(-a, -um) erās	(-ae, -a) erātis
	cōgnōverat	cōgnōverant	erat	erant
Fut.	cōgnōverō	cōgnōverimus	cōgnitus erō	cōgnitī erimus
Perf.	cōgnōveris	cōgnōveritis	(-a, -um) eris	(-ae, -a) eritis
	cōgnōverit	cōgnōverint	erit	erunt
		SUBJUNCTIVE		
Pres.	cōgnōscam	cōgnōscāmus	cōgnōscar	cōgnōscāmur
	cōgnōscās	cōgnōscātis	cōgnōscāris(-re)	cōgnōscāminī
	cōgnōscat	cōgnōscant	cōgnōscātur	cōgnōscantur
Impf.	cōgnōscerem	cōgnōscerēmus	cōgnōscerer	cōgnōscerēmur
	cōgnōscerēs	cōgnōscerētis	cōgnōscerēris(-re)	cōgnōscerēminī
	cōgnōsceret	cōgnōscerent	cōgnōscerētur	cōgnōscerentur
Perf.	cōgnōverim	cōgnōverimus	cōgnitus sim	cōgnitī sīmus
	cōgnōveris	cōgnōveritis	(-a, -um) sīs	(-ae, -a) sītis
	cōgnōverit	cōgnōverint	sit	sint
Plup.	cōgnōvissem	cōgnōvissēmus	cōgnitus essem	cōgnitī essēmus
	cōgnōvissēs	cōgnōvissētis	(-a, -um) essēs	(-ae, -a) essētis
	cōgnōvisset	cōgnōvissent	esset	essent

IMPERATIVE

Pres.   cōgnōsce   cōgnōscite

INFINITIVE

Pres.   cōgnōscere   cōgnōscī
Perf.   cōgnōvisse   cōgnitus(-a, -um) esse
Fut.   cōgnitūrus(-a, -um) esse

PARTICIPLE

Pres.   cōgnōscēns(-tis)
Perf.   cōgnitus(-a, -um)
Fut.   cōgnitūrus(-a, -um)   cōgnōscendus(-a, -um) (GERUNDIVE)

GERUND cōgnōscendī, -ō, -um, -ō   SUPINE cōgnitum, -ū

colō

colō, colere, coluī, cultum   *cherish,   cultivate*

ACTIVE		PASSIVE	

INDICATIVE

Pres.
colō	colimus	color	colimur
colis	colitis	coleris(-re)	coliminī
colit	colunt	colitur	coluntur

Impf.
colēbam	colēbāmus	colēbar	colēbāmur
colēbās	colēbātis	colēbāris(-re)	colēbāminī
colēbat	colēbant	colēbātur	colēbantur

Fut.
colam	colēmus	colar	colēmur
colēs	colētis	colēris(-re)	colēminī
colet	colent	colētur	colentur

Perf.
coluī	coluimus	cultus sum	cultī sumus
coluistī	coluistis	(-a, -um) es	(-ae, -a) estis
coluit	coluērunt(-re)	est	sunt

Plup.
colueram	coluerāmus	cultus eram	cultī erāmus
coluerās	coluerātis	(-a, -um) erās	(-ae, -a) erātis
coluerat	coluerant	erat	erant

Fut.
Perf.
coluerō	coluerimus	cultus erō	cultī erimus
colueris	colueritis	(-a, -um) eris	(-ae, -a) eritis
coluerit	coluerint	erit	erunt

SUBJUNCTIVE

Pres.
colam	colāmus	colar	colāmur
colās	colātis	colāris(-re)	colāminī
colat	colant	colātur	colantur

Impf.
colerem	colerēmus	colerer	colerēmur
colerēs	colerētis	colerēris(-re)	colerēminī
coleret	colerent	colerētur	colerentur

Perf.
coluerim	coluerimus	cultus sim	cultī sīmus
colueris	colueritis	(-a, -um) sīs	(-ae, -a) sītis
coluerit	coluerint	sit	sint

Plup.
coluissem	coluissēmus	cultus essem	cultī essēmus
coluissēs	coluissētis	(-a, -um) essēs	(-ae, -a) essētis
coluisset	coluissent	esset	essent

IMPERATIVE

Pres.   cole   colite

INFINITIVE

Pres.   colere   colī
Perf.   coluisse   cultus(-a, -um) esse
Fut.   cultūrus(-a, -um) esse

PARTICIPLE

Pres.   colēns(-tis)
Perf.   cultus(-a, -um)
Fut.   cultūrus(-a, -um)   colendus(-a, -um) (GERUNDIVE)

GERUND colendī, -ō, -um, -ō   SUPINE cultum, -ū

cōnficiō, cōnficere, cōnfēcī, cōnfectum   *accomplish,*   *finish*

	ACTIVE		PASSIVE	
		INDICATIVE		
Pres.	cōnficiō	cōnficimus	cōnficior	cōnficimur
	cōnficis	cōnficitis	cōnficeris(-re)	cōnficiminī
	cōnficit	cōnficiunt	cōnficitur	cōnficiuntur
Impf.	cōnficiēbam	cōnficiēbāmus	cōnficiēbar	cōnficiēbāmur
	cōnficiēbās	cōnficiēbātis	cōnficiēbāris(-re)	cōnficiēbāminī
	cōnficiēbat	cōnficiēbant	cōnficiēbātur	cōnficiēbantur
Fut.	cōnficiam	cōnficiēmus	cōnficiar	cōnficiēmur
	cōnficiēs	cōnficiētis	cōnficiēris(-re)	cōnficiēminī
	cōnficiet	cōnficient	cōnficiētur	cōnficientur
Perf.	cōnfēcī	cōnfēcimus	cōnfectus sum	cōnfectī sumus
	cōnfēcistī	cōnfēcistis	(-a, -um) es	(-ae, -a) estis
	cōnfēcit	cōnfēcērunt(-re)	est	sunt
Plup.	cōnfēceram	cōnfēcerāmus	cōnfectus eram	cōnfectī erāmus
	cōnfēcerās	cōnfēcerātis	(-a, -um) erās	(-ae, -a) erātis
	cōnfēcerat	cōnfēcerant	erat	erant
Fut.	cōnfēcerō	cōnfēcerimus	cōnfectus erō	cōnfectī erimus
Perf.	cōnfēceris	cōnfēceritis	(-a, -um) eris	(-ae, -a) eritis
	cōnfēcerit	cōnfēcerint	erit	erunt
		SUBJUNCTIVE		
Pres.	cōnficiam	cōnficiāmus	cōnficiar	cōnficiāmur
	cōnficiās	cōnficiātis	cōnficiāris(-re)	cōnficiāminī
	cōnficiat	cōnficiant	cōnficiātur	cōnficiantur
Impf.	cōnficerem	cōnficerēmus	cōnficerer	cōnficerēmur
	cōnficerēs	cōnficerētis	cōnficerēris(-re)	cōnficerēminī
	cōnficeret	cōnficerent	cōnficerētur	cōnficerentur
Perf.	cōnfēcerim	cōnfēcerimus	cōnfectus sim	cōnfectī sīmus
	cōnfēceris	cōnfēceritis	(-a, -um) sīs	(-ae, -a) sītis
	cōnfēcerit	cōnfēcerint	sit	sint
Plup.	cōnfēcissem	cōnfēcissēmus	cōnfectus essem	cōnfectī essēmus
	cōnfēcissēs	cōnfēcissētis	(-a, -um) essēs	(-ae, -a) essētis
	cōnfēcisset	cōnfēcissent	esset	essent

IMPERATIVE

Pres.   cōnfice   cōnficite

INFINITIVE

Pres.   cōnficere   cōnficī
Perf.   cōnfēcisse   cōnfectus(-a, -um) esse
Fut.   cōnfectūrus(-a, -um) esse

PARTICIPLE

Pres.   cōnficiēns(-tis)
Perf.   cōnfectus(-a, -um)
Fut.   cōnfectūrus(-a, -um)   cōnficiendus(-a, -um) (GERUNDIVE)

GERUND cōnficiendī, -ō, -um, -ō   SUPINE cōnfectum, -ū

cōnfīdō

cōnfīdō, cōnfidere, cōnfīsus sum   *entrust*

ACTIVE

INDICATIVE

Pres.	cōnfīdō	cōnfīdimus
	cōnfīdis	cōnfīditis
	cōnfīdit	cōnfīdunt
Impf.	cōnfīdēbam	cōnfīdēbāmus
	cōnfīdēbās	cōnfīdēbātis
	cōnfīdēbat	cōnfīdēbant
Fut.	cōnfīdam	cōnfīdēmus
	cōnfīdēs	cōnfīdētis
	cōnfīdet	cōnfīdent
Perf.	cōnfīsus sum	cōnfīsī sumus
	(-a, -um) es	(-ae, -a) estis
	est	sunt
Plup.	cōnfīsus eram	cōnfīsī erāmus
	(-a, -um) erās	(-ae, -a) erātis
	erat	erant
Fut.	cōnfīsus erō	cōnfīsī erimus
Perf.	(-a, -um) eris	(-ae, -a) eritis
	erit	erunt

SUBJUNCTIVE

Pres.	cōnfīdam	cōnfīdāmus
	cōnfīdās	cōnfīdātis
	cōnfīdat	cōnfīdant
Impf.	cōnfīderem	cōnfīderēmus
	cōnfīderēs	cōnfīderētis
	cōnfīderet	cōnfīderent
Perf.	cōnfīsus sim	cōnfīsī sīmus
	(-a, -um) sīs	(-ae, -a) sītis
	sit	sint
Plup.	cōnfīsus essem	cōnfīsī essēmus
	(-a, -um) essēs	(-ae, -a) essētis
	esset	essent

IMPERATIVE

Pres.	cōnfīde	cōnfīdite

INFINITIVE

Pres.	cōnfīdere
Perf.	cōnfīsus(-a, -um) esse
Fut.	cōnfīsūrus(-a, -um) esse

PARTICIPLE

Active	Passive
Pres. cōnfīdēns(-tis)	
Perf. cōnfīsus(-a, -um)	
Fut. cōnfīsūrus(-a, -um)	cōnfīdendus(-a, -um) (GERUNDIVE)

GERUND cōnfīdendī, -ō, -um, -ō   SUPINE cōnfīsum, -ū

cōniciō, cōnicere, cōniēcī, cōniectum   *hurl*

ACTIVE   PASSIVE

I N D I C A T I V E

Pres.	cōniciō	cōnicimus	cōnicior	cōnicimur
	cōnicis	cōnicitis	cōniceris(-re)	cōniciminī
	cōnicit	cōniciunt	cōnicitur	cōniciuntur
Impf.	cōniciēbam	cōniciēbāmus	cōniciēbar	cōniciēbāmur
	cōniciēbās	cōniciēbātis	cōniciēbāris(-re)	cōniciēbāminī
	cōniciēbat	cōniciēbant	cōniciēbātur	cōniciēbantur
Fut.	cōniciam	cōniciēmus	cōniciar	cōniciēmur
	cōniciēs	cōniciētis	cōniciēris(-re)	cōniciēminī
	cōniciet	conicient	cōniciētur	cōnicientur
Perf.	cōniēcī	cōniēcimus	cōniectus sum	cōniectī sumus
	cōniēcistī	cōniēcistis	(-a, -um) es	(-ae, -a) estis
	cōniēcit	cōniēcērunt(-re)	est	sunt
Plup.	cōniēceram	cōniēcerāmus	cōniectus eram	cōniectī erāmus
	cōniēcerās	cōniēcerātis	(-a, -um) erās	(-ae, -a) erātis
	cōniēcerat	cōniēcerant	erat	erant
Fut.	cōniēcerō	cōniēcerimus	cōniectus erō	cōniectī erimus
Perf.	cōniēceris	cōniēceritis	(-a, -um) eris	(-ae, -a) eritis
	cōniēcerit	cōniēcerint	erit	erunt

S U B J U N C T I V E

Pres.	cōniciam	cōniciāmus	coniciar	cōniciāmur
	cōniciās	cōniciātis	cōniciāris(-re)	cōniciāminī
	coniciat	cōniciant	cōniciātur	cōniciantur
Impf.	cōnicerem	cōnicerēmus	cōnicerer	cōnicerēmur
	cōnicerēs	cōnicerētis	cōnicerēris(-re)	cōnicerēminī
	cōniceret	cōnicerent	cōnicerētur	cōnicerentur
Perf.	cōniēcerim	cōniēcerimus	cōniectus sim	cōniectī sīmus
	cōniēceris	cōniēceritis	(-a, -um) sīs	(-ae, -a) sītis
	cōniēcerit	cōniēcerint	sit	sint
Plup.	cōniēcissem	cōniēcissēmus	cōniectus essem	cōniectī essēmus
	cōniēcissēs	cōniēcissētis	(-a, -um) essēs	(-ae, -a) essētis
	cōniēcisset	cōniēcissent	esset	essent

I M P E R A T I V E

Pres.   cōnice   cōnicite

I N F I N I T I V E

Pres.	cōnicere	cōnicī
Perf.	cōniēcisse	cōniectus(-a, -um) esse
Fut.	cōniectūrus(-a, -um) esse	

P A R T I C I P L E

Pres.	cōniciēns(-tis)	
Perf.		cōniectus(-a, -um)
Fut.	cōniectūrus(-a, -um)	cōniciendus(-a, -um) (GERUNDIVE)

GERUND cōniciendī, -ō, -um, -ō   SUPINE cōniectum, -ū

cōnor

cōnor, cōnārī, cōnātus sum   *try,   attempt*

ACTIVE

INDICATIVE

Pres.	cōnor	cōnāmur
	cōnāris(-re)	cōnāminī
	cōnātur	cōnantur
Impf.	cōnābar	cōnābāmur
	cōnābāris(-re)	cōnābāminī
	cōnābātur	cōnābantur
Fut.	cōnābor	cōnābimur
	cōnāberis(-re)	cōnābiminī
	cōnābitur	cōnābuntur
Perf.	cōnātus sum	cōnātī sumus
	(-a, -um) es	(-ae, -a) estis
	est	sunt
Plup.	cōnātus eram	cōnātī erāmus
	(-a, -um) erās	(-ae, -a) erātis
	erat	erant
Fut. *Perf.*	cōnātus erō (-a, -um) eris	cōnātī erimus (-ae, -a) eritis
	erit	erunt

SUBJUNCTIVE

Pres.	cōner	cōnēmur
	cōnēris(-re)	cōnēminī
	cōnētur	cōnentur
Impf.	cōnārer	cōnārēmur
	cōnārēris(-re)	cōnārēminī
	cōnārētur	cōnārentur
Perf.	cōnātus sim	cōnātī sīmus
	(-a, -um) sīs	(-ae, -a) sītis
	sit	sint
Plup.	cōnātus essem	cōnātī essēmus
	(-a, -um) essēs	(-ae, -a) essētis
	esset	essent

IMPERATIVE

Pres.	cōnāre	cōnāminī

INFINITIVE

Pres.	cōnārī
Perf.	cōnātus(-a, -um) esse
Fut.	cōnātūrus(-a, -um) esse

PARTICIPLE

Active		Passive
Pres. cōnāns(-tis)		
Perf. cōnātus(-a, -um)		
Fut. cōnātūrus(-a, -um)		cōnandus(-a, -um) (GERUNDIVE)

GERUND cōnandī, -ō, -um, -ō   SUPINE cōnātum, -ū

cōnsistō, cōnsistere, cōnstitī, cōnstitūrus　　　*halt,　take a stand*

ACTIVE

INDICATIVE

Pres.	cōnsistō	cōnsistimus
	cōnsistis	cōnsistitis
	cōnsistit	cōnsistunt
Impf.	cōnsistēbam	cōnsistēbāmus
	cōnsistēbās	cōnsistēbātis
	cōnsistēbat	cōnsistēbant
Fut.	cōnsistam	cōnsistēmus
	cōnsistēs	cōnsistētis
	cōnsistet	cōnsistent
Perf.	cōnstitī	cōnstitimus
	cōnstitistī	cōnstitistis
	cōnstitit	cōnstitērunt(-re)
Plup.	cōnstiteram	cōnstiterāmus
	cōnstiterās	cōnstiterātis
	cōnstiterat	cōnstiterant
Fut.	cōnstiterō	cōnstiterimus
Perf.	cōnstiteris	cōnstiteritis
	cōnstiterit	cōnstiterint

SUBJUNCTIVE

Pres.	cōnsistam	cōnsistāmus
	cōnsistās	cōnsistātis
	cōnsistat	cōnsistant
Impf.	cōnsisterem	cōnsisterēmus
	cōnsisterēs	cōnsisterētis
	cōnsisteret	cōnsisterent
Perf.	cōnstiterim	cōnstiterimus
	cōnstiteris	cōnstiteritis
	cōnstiterit	cōnstiterint
Plup.	cōnstitissem	cōnstitissēmus
	cōnstitissēs	cōnstitissētis
	cōnstitisset	cōnstitissent

IMPERATIVE

Pres.	cōnsiste	cōnsistite

INFINITIVE

Pres.	cōnsistere
Perf.	cōnstitisse
Fut.	cōnstitūrus(-a, -um) esse

PARTICIPLE

Pres.	cōnsistēns(-tis)
Perf.	———
Fut.	cōnstitūrus(-a, -um)

GERUND cōnsistendī, -ō, -um, -ō

39

cōnspiciō

cōnspiciō, cōnspicere, cōnspēxī, cōnspectum   *notice*

ACTIVE   PASSIVE

INDICATIVE

	ACTIVE		PASSIVE	
Pres.	cōnspiciō	cōnspicimus	cōnspicior	cōnspicimur
	cōnspicis	cōnspicitis	cōnspiceris(-re)	cōnspiciminī
	cōnspicit	cōnspiciunt	cōnspicitur	cōnspiciuntur
Impf.	cōnspiciēbam	cōnspiciēbāmus	cōnspiciēbar	cōnspiciēbāmur
	cōnspiciēbās	cōnspiciēbātis	cōnspiciēbāris(-re)	cōnspiciēbāminī
	cōnspiciēbat	cōnspiciēbant	cōnspiciēbātur	cōnspiciēbantur
Fut.	cōnspiciam	cōnspiciēmus	cōnspiciar	cōnspiciēmur
	cōnspiciēs	cōnspiciētis	cōnspiciēris(-re)	cōnspiciēminī
	cōnspiciet	cōnspicient	cōnspiciētur	cōnspicientur
Perf.	cōnspēxī	cōnspēximus	cōnspectus sum	cōnspectī sumus
	cōnspēxistī	cōnspēxistis	(-a, -um) es	(-ae, -a) estis
	cōnspēxit	cōnspēxērunt(-re)	est	sunt
Plup.	cōnspēxeram	cōnspēxerāmus	cōnspectus eram	cōnspectī erāmus
	cōnspēxerās	cōnspēxerātis	(-a, -um) erās	(-ae, -a) erātis
	cōnspēxerat	cōnspēxerant	erat	erant
Fut.	cōnspēxerō	cōnspēxerimus	cōnspectus erō	cōnspectī erimus
Perf.	cōnspēxeris	cōnspēxeritis	(-a, -um) eris	(-ae, -a) eritis
	cōnspēxerit	cōnspēxerint	erit	erunt

SUBJUNCTIVE

	ACTIVE		PASSIVE	
Pres.	cōnspiciam	cōnspiciāmus	cōnspiciar	cōnspiciāmur
	cōnspiciās	cōnspiciātis	cōnspiciāris(-re)	cōnspiciāminī
	cōnspiciat	cōnspiciant	cōnspiciātur	cōnspiciantur
Impf.	cōnspicerem	cōnspicerēmus	cōnspicerer	cōnspicerēmur
	cōnspicerēs	cōnspicerētis	cōnspicerēris(-re)	cōnspicerēminī
	cōnspiceret	cōnspicerent	cōnspicerētur	cōnspicerentur
Perf.	cōnspēxerim	cōnspēxerimus	cōnspectus sim	cōnspectī sīmus
	cōnspēxeris	cōnspēxeritis	(-a, -um) sīs	(-ae, -a) sītis
	cōnspēxerit	cōnspēxerint	sit	sint
Plup.	cōnspēxissem	cōnspēxissēmus	cōnspectus essem	cōnspectī essēmus
	cōnspēxissēs	cōnspēxissētis	(-a, -um) essēs	(-ae, -a) essētis
	cōnspēxisset	cōnspēxissent	esset	essent

IMPERATIVE

Pres.   cōnspice   cōnspicite

INFINITIVE

Pres. cōnspicere   cōnspicī
Perf. cōnspēxisse   cōnspectus(-a, -um) esse
Fut.   cōnspectūrus(-a, -um) esse

PARTICIPLE

Pres. cōnspiciēns(-tis)
Perf.   cōnspectus(-a, -um)
Fut.   cōnspectūrus(-a, -um)   cōnspiciendus(-a, -um) (GERUNDIVE)

GERUND cōnspiciendī, -ō, -um, -ō   SUPINE cōnspectum, -ū

cōnstituō, cōnstituere, cōnstituī, cōnstitūtum   *decide,   determine*

ACTIVE   PASSIVE
I N D I C A T I V E

Pres.	cōnstituō	cōnstituimus	cōnstituor	cōnstituimur
	cōnstituis	cōnstituitis	cōnstitueris(-re)	cōnstituiminī
	cōnstituit	cōnstituunt	cōnstituitur	cōnstituuntur
Impf.	cōnstituēbam	cōnstituēbāmus	cōnstituēbar	cōnstituēbāmur
	cōnstituēbās	cōnstituēbātis	cōnstituēbāris(-re)	cōnstituēbāminī
	cōnstituēbat	cōnstituēbant	cōnstituēbātur	cōnstituēbantur
Fut.	cōnstituam	cōnstituēmus	cōnstituar	cōnstituēmur
	cōnstituēs	cōnstituētis	cōnstituēris(-re)	cōnstituēminī
	cōnstituet	cōnstituent	cōnstituētur	cōnstituentur
Perf.	cōnstituī	cōnstituimus	cōnstitūtus sum	cōnstitūtī sumus
	cōnstituistī	cōnstituistis	(-a, -um) es	(-ae, -a) estis
	cōnstituit	cōnstituērunt(-re)	est	sunt
Plup.	cōnstitueram	cōnstituerāmus	cōnstitūtus eram	cōnstitūtī erāmus
	cōnstituerās	cōnstituerātis	(-a, -um) erās	(-ae, -a) erātis
	cōnstituerat	cōnstituerant	erat	erant
Fut.	cōnstituerō	cōnstituerimus	cōnstitūtus erō	cōnstitūtī erimus
Perf.	cōnstitueris	cōnstitueritis	(-a, -um) eris	(-ae, -a) eritis
	cōnstituerit	cōnstituerint	erit	erunt

S U B J U N C T I V E

Pres.	cōnstituam	cōnstituāmus	cōnstituar	cōnstituāmur
	cōnstituās	cōnstituātis	cōnstituāris(-re)	cōnstituāminī
	cōnstituat	cōnstituant	cōnstituātur	cōnstituantur
Impf.	cōnstituerem	cōnstituerēmus	cōnstituerer	cōnstituerēmur
	cōnstituerēs	cōnstituerētis	cōnstituerēris(-re)	cōnstituerēminī
	cōnstitueret	cōnstituerent	cōnstituerētur	cōnstituerentur
Perf.	cōnstituerim	cōnstituerimus	cōnstitūtus sim	cōnstitūtī sīmus
	cōnstitueris	cōnstitueritis	(-a, -um) sīs	(-ae, -a) sītis
	cōnstituerit	cōnstituerint	sit	sint
Plup.	cōnstituissem	cōnstituissēmus	cōnstitūtus essem	cōnstitutī essēmus
	cōnstituissēs	cōnstituissētis	(-a, -um) essēs	(-ae, -a) essētis
	cōnstituisset	cōnstituissent	esset	essent

I M P E R A T I V E

Pres. cōnstitue   cōnstituite

I N F I N I T I V E

Pres.	cōnstituere	cōnstituī
Perf.	cōnstituisse	cōnstitūtus(-a, -um) esse
Fut.	cōnstitūtūrus(-a, -um) esse	

P A R T I C I P L E

Pres.	cōnstituēns(-tis)	
Perf		cōnstitūtus(-a, -um)
Fut.	cōnstitūtūrus(-a, -um)	cōnstituendus(-a, -um) (GERUNDIVE)

GERUND cōnstituendī, -ō, -um, -ō   SUPINE cōnstitūtum, -ū

cōnsuēscō

cōnsuēscō, cōnsuēscere, cōnsuēvī, cōnsuētum   *accustom*

	ACTIVE		PASSIVE	
		INDICATIVE		
Pres.	cōnsuēscō	cōnsuēscimus	cōnsuēscor	cōnsuēscimur
	cōnsuēscis	cōnsuēscitis	cōnsuēsceris(-re)	cōnsuēsciminī
	cōnsuēscit	cōnsuēscunt	cōnsuēscitur	cōnsuēscuntur
Impf.	cōnsuēscēbam	cōnsuēscēbāmus	cōnsuēscēbar	cōnsuēscēbāmur
	cōnsuēscēbās	cōnsuēscēbātis	cōnsuēscēbāris(-re)	cōnsuēscēbāminī
	cōnsuēscēbat	cōnsuēscēbant	cōnsuēscēbātur	cōnsuēscēbantur
Fut.	cōnsuēscam	cōnsuēscēmus	cōnsuēscar	cōnsuēscēmur
	cōnsuēscēs	cōnsuēscētis	cōnsuēscēris(-re)	cōnsuēscēminī
	cōnsuēscet	cōnsuēscent	cōnsuēscētur	cōnsuēscentur
Perf.	cōnsuēvī	cōnsuēvimus	cōnsuētus sum	cōnsuētī sumus
	cōnsuēvistī	cōnsuēvistis	(-a, -um) es	(-ae, -a) estis
	cōnsuēvit	cōnsuēvērunt(-re)	est	sunt
Plup.	cōnsuēveram	cōnsuēverāmus	cōnsuētus eram	cōnsuētī erāmus
	cōnsuēverās	cōnsuēverātis	(-a, -um) erās	(-ae, -a) erātis
	cōnsuēverat	cōnsuēverant	erat	erant
Fut.	cōnsuēverō	cōnsuēverimus	cōnsuētus erō	cōnsuētī erimus
Perf.	cōnsuēveris	cōnsuēveritis	(-a, -um) eris	(-ae, -a) eritis
	cōnsuēverit	cōnsuēverint	erit	erunt
		SUBJUNCTIVE		
Pres.	cōnsuēscam	cōnsuēscāmus	cōnsuēscar	cōnsuēscāmur
	cōnsuēscās	cōnsuēscātis	cōnsuēscāris(-re)	cōnsuēscāminī
	cōnsuēscat	cōnsuēscant	cōnsuēscātur	cōnsuēscantur
Impf.	cōnsuēscerem	cōnsuēscerēmus	cōnsuēscerer	cōnsuēscerēmur
	cōnsuēscerēs	cōnsuēscerētis	cōnsuēscerēris(-re)	cōnsuēscerēminī
	cōnsuēsceret	cōnsuēscerent	cōnsuēscerētur	cōnsuēscerentur
Perf.	cōnsuēverim	cōnsuēverimus	cōnsuētus sim	cōnsuētī sīmus
	cōnsuēveris	cōnsuēveritis	(-a, -um) sīs	(-ae, -a) sītis
	cōnsuēverit	cōnsuēverint	sit	sint
Plup.	cōnsuēvissem	cōnsuēvissēmus	cōnsuētus essem	cōnsuētī essēmus
	cōnsuēvissēs	cōnsuēvissētis	(-a, -um) essēs	(-ae, -a) essētis
	cōnsuēvisset	cōnsuēvissent	esset	essent

IMPERATIVE

Pres. cōnsuēsce   cōnsuēscite

INFINITIVE

Pres. cōnsuēscere   cōnsuescī
Perf. cōnsuēvisse   cōnsuētus(-a, -um) esse
Fut.   cōnsuētūrus(-a, -um) esse

PARTICIPLE

Pres. cōnsuēscēns(-tis)
Perf.
Fut.   cōnsuētūrus(-a, -um)   cōnsuētus(-a, -um)
                                  cōnsuēscendus(-a, -um) (GERUNDIVE)

GERUND cōnsuēscendī, -ō, -um, -ō   SUPINE cōnsuētum, -ū

---

contendō, contendere, contendī, contentum   *hasten,   fight*

<table>
<tr><td colspan="2" align="center">**ACTIVE**</td><td align="center">**PASSIVE**</td></tr>
<tr><td colspan="3" align="center">I N D I C A T I V E</td></tr>
</table>

Pres. contendō	contendimus	
contendis	contenditis	
contendit	contendunt	contenditur (Impers.)
Impf. contendēbam	contendēbāmus	
contendēbās	contendēbātis	
contendēbat	contendēbant	contendēbātur (Impers.)
Fut. contendam	contendēmus	
contendēs	contendētis	
contendet	contendent	contendētur (Impers.)
Perf. contendī	contendimus	
contendistī	contendistis	
contendit	contendērunt(-re)	contentum est (Impers.)
Plup. contenderam	contenderāmus	
contenderās	contenderātis	
contenderat	contenderant	contentum erat (Impers.)
Fut. contenderō	contenderimus	
Perf. contenderis	contenderitis	
contenderit	contenderint	contentum erit (Impers.)

S U B J U N C T I V E

Pres. contendam	contendāmus	
contendās	contendātis	
contendat	contendant	contendātur (Impers.)
Impf. contenderem	contenderēmus	
contenderēs	contenderētis	
contenderet	contenderent	contenderētur (Impers.)
Perf. contenderim	contenderimus	
contenderis	contenderitis	
contenderit	contenderint	contentum erit (Impers.)
Plup. contendissem	contendissēmus	
contendissēs	contendissētis	
contendisset	contendissent	contentum esset (Impers.)

I M P E R A T I V E

Pres. contende   contendite

I N F I N I T I V E

Pres. contendere	contendī
Perf. contendisse	contentum esse
Fut. contentūrus(-a, -um) esse	

P A R T I C I P L E

Pres. contendēns(-tis)	
Perf. ———	
Fut. contentūrus(-a, -um)	contendendus(-a, -um) (GERUNDIVE)

GERUND contendendī, -ō, -um, -ō   SUPINE contentum, -ū

contingō

contingō, contingere, contigī, contāctum   *touch,   reach,   happen*

<table>
<tr><th></th><th colspan="2">ACTIVE</th><th colspan="2">PASSIVE</th></tr>
<tr><td colspan="5" align="center">INDICATIVE</td></tr>
<tr><td>Pres.</td><td>contingō
contingis
contingit</td><td>contingimus
contingitis
contingunt</td><td>contingor
contingeris(-re)
contingitur</td><td>contingimur
contingiminī
continguntur</td></tr>
<tr><td>Impf.</td><td>contingēbam
contingēbās
contingēbat</td><td>contingēbāmus
contingēbātis
contingēbant</td><td>contingēbar
contingēbāris(-re)
contingēbātur</td><td>contingēbāmur
contingēbāminī
contingēbantur</td></tr>
<tr><td>Fut.</td><td>contingam
contingēs
continget</td><td>contingēmus
contingētis
contingent</td><td>contingar
contingēris(-re)
contingētur</td><td>contingēmur
contingēminī
contingentur</td></tr>
<tr><td>Perf.</td><td>contigī
contigistī
contigit</td><td>contigimus
contigistis
contigērunt(-re)</td><td>contāctus sum
(-a, -um) es
est</td><td>contāctī sumus
(-ae, -a) estis
sunt</td></tr>
<tr><td>Plup.</td><td>contigeram
contigerās
contigerat</td><td>contigerāmus
contigerātis
contigerant</td><td>contāctus eram
(-a, -um) erās
erat</td><td>contāctī erāmus
(-ae, -a) erātis
erant</td></tr>
<tr><td>Fut.
Perf.</td><td>contigerō
contigeris
contigerit</td><td>contigerimus
contigeritis
contigerint</td><td>contāctus erō
(-a, -um) eris
erit</td><td>contāctī erimus
(-ae, -a) eritis
erunt</td></tr>
<tr><td colspan="5" align="center">SUBJUNCTIVE</td></tr>
<tr><td>Pres.</td><td>contingam
contingās
contingat</td><td>contingāmus
contingātis
contingant</td><td>contingar
contingāris(-re)
contingātur</td><td>contingāmur
contingāminī
contingantur</td></tr>
<tr><td>Impf.</td><td>contingerem
contingerēs
contingeret</td><td>contingerēmus
contingerētis
contingerent</td><td>contingerer
contingerēris(-re)
contingerētur</td><td>contingerēmur
contingerēminī
contingerentur</td></tr>
<tr><td>Perf.</td><td>contigerim
contigeris
contigerit</td><td>contigerimus
contigeritis
contigerint</td><td>contāctus sim
(-a, -um) sīs
sit</td><td>contāctī sīmus
(-ae, -a) sītis
sint</td></tr>
<tr><td>Plup.</td><td>contigissem
contigissēs
contigisset</td><td>contigissēmus
contigissētis
contigissent</td><td>contāctus essem
(-a, -um) essēs
esset</td><td>contāctī essēmus
(-ae, -a) essētis
essent</td></tr>
</table>

IMPERATIVE
Pres.   continge   contingite

INFINITIVE
Pres.   contingere   contingī
Perf.   contigisse   contāctus(-a, -um) esse
Fut.   contāctūrus(-a, -um) esse

PARTICIPLE
Pres.   contingēns(-tis)
Perf.   contāctus(-a, -um)
Fut.   contāctūrus(-a, -um)   contingendus(-a, -um) (GERUNDIVE)

GERUND contingendī, -ō, -um, -ō   SUPINE contāctum, -ū

44

crēdō

crēdō, crēdere, crēdidī, crēditum   *believe*

	ACTIVE		PASSIVE
		INDICATIVE	

Pres. crēdō / crēdis / crēdit — crēdimus / crēditis / crēdunt — crēditur — crēduntur

Impf. crēdēbam / crēdēbās / crēdēbat — crēdēbāmus / crēdēbātis / crēdēbant — crēdēbātur — crēdēbantur

Fut. crēdam / crēdēs / crēdet — crēdēmus / crēdētis / crēdent — crēdētur — crēdentur

Perf. crēdidī / crēdidistī / crēdidit — crēdidimus / crēdidistis / crēdidērunt(-re) — crēditus(-a, -um) est — crēditī(-ae, -a) sunt

Plup. crēdideram / crēdiderās / crēdiderat — crēdiderāmus / crēdiderātis / crēdiderant — crēditus(-a, -um) erat — crēditī(-ae, -a) erant

Fut. crēdiderō / crēdideris / crēdiderit — crēdiderimus / crēdideritis / crēdiderint — crēditus(-a, -um) erit — crēditī(-ae, -a) erunt
Perf.

SUBJUNCTIVE

Pres. crēdam / crēdās / crēdat — crēdāmus / crēdātis / crēdant — crēdātur — crēdantur

Impf. crēderem / crēderēs / crēderet — crēderēmus / crēderētis / crēderent — crēderētur — crēderentur

Perf. crēdiderim / crēdideris / crēdiderit — crēdiderimus / crēdideritis / crēdiderint — crēditus(-a, -um) sit — crēditī(-ae, -a) sint

Plup. crēdidissem / crēdidissēs / crēdidisset — crēdidissēmus / crēdidissētis / crēdidissent — crēditus(-a, -um) esset — crēditī(-ae, -a) essent

IMPERATIVE

Pres. crēde — crēdite

INFINITIVE

Pres. crēdere — crēdī
Perf. crēdidisse — crēditus(-a, -um) esse
Fut. crēditūrus(-a, -um) esse

PARTICIPLE

Pres. crēdēns(-tis)
Perf. — crēditus(-a, -um)
Fut. crēditūrus(-a, -um) — crēdendus(-a, -um) (GERUNDIVE)

GERUND crēdendī, -ō, -um, -ō   SUPINE crēditum, -ū

45

crēscō

crēscō, crēscere, crēvī, crētum   *grow larger,* *increase*

<table>
<tr><td colspan="2" align="center">ACTIVE</td><td colspan="2" align="center">PASSIVE</td></tr>
<tr><td colspan="4" align="center">INDICATIVE</td></tr>
</table>

Pres. crēscō · crēscimus · crēscor · crēscimur
crēscis · crēscitis · crēsceris(-re) · crēsciminī
crēscit · crēscunt · crēscitur · crēscuntur

Impf. crēscēbam · crēscēbāmus · crēscēbar · crēscēbāmur
crēscēbās · crēscēbātis · crēscēbāris(-re) · crēscēbāminī
crēscēbat · crēscēbant · crēscēbātur · crēscēbantur

Fut. crēscam · crēscēmus · crēscar · crēscēmur
crēscēs · crēscētis · crēscēris(-re) · crēscēminī
crēscet · crēscent · crēscētur · crēscentur

Perf. crēvī · crēvimus · crētus sum · crētī sumus
crēvistī · crēvistis · (-a, -um) es · (-ae, -a) estis
crēvit · crēvērunt(-re) · est · sunt

Plup. crēveram · crēverāmus · crētus eram · crētī erāmus
crēverās · crēverātis · (-a, -um) erās · (-ae, -a) erātis
crēverat · crēverant · erat · erant

Fut. crēverō · crēverimus · crētus erō · crētī erimus
Perf. crēveris · crēveritis · (-a, -um) eris · (-ae, -a) eritis
crēverit · crēverint · erit · erunt

<table><tr><td colspan="4" align="center">SUBJUNCTIVE</td></tr></table>

Pres. crēscam · crēscāmus · crēscar · crēscāmur
crēscās · crēscātis · crēscāris(-re) · crēscāminī
crēscat · crēscant · crēscātur · crēscantur

Impf. crēscerem · crēscerēmus · crēscerer · crēscerēmur
crēscerēs · crēscerētis · crēscerēris(-re) · crēscerēminī
crēsceret · crēscerent · crēscerētur · crēscerentur

Perf. crēverim · crēverimus · crētus sim · crētī sīmus
crēveris · crēveritis · (-a, -um) sīs · (-ae, -a) sītis
crēverit · crēverint · sit · sint

Plup. crēvissem · crēvissēmus · crētus essem · crētī essēmus
crēvissēs · crēvissētis · (-a, -um) essēs · (-ae, -a) essētis
crēvisset · crēvissent · esset · essent

<table><tr><td colspan="4" align="center">IMPERATIVE</td></tr></table>

Pres. crēsce · crēscite

<table><tr><td colspan="4" align="center">INFINITIVE</td></tr></table>

Pres. crēscere · crēscī
Perf. crēvisse · crētus(-a, -um) esse
Fut. crētūrus(-a, -um) esse

<table><tr><td colspan="4" align="center">PARTICIPLE</td></tr></table>

Pres. crēscēns(-tis)
Perf. · crētus(-a, -um)
Fut. crētūrus(-a, -um) · crēscendus(-a, -um) (GERUNDIVE)

GERUND crēscendī, -ō, -um, -ō SUPINE crētum, -ū

46

cupiō, cupīre, cupīvī, cupītum   *desire, wish*

	ACTIVE		PASSIVE	
		INDICATIVE		
Pres.	cupiō	cupīmus	cupior	cupīmur
	cupīs	cupītis	cupīris(-re)	cupīminī
	cupit	cupiunt	cupītur	cupiuntur
Impf.	cupiēbam	cupiēbāmus	cupiēbar	cupiēbāmur
	cupiēbās	cupiēbātis	cupiēbāris(-re)	cupiēbāminī
	cupiēbat	cupiēbant	cupiēbātur	cupiēbantur
Fut.	cupiam	cupiēmus	cupiar	cupiēmur
	cupiēs	cupiētis	cupiēris(-re)	cupiēminī
	cupiet	cupient	cupiētur	cupientur
Perf.	cupīvī	cupīvimus	cupītus sum	cupītī sumus
	cupīvistī	cupīvistis	(-a, -um) es	(-ae, -a) estis
	cupīvit	cupīvērunt	est	sunt
Plup.	cupīveram	cupīverāmus	cupītus eram	cupītī erāmus
	cupīverās	cupīverātis	(-a, -um) erās	(-ae, -a) erātis
	cupīverat	cupīverant	erat	erant
Fut.	cupīverō	cupīverimus	cupītus erō	cupītī erimus
Perf.	cupīveris	cupīveritis	(-a, -um) eris	(-ae, -a) eritis
	cupīverit	cupīverint	erit	erunt
		SUBJUNCTIVE		
Pres.	cupiam	cupiāmus	cupiar	cupiāmur
	cupiās	cupiātis	cupiāris(-re)	cupiāminī
	cupiat	cupiant	cupiātur	cupiantur
Impf.	cupīrem	cupīrēmus	cupīrer	cupīrēmur
	cupīrēs	cupīrētis	cupīrēris(-re)	cupīrēminī
	cupīret	cupīrent	cupīrētur	cupīrentur
Perf.	cupīverim	cupīverimus	cupītus sim	cupītī sīmus
	cupīveris	cupīveritis	(-a, -um) sīs	(-ae, -a) sītis
	cupīverit	cupīverint	sit	sint
Plup.	cupīvissem	cupīvissēmus	cupītus essem	cupītī essēmus
	cupīvissēs	cupīvissētis	(-a, -um) essēs	(-ae, -a) essētis
	cupīvisset	cupīvissent	esset	essent

IMPERATIVE

Pres. cupī   cupīte

INFINITIVE

Pres. cupīre   cupīrī
Perf. cupīvisse   cupītus(-a, -um) esse
Fut. cupītūrus(-a, -um) esse

PARTICIPLE

Pres. cupiēns(-tis)
Perf.   cupītus(-a, -um)
Fut. cupītūrus(-a, -um)   cupiendus(-a, -um) (GERUNDIVE)

GERUND cupiendī, -ō, -um, -ō   SUPINE cupītum, -ū

currō

currō, currere, cucurrī, cursum   *run*

ACTIVE   PASSIVE

INDICATIVE

Pres.	currō	currimus	
	curris	curritis	
	currit	currunt	curritur (Impers.)
Impf.	currēbam	currēbāmus	
	currēbās	currēbātis	
	currēbat	currēbant	currēbātur (Impers.)
Fut.	curram	currēmus	
	currēs	currētis	
	curret	current	currētur (Impers.)
Perf.	cucurrī	cucurrimus	
	cucurristī	cucurristis	
	cucurrit	cucurrērunt(-re)	cursum est (Impers.)
Plup.	cucurreram	cucurrerāmus	
	cucurrerās	cucurrerātis	
	cucurrerat	cucurrerant	cursum erat (Impers.)
Fut.	cucurrerō	cucurrerimus	
Perf.	cucurreris	cucurreritis	
	cucurrerit	cucurrerint	cursum erit (Impers.)

SUBJUNCTIVE

Pres.	curram	currāmus	
	currās	currātis	
	currat	currant	currātur (Impers.)
Impf.	currerem	currerēmus	
	currerēs	currerētis	
	curreret	currerent	currerētur (Impers.)
Perf.	cucurrerim	cucurrerimus	
	cucurreris	cucurreritis	
	cucurrerit	cucurrerint	cursum sit (Impers.)
Plup.	cucurrissem	cucurrissēmus	
	cucurrissēs	cucurrissētis	
	cucurrisset	cucurrissent	cursum esset (Impers.)

IMPERATIVE

Pres.	curre	currite

INFINITIVE

Pres.	currere	currī
Perf.	cucurrisse	cursum esse
Fut.	cursūrus(-a, -um) esse	

PARTICIPLE

Pres.	currēns(-tis)	
Perf.		cursus(-a, -um)
Fut.	cursūrus(-a, -um)	currendus(-a, -um) (GERUNDIVE)

GERUND currendī, -ō, -um, -ō   SUPINE cursum, -ū

dēbeō, dēbēre, dēbuī, dēbitum   *ought, owe*

<table>
<tr><td colspan="2" align="center">**ACTIVE**</td><td colspan="2" align="center">**PASSIVE**</td></tr>
<tr><td colspan="4" align="center">I N D I C A T I V E</td></tr>
<tr><td>*Pres.* dēbeō</td><td>dēbēmus</td><td>dēbeor</td><td>dēbēmur</td></tr>
<tr><td>dēbēs</td><td>dēbētis</td><td>dēbēris(-re)</td><td>dēbēminī</td></tr>
<tr><td>dēbet</td><td>dēbent</td><td>dēbētur</td><td>dēbentur</td></tr>
<tr><td>*Impf.* dēbēbam</td><td>dēbēbāmus</td><td>dēbēbar</td><td>dēbēbāmur</td></tr>
<tr><td>dēbēbās</td><td>dēbēbātis</td><td>dēbēbāris(-re)</td><td>dēbēbāminī</td></tr>
<tr><td>dēbēbat</td><td>dēbēbant</td><td>dēbēbātur</td><td>dēbēbantur</td></tr>
<tr><td>*Fut.* dēbēbō</td><td>dēbēbimus</td><td>dēbēbor</td><td>dēbēbimur</td></tr>
<tr><td>dēbēbis</td><td>dēbēbitis</td><td>dēbēberis(-re)</td><td>dēbēbiminī</td></tr>
<tr><td>dēbēbit</td><td>dēbēbunt</td><td>dēbēbitur</td><td>dēbēbuntur</td></tr>
<tr><td>*Perf.* dēbuī</td><td>dēbuimus</td><td>dēbitus sum</td><td>dēbitī sumus</td></tr>
<tr><td>dēbuistī</td><td>dēbuistis</td><td>(-a, -um) es</td><td>(-ae, -a) estis</td></tr>
<tr><td>dēbuit</td><td>dēbuērunt(-re)</td><td>est</td><td>sunt</td></tr>
<tr><td>*Plup.* dēbueram</td><td>dēbuerāmus</td><td>dēbitus eram</td><td>dēbitī erāmus</td></tr>
<tr><td>dēbuerās</td><td>dēbuerātis</td><td>(-a, -um) erās</td><td>(-ae, -a) erātis</td></tr>
<tr><td>dēbuerat</td><td>dēbuerant</td><td>erat</td><td>erant</td></tr>
<tr><td>*Fut.* dēbuerō</td><td>dēbuerimus</td><td>dēbitus erō</td><td>dēbitī erimus</td></tr>
<tr><td>*Perf.* dēbueris</td><td>dēbueritis</td><td>(-a, -um) eris</td><td>(-ae, -a) eritis</td></tr>
<tr><td>dēbuerit</td><td>dēbuerint</td><td>erit</td><td>erunt</td></tr>
<tr><td colspan="4" align="center">S U B J U N C T I V E</td></tr>
<tr><td>*Pres.* dēbeam</td><td>dēbeāmus</td><td>dēbear</td><td>dēbeāmur</td></tr>
<tr><td>dēbeās</td><td>dēbeātis</td><td>dēbeāris(-re)</td><td>dēbeāminī</td></tr>
<tr><td>dēbeat</td><td>dēbeant</td><td>dēbeātur</td><td>dēbeantur</td></tr>
<tr><td>*Impf.* dēbērem</td><td>dēbērēmus</td><td>dēbērer</td><td>dēbērēmur</td></tr>
<tr><td>dēbērēs</td><td>dēbērētis</td><td>dēbērēris(-re)</td><td>dēbērēminī</td></tr>
<tr><td>dēbēret</td><td>dēbērent</td><td>dēbērētur</td><td>dēbērentur</td></tr>
<tr><td>*Perf.* dēbuerim</td><td>dēbuerimus</td><td>dēbitus sim</td><td>dēbitī sīmus</td></tr>
<tr><td>dēbueris</td><td>dēbueritis</td><td>(-a, -um) sīs</td><td>(-ae, -a) sītis</td></tr>
<tr><td>dēbuerit</td><td>dēbuerint</td><td>sit</td><td>sint</td></tr>
<tr><td>*Plup.* dēbuissem</td><td>dēbuissēmus</td><td>dēbitus essem</td><td>dēbitī essēmus</td></tr>
<tr><td>dēbuissēs</td><td>dēbuissētis</td><td>(-a, -um) essēs</td><td>(-ae, -a) essētis</td></tr>
<tr><td>dēbuisset</td><td>dēbuissent</td><td>esset</td><td>essent</td></tr>
</table>

I M P E R A T I V E

Pres. dēbē   dēbēte

I N F I N I T I V E

Pres. dēbēre   dēbērī
Perf. dēbuisse   dēbitus(-a, -um) esse
Fut. dēbitūrus(-a, -um) esse

P A R T I C I P L E

Pres. dēbēns(-tis)
Perf.   dēbitus(-a, -um)
Fut. dēbitūrus(-a, -um)   dēbendus(-a, -um) (GERUNDIVE)

GERUND dēbendī, -ō, -um, -ō   SUPINE dēbitum, -ū

dēcernō

dēcernō, dēcernere, dēcrēvī, dēcrētum   *decide,   decree,   resolve*

	ACTIVE		PASSIVE	
		INDICATIVE		
Pres.	dēcernō	dēcernimus	dēcernor	dēcernimur
	dēcernis	dēcernitis	dēcerneris(-re)	dēcerniminī
	dēcernit	dēcernunt	dēcernitur	dēcernuntur
Impf.	dēcernēbam	dēcernēbāmus	dēcernēbar	dēcernēbāmur
	dēcernēbās	dēcernēbātis	dēcernēbāris(-re)	dēcernēbāminī
	dēcernēbat	dēcernēbant	dēcernēbātur	dēcernēbantur
Fut.	dēcernam	dēcernēmus	dēcernar	dēcernēmur
	dēcernēs	dēcernētis	dēcernēris(-re)	dēcernēminī
	dēcernet	dēcernent	dēcernētur	dēcernentur
Perf.	dēcrēvī	dēcrēvimus	dēcrētus sum	dēcrētī sumus
	dēcrēvistī	dēcrēvistis	(-a, -um) es	(-ae, -a) estis
	dēcrēvit	dēcrēvērunt(-re)	est	sunt
Plup.	dēcrēveram	dēcrēverāmus	dēcrētus eram	dēcrētī erāmus
	dēcrēverās	dēcrēverātis	(-a, -um) erās	(-ae, -a) erātis
	dēcrēverat	dēcrēverant	erat	erant
Fut.	dēcrēverō	dēcrēverimus	dēcrētus erō	dēcrētī erimus
Perf.	dēcrēveris	dēcrēveritis	(-a, -um) eris	(-ae, -a) eritis
	dēcrēverit	dēcrēverint	erit	erunt
		SUBJUNCTIVE		
Pres.	dēcernam	dēcernāmus	dēcernar	dēcernāmur
	dēcernās	dēcernātis	dēcernāris(-re)	dēcernāminī
	dēcernat	dēcernant	dēcernātur	dēcernantur
Impf.	dēcernerem	dēcernerēmus	dēcernerer	dēcernerēmur
	dēcernerēs	dēcernerētis	dēcernerēris(-re)	dēcernerēminī
	dēcerneret	dēcernerent	dēcernerētur	dēcernerentur
Perf.	dēcrēverim	dēcrēverimus	dēcrētus sim	dēcrētī sīmus
	dēcrēveris	dēcrēveritis	(-a, -um) sīs	(-ae, -a) sītis
	dēcrēverit	dēcrēverint	sit	sint
Plup.	dēcrēvissem	dēcrēvissēmus	dēcrētus essem	dēcrētī essēmus
	dēcrēvissēs	dēcrēvissētis	(-a, -um) essēs	(-ae, -a) essētis
	dēcrēvisset	dēcrēvissent	esset	essent

IMPERATIVE

Pres. dēcerne   dēcernite

INFINITIVE

Pres. dēcernere   dēcernī
Perf. dēcrēvisse   dēcrētus(-a, -um) esse
Fut.   dēcrētūrus(-a, -um) esse

PARTICIPLE

Pres. dēcernēns(-tis)
Perf.   dēcrētus(-a, -um)
Fut.   dēcrētūrus(-a, -um)   dēcernendus(-a, -um) (GERUNDIVE)

GERUND dēcernendī, -ō, -um, -ō   SUPINE dēcrētum, -ū

decet, decēre, decuit

is fitting, becomes
(Impers.)

INDICATIVE

Pres. ———
———
decet

Impf. ———
———
decēbat

Fut. ———
———
decēbit

Perf. ———
———
decuit

Plup. ———
———
decuerat

Fut.
Perf. ———
———
decuerit

SUBJUNCTIVE

Pres. ———
———
deceat

Impf. ———
———
decēret

Perf. ———
———
decuerit

Plup. ———
———
decuisset

INFINITIVE

Pres. decēre
Perf. decuisse

PARTICIPLE

Pres. decēns(-tis)

dēfendō

dēfendō, dēfendere, dēfendī, dēfensum *defend*

ACTIVE		PASSIVE	
INDICATIVE			

Pres.
dēfendō	dēfendimus	dēfendor	dēfendimur
dēfendis	dēfenditis	dēfenderis(-re)	dēfendiminī
dēfendit	dēfendunt	dēfenditur	dēfenduntur

Impf.
dēfendēbam	dēfendēbāmus	dēfendēbar	dēfendēbāmur
dēfendēbās	dēfendēbātis	dēfendēbāris(-re)	dēfendēbāminī
dēfendēbat	dēfendēbant	dēfendēbātur	dēfendēbantur

Fut.
dēfendam	dēfendēmus	dēfendar	dēfendēmur
dēfendēs	dēfendētis	dēfendēris(-re)	dēfendēminī
dēfendet	dēfendent	dēfendētur	dēfendentur

Perf.
dēfendī	dēfendimus	dēfensus sum	dēfensī sumus
dēfendistī	dēfendistis	(-a, -um) es	(-ae, -a) estis
dēfendit	dēfendērunt(-re)	est	sunt

Plup.
dēfenderam	dēfenderāmus	dēfensus eram	dēfensī erāmus
dēfenderās	dēfenderātis	(-a, -um) erās	(-ae, -a) erātis
dēfenderat	dēfenderant	erat	erant

Fut.
Perf.
dēfenderō	dēfenderimus	dēfensus erō	dēfensī erimus
dēfenderis	dēfenderitis	(-a, -um) eris	(-ae, -a) eritis
dēfenderit	dēfenderint	erit	erunt

SUBJUNCTIVE

Pres.
dēfendam	dēfendāmus	dēfendar	dēfendāmur
dēfendās	dēfendātis	dēfendāris(-re)	dēfendāminī
dēfendat	dēfendant	dēfendātur	dēfendantur

Impf.
dēfenderem	dēfenderēmus	dēfenderer	dēfenderēmur
dēfenderēs	dēfenderētis	dēfenderēris(-re)	dēfenderēminī
dēfenderet	dēfenderent	dēfenderētur	dēfenderentur

Perf.
dēfenderim	dēfenderimus	dēfensus sim	dēfensī sīmus
dēfenderis	dēfenderitis	(-a, -um) sīs	(-ae, -a) sītis
dēfenderit	dēfenderint	sit	sint

Plup.
dēfendissem	dēfendissēmus	dēfensus essem	dēfensī essēmus
dēfendissēs	dēfendissētis	(-a, -um) essēs	(-ae, -a) essētis
dēfendisset	dēfendissent	esset	essent

IMPERATIVE

Pres.   dēfende   dēfendite

INFINITIVE

Pres. dēfendere
Perf. dēfendisse
Fut. dēfensūrus(-a, -um) esse

dēfendī
dēfensus(-a, -um) esse

PARTICIPLE

Pres. dēfendēns(-tis)
Perf.
Fut. dēfensūrus(-a, -um)

dēfensus(-a, -um)
dēfendendus(-a, -um) (GERUNDIVE)

GERUND dēfendendī, -ō, -um, -ō   SUPINE dēfensum, -ū

dēmōnstrō, dēmōnstrāre, dēmōnstrāvī, dēmōnstrātum   *point out, show*

ACTIVE		PASSIVE	

INDICATIVE

	ACTIVE		PASSIVE	
Pres.	dēmōnstrō	dēmōnstrāmus	dēmōnstror	dēmōnstrāmur
	dēmōnstrās	dēmōnstrātis	dēmōnstrāris(-re)	dēmōnstrāminī
	dēmōnstrat	dēmōnstrant	dēmōnstrātur	dēmōnstrantur
Impf.	dēmōnstrābam	dēmōnstrābāmus	dēmōnstrābar	dēmōnstrābāmur
	dēmōnstrābās	dēmōnstrābātis	dēmōnstrābāris(-re)	dēmōnstrābāminī
	dēmōnstrābat	dēmōnstrābant	dēmōnstrābātur	dēmōnstrābāntur
Fut.	dēmōnstrābō	dēmōnstrābimus	dēmōnstrābor	dēmōnstrābimur
	dēmōnstrābis	dēmōnstrābitis	dēmōnstrāberis(-re)	dēmōnstrābiminī
	dēmōnstrābit	dēmōnstrābunt	dēmōnstrābitur	dēmōnstrābuntur
Perf.	dēmōnstrāvī	dēmōnstrāvimus	dēmōnstrātus sum	dēmōnstrātī sumus
	dēmōnstrāvistī	dēmōnstrāvistis	(-a, -um) es	(-ae, -a) estis
	dēmōnstrāvit	dēmōnstrāvērunt(-re)	est	sunt
Plup.	dēmōnstrāveram	dēmōnstrāverāmus	dēmōnstrātus eram	dēmōnstrātī erāmus
	dēmōnstrāverās	dēmōnstrāverātis	(-a, -um) erās	(-ae, -a) erātis
	dēmōnstrāverat	dēmōnstrāverant	erat	erant
Fut.	dēmōnstrāverō	dēmōnstrāverimus	dēmōnstrātus erō	dēmōnstrātī erimus
Perf.	dēmōnstrāveris	dēmōnstrāveritis	(-a, -um) eris	(-ae, -a) eritis
	dēmōnstrāverit	dēmōnstrāverint	erit	erunt

SUBJUNCTIVE

	ACTIVE		PASSIVE	
Pres.	dēmōnstrem	dēmōnstrēmus	dēmōnstrer	dēmōnstrēmur
	dēmōnstrēs	dēmōnstrētis	dēmōnstrēris(-re)	dēmōnstrēminī
	dēmōnstret	dēmōnstrent	dēmōnstrētur	dēmōnstrentur
Impf.	dēmōnstrārem	dēmōnstrārēmus	dēmōnstrārer	dēmōnstrārēmur
	dēmōnstrārēs	dēmōnstrārētis	dēmōnstrārēris(-re)	dēmōnstrārēminī
	dēmōnstrāret	dēmōnstrārent	dēmōnstrārētur	dēmōnstrārentur
Perf.	dēmōnstrāverim	dēmōnstrāverimus	dēmōnstrātus sim	dēmōnstrātī sīmus
	dēmōnstrāveris	dēmōnstrāveritis	(-a, -um) sīs	(-ae, -a) sītis
	dēmōnstrāverit	dēmōnstrāverint	sit	sint
Plup.	dēmōnstrāvissem	dēmōnstrāvissēmus	dēmōnstrātus essem	dēmōnstrātī essēmus
	dēmōnstrāvissēs	dēmōnstrāvissētis	(-a, -um) essēs	(-ae, -a) essētis
	dēmōnstrāvisset	dēmōnstrāvissent	esset	essent

IMPERATIVE

Pres. dēmōnstrā   dēmōnstrāte

INFINITIVE

Pres. dēmōnstrāre   dēmōnstrārī
Perf. dēmōnstrāvisse   dēmōnstrātus(-a, -um) esse
Fut.   dēmōnstrātūrus(-a, -um) esse

PARTICIPLE

Pres. dēmōnstrāns(-tis)
Perf.   dēmōnstrātus(-a, -um)
Fut.   dēmōnstrātūrus(-a, -um)   dēmōnstrandus(-a, -um) (GERUNDIVE)

GERUND dēmōnstrandī, -ō, -um, -ō   SUPINE dēmōnstrātum, -ū

dīcō

dīcō, dīcere, dīxī, dictum   *say,   speak,   tell*

	ACTIVE		**PASSIVE**	
		INDICATIVE		
Pres.	dīcō	dīcimus	dīcor	dīcimur
	dīcis	dīcitis	dīceris(-re)	dīciminī
	dīcit	dīcunt	dīcitur	dīcuntur
Impf.	dīcēbam	dīcēbāmus	dīcēbar	dīcēbāmur
	dīcēbās	dīcēbātis	dīcēbāris(-re)	dīcēbāminī
	dīcēbat	dīcēbant	dīcēbātur	dīcēbantur
Fut.	dīcam	dīcēmus	dīcar	dīcēmur
	dīcēs	dīcētis	dīcēris(-re)	dīcēminī
	dīcet	dīcent	dīcētur	dīcentur
Perf.	dīxī	dīximus	dictus sum	dictī sumus
	dīxistī	dīxistis	(-a, -um) es	(-ae, -a) estis
	dīxit	dīxērunt(-re)	est	sunt
Plup.	dīxeram	dīxerāmus	dictus eram	dictī erāmus
	dīxerās	dīxerātis	(-a, -um) erās	(-ae, -a) erātis
	dīxerat	dīxerant	erat	erant
Fut.	dīxerō	dīxerimus	dictus erō	dictī erimus
Perf.	dīxeris	dīxeritis	(-a, -um) eris	(-ae, -a) eritis
	dīxerit	dīxerint	erit	erunt
		SUBJUNCTIVE		
Pres.	dīcam	dīcāmus	dīcar	dīcāmur
	dīcās	dīcātis	dīcāris(-re)	dīcāminī
	dīcat	dīcant	dīcātur	dīcantur
Impf.	dīcerem	dīcerēmus	dīcerer	dīcerēmur
	dīcerēs	dīcerētis(-re)	dīcerēris(-re)	dīcerēminī
	dīceret	dīcerent	dīcerētur	dīcerentur
Perf.	dīxerim	dīxerimus	dictus sim	dictī sīmus
	dīxeris	dīxeritis	(-a, -um) sīs	(-ae, -a) sītis
	dīxerit	dīxerint	sit	sint
Plup.	dīxissem	dīxissēmus	dictus essem	dictī essēmus
	dīxissēs	dīxissētis	(-a, -um) essēs	(-ae, -a) essētis
	dīxisset	dīxissent	esset	essent

IMPERATIVE

Pres.   dīc   dīcite

INFINITIVE

Pres.   dīcere   dīcī
Perf.   dīxisse   dictus(-a, -um) esse
Fut.   dictūrus(-a, -um) esse

PARTICIPLE

Pres.   dīcēns(-tis)
Perf.   dictus(-a, -um)
Fut.   dictūrus(-a, -um)   dīcendus(-a, -um) (GERUNDIVE)

GERUND dīcendī, -ō, -um, -ō   SUPINE dictum, -ū

dīligō, dīligere, dīlēxī, dīlēctum   *pick,   choose,   love*

ACTIVE   PASSIVE

I N D I C A T I V E

Pres. dīligō	dīligimus	dīligor	dīligimur
dīligis	dīligitis	dīligeris(-re)	dīligiminī
dīligit	dīligunt	dīligitur	dīliguntur
Impf. dīligēbam	dīligēbāmus	dīligēbar	dīligēbāmur
dīligēbās	dīligēbātis	dīligēbāris(-re)	dīligēbāminī
dīligēbat	dīligēbant	dīligēbātur	dīligēbantur
Fut. dīligam	dīligēmus	dīligar	dīligēmur
dīligēs	dīligētis	dīligēris(-re)	dīligēminī
dīliget	dīligent	dīligētur	dīligentur
Perf. dīlēxī	dīlēximus	dīlēctus sum	dīlēctī sumus
dīlēxistī	dīlēxistis	(-a, -um) es	(-ae, -a) estis
dīlēxit	dīlēxērunt(-re)	est	sunt
Plup. dīlēxeram	dīlēxerāmus	dīlēctus eram	dīlēctī erāmus
dīlēxerās	dīlēxerātis	(-a, -um) erās	(-ae, -a) erātis
dīlēxerat	dīlēxerant	erat	erant
Fut. dīlēxerō	dīlēxerimus	dīlēctus erō	dīlēctī erimus
Perf. dīlēxeris	dīlēxeritis	(-a, -um) eris	(-ae, -a) eritis
dīlēxerit	dīlēxerint	erit	erunt

S U B J U N C T I V E

Pres. dīligam	dīligāmus	dīligar	dīligāmur
dīligās	dīligātis	dīligāris(-re)	dīligāminī
dīligat	dīligant	dīligātur	dīligantur
Impf. dīligerem	dīligerēmus	dīligerer	dīligerēmur
dīligerēs	dīligerētis	dīligerēris(-re)	dīligerēminī
dīligeret	dīligerent	dīligerētur	dīligerentur
Perf. dīlēxerim	dīlēxerimus	dīlēctus sim	dīlēctī sīmus
dīlēxeris	dīlēxeritis	(-a, -um) sīs	(-ae, -a) sītis
dīlēxerit	dīlēxerint	sit	sint
Plup. dīlēxissem	dīlēxissēmus	dīlēctus essem	dīlēctī essēmus
dīlēxissēs	dīlēxissētis	(-a, -um) essēs	(-ae, -a) essētis
dīlēxisset	dīlēxissent	esset	essent

I M P E R A T I V E

Pres. dīlige   dīligite

I N F I N I T I V E

Pres. dīligere   dīligī
Perf. dīlēxisse   dīlēctus(-a, -um) esse
Fut. dīlēctūrus(-a, -um) esse

P A R T I C I P L E

Pres. dīligēns(-tis)
Perf.   dīlēctus(-a, -um)
Fut. dīlēctūrus(-a, -um)   dīligendus(-a, -um) (GERUNDIVE)

GERUND dīligendī, -ō, -um, -ō SUPINE dīlēctum, -ū

discō

discō, discere, didicī   *learn*

ACTIVE

INDICATIVE

Pres.	discō	discimus
	discis	discitis
	discit	discunt
Impf.	discēbam	discēbāmus
	discēbās	discēbātis
	discēbat	discēbant
Fut.	discam	discēmus
	discēs	discētis
	discet	discent
Perf.	didicī	didicimus
	didicistī	didicistis
	didicit	didicērunt(-re)
Plup.	didiceram	didicerāmus
	didicerās	didicerātis
	didicerat	didicerant
Fut.	didicerō	didicerimus
Perf.	didiceris	didiceritis
	didicerit	didicerint

SUBJUNCTIVE

Pres.	discam	discāmus
	discās	discātis
	discat	discant
Impf.	discerem	discerēmus
	discerēs	discerētis
	disceret	discerent
Perf.	didicerim	didicerimus
	didiceris	didiceritis
	didicerit	didicerint
Plup.	didicissem	didicissēmus
	didicissēs	didicissētis
	didicisset	didicissent

IMPERATIVE

Pres.	disce	discite

INFINITIVE

Pres.	discere
Perf.	didicisse
Fut.	———

PARTICIPLE

Pres.	discēns(-tis)
Perf.	———
Fut.	———

GERUND discendī, -ō, -um, -ō   SUPINE ———

56

dīvīdō, dīvīdere, dīvīsī, dīvīsum   *divide*

ACTIVE		PASSIVE	
		I N D I C A T I V E	

Pres. dīvīdō — dīvīdimus — dīvīdor — dīvīdimur
dīvīdis — dīvīditis — dīvīderis(-re) — dīvīdiminī
dīvīdit — dīvīdunt — dīvīditur — dīvīduntur

Impf. dīvīdēbam — dīvīdēbāmus — dīvīdēbar — dīvīdēbāmur
dīvīdēbās — dīvīdēbātis — dīvīdēbāris(-re) — dīvīdēbāminī
dīvīdēbat — dīvīdēbant — dīvīdēbātur — dīvīdēbantur

Fut. dīvīdam — dīvīdēmus — dīvīdar — dīvīdēmur
dīvīdēs — dīvīdētis — dīvīdēris(-re) — dīvīdēminī
dīvīdet — dīvīdent — dīvīdētur — dīvīdentur

Perf. dīvīsī — dīvīsimus — dīvīsus sum — dīvīsī sumus
dīvīsistī — dīvīsistis — (-a, -um) es — (-ae, -a) estis
dīvīsit — dīvīsērunt(-re) — est — sunt

Plup. dīvīseram — dīvīserāmus — dīvīsus eram — dīvīsī erāmus
dīvīserās — dīvīserātis — (-a, -um) erās — (-ae, -a) erātis
dīvīserat — dīvīserant — erat — erant

Fut. dīvīserō — dīvīserimus — dīvīsus erō — dīvīsī erimus
Perf. dīvīseris — dīvīseritis — (-a, -um) eris — (-ae, -a) eritis
dīvīserit — dīvīserint — erit — erunt

| | | **S U B J U N C T I V E** | |

Pres. dīvīdam — dīvīdāmus — dīvīdar — dīvīdāmur
dīvīdās — dīvīdātis — dīvīdāris(-re) — dīvīdāminī
dīvīdat — dīvīdant — dīvīdātur — dīvīdantur

Impf. dīvīderem — dīvīderēmus — dīvīderer — dīvīderēmur
dīvīderēs — dīvīderētis — dīvīderēris(-re) — dīvīderēminī
dīvīderet — dīvīderent — dīvīderētur — dīvīderentur

Perf. dīvīserim — dīvīserimus — dīvīsus sim — dīvīsī sīmus
dīvīseris — dīvīseritis — (-a, -um) sīs — (-ae, -a) sītis
dīvīserit — dīvīserint — sit — sint

Plup. dīvīsissem — dīvīsissēmus — dīvīsus essem — dīvīsī essēmus
dīvīsissēs — dīvīsissētis — (-a, -um) essēs — (-ae, -a) essētis
dīvīsisset — dīvīsissent — esset — essent

| | **I M P E R A T I V E** | | |

Pres. dīvīde — dīvīdite

| | **I N F I N I T I V E** | | |

Pres. dīvīdere — dīvīdī
Perf. dīvīsisse — dīvīsus(-a, -um) esse
Fut. dīvīsūrus(-a, -um) esse

| | **P A R T I C I P L E** | | |

Pres. dīvīdēns(-tis)
Perf. — dīvīsus(-a, -um)
Fut. dīvīsūrus(-a, -um) — dīvīdendus(-a, -um) (GERUNDIVE)

GERUND dīvīdendī, -ō, -um, -ō   SUPINE dīvīsum, -ū

dō

dō, dare, dedī, datum   *give*

<table>
<tr><th></th><th colspan="2">ACTIVE</th><th colspan="2">PASSIVE</th></tr>
<tr><td colspan="5" align="center">INDICATIVE</td></tr>
<tr><td>*Pres.*</td><td>dō</td><td>damus</td><td>————</td><td>damur</td></tr>
<tr><td></td><td>dās</td><td>datis</td><td>daris(-re)</td><td>daminī</td></tr>
<tr><td></td><td>dat</td><td>dant</td><td>datur</td><td>dantur</td></tr>
<tr><td>*Impf.*</td><td>dabam</td><td>dabāmus</td><td>dabar</td><td>dabāmur</td></tr>
<tr><td></td><td>dabās</td><td>dabātis</td><td>dabāris(-re)</td><td>dabāminī</td></tr>
<tr><td></td><td>dabat</td><td>dabant</td><td>dabātur</td><td>dabantur</td></tr>
<tr><td>*Fut.*</td><td>dabō</td><td>dabimus</td><td>dabor</td><td>dabimur</td></tr>
<tr><td></td><td>dabis</td><td>dabitis</td><td>daberis(-re)</td><td>dabiminī</td></tr>
<tr><td></td><td>dabit</td><td>dabunt</td><td>dabitur</td><td>dabuntur</td></tr>
<tr><td>*Perf.*</td><td>dedī</td><td>dedimus</td><td>datus   sum</td><td>datī   sumus</td></tr>
<tr><td></td><td>dedistī</td><td>dedistis</td><td>(-a, -um) es</td><td>(-ae, -a) estis</td></tr>
<tr><td></td><td>dedit</td><td>dedērunt(-re)</td><td>est</td><td>sunt</td></tr>
<tr><td>*Plup.*</td><td>dederam</td><td>dederāmus</td><td>datus   eram</td><td>datī   erāmus</td></tr>
<tr><td></td><td>dederās</td><td>dederātis</td><td>(-a, -um) erās</td><td>(-ae, -a) erātis</td></tr>
<tr><td></td><td>dederat</td><td>dederant</td><td>erat</td><td>erant</td></tr>
<tr><td>*Fut.*</td><td>viderō</td><td>dederimus</td><td>datus   erō</td><td>datī   erimus</td></tr>
<tr><td>*Perf.*</td><td>dederis</td><td>dederitis</td><td>(-a, -um) eris</td><td>(-ae, -a) eritis</td></tr>
<tr><td></td><td>dederit</td><td>dederint</td><td>erit</td><td>erunt</td></tr>
<tr><td colspan="5" align="center">SUBJUNCTIVE</td></tr>
<tr><td>*Pres.*</td><td>dem</td><td>dēmus</td><td>————</td><td>dēmur</td></tr>
<tr><td></td><td>dēs</td><td>dētis</td><td>dēris(-re)</td><td>dēminī</td></tr>
<tr><td></td><td>det</td><td>dent</td><td>dētur</td><td>dentur</td></tr>
<tr><td>*Impf.*</td><td>dārem</td><td>dārēmus</td><td>darer</td><td>darēmur</td></tr>
<tr><td></td><td>dārēs</td><td>dārētis</td><td>darēris(-re)</td><td>darēminī</td></tr>
<tr><td></td><td>dāret</td><td>dārent</td><td>darētur</td><td>darentur</td></tr>
<tr><td>*Perf.*</td><td>dederim</td><td>dederimus</td><td>datus   sim</td><td>datī   sīmus</td></tr>
<tr><td></td><td>dederis</td><td>dederitis</td><td>(-a, -um) sīs</td><td>(-ae, -a) sītis</td></tr>
<tr><td></td><td>dederit</td><td>dederint</td><td>sit</td><td>sint</td></tr>
<tr><td>*Plup.*</td><td>dedissem</td><td>dedissēmus</td><td>datus   essem</td><td>datī   essēmus</td></tr>
<tr><td></td><td>dedissēs</td><td>dedissētis</td><td>(-a, -um) essēs</td><td>(-ae, -a) essētis</td></tr>
<tr><td></td><td>dedisset</td><td>dedissent</td><td>esset</td><td>essent</td></tr>
<tr><td colspan="5" align="center">IMPERATIVE</td></tr>
<tr><td>*Pres.*</td><td>dā</td><td>date</td><td></td><td></td></tr>
<tr><td colspan="5" align="center">INFINITIVE</td></tr>
<tr><td>*Pres.*</td><td colspan="2">dare</td><td colspan="2">darī</td></tr>
<tr><td>*Perf.*</td><td colspan="2">dedisse</td><td colspan="2">datus(-a, -um) esse</td></tr>
<tr><td>*Fut.*</td><td colspan="2">datūrus(-a, -um) esse</td><td colspan="2"></td></tr>
<tr><td colspan="5" align="center">PARTICIPLE</td></tr>
<tr><td>*Pres.*</td><td colspan="2">dāns(-tis)</td><td colspan="2"></td></tr>
<tr><td>*Perf.*</td><td colspan="2"></td><td colspan="2">datus(-a, -um)</td></tr>
<tr><td>*Fut.*</td><td colspan="2">datūrus(-a, -um)</td><td colspan="2">dandus(-a, -um) (GERUNDIVE)</td></tr>
</table>

GERUND dandī, -ō, -um, -ō   SUPINE datum, -ū

58

doceō, docēre, docuī, doctum   *explain,   teach*

ACTIVE		PASSIVE	
		INDICATIVE	

Pres. doceō   docēmus   doceor   docēmur
       docēs   docētis   docēris(-re)   docēminī
       docet   docent   docētur   docentur

Impf. docēbam   docēbāmus   docēbar   docēbāmur
       docēbās   docēbātis   docēbāris(-re) docēbāminī
       docēbat   docēbant   docēbātur   docēbantur

Fut. docēbō   docēbimus   docēbor   docēbimur
       docēbis   docēbitis   docēberis(-re) docēbiminī
       docēbit   docēbunt   docēbitur   docēbuntur

Perf. docuī   docuimus   doctus   sum   doctī   sumus
       docuistī   docuistis   (-a, -um) es   (-ae, -a) estis
       docuit   docuērunt(-re)   est   sunt

Plup. docueram   docuerāmus   doctus   eram doctī   erāmus
       docuerās   docuerātis   (-a, -um) erās (-ae, -a) erātis
       docuerat   docuerant   erat   erant

Fut. docuerō   docuerimus   doctus   erō   doctī   erimus
Perf. docueris   docueritis   (-a, -um) eris (-ae, -a) eritis
       docuerit   docuerint   erit   erunt

| | | **SUBJUNCTIVE** | |

Pres. doceam   doceāmus   docear   doceāmur
       doceās   doceātis   doceāris(-re)   doceāminī
       doceat   doceant   doceātur   doceantur

Impf. docērem   docērēmus   docērer   docērēmur
       docērēs   docērētis   docērēris(-re) docērēminī
       docēret   docērent   docērētur   docērentur

Perf. docuerim   docuerimus   doctus   sim   doctī   sīmus
       docueris   docueritis   (-a, -um) sīs   (-ae, -a) sītis
       docuerit   docuerint   sit   sint

Plup. docuissem docuissēmus   doctus   essem doctī   essēmus
       docuissēs docuissētis   (-a, -um) essēs (-ae, -a) essētis
       docuisset docuissent   esset   essent

| | | **IMPERATIVE** | |

Pres. docē   docēte

| | | **INFINITIVE** | |

Pres. docēre   docērī
Perf. docuisse   doctus(-a, -um) esse
Fut. doctūrus(-a, -um) esse

| | | **PARTICIPLE** | |

Pres. docēns(-tis)
Perf.   doctus(-a, -um)
Fut. doctūrus(-a, -um)   docendus(-a, -um) (GERUNDIVE)

GERUND docendī, -ō, -um, -ō   SUPINE doctum, -ū

59

dormiō

dormiō, dormīre, dormīvī, dormītum   *sleep*

ACTIVE		PASSIVE

INDICATIVE

Pres. dormiō dormīmus
       dormīs dormītis
       dormit dormiunt   dormītur (Impers.)

Impf. dormiēbam dormiēbāmus
        dormiēbās dormiēbātis
        dormiēbat dormiēbant   dormiēbātur (Impers.)

Fut. dormiam dormiēmus
       dormiēs dormiētis
       dormiet dormient   dormiētur (Impers.)

Perf. dormīvī dormīvimus
        dormīvistī dormīvistis
        dormīvit dormīvērunt(-re) dormītum est (Impers.)

Plup. dormīveram dormīverāmus
        dormīverās dormīverātis
        dormīverat dormīverant   dormītum erat (Impers.)

Fut. dormīverō dormīverimus
Perf. dormīveris dormīveritis
        dormīverit dormīverint   dormītum erit (Impers.)

SUBJUNCTIVE

Pres. dormiam dormiāmus
        dormiās dormiātis
        dormiat dormiant   dormiātur (Impers.)

Impf. dormīrem dormīrēmus
        dormīrēs dormīrētis
        dormīret dormīrent   dormīrētur (Impers.)

Perf. dormīverim dormīverimus
        dormīveris dormīveritis
        dormīverit dormīverint   dormītum sit (Impers.)

Plup. dormīvissem dormīvissēmus
        dormīvissēs dormīvissētis
        dormīvisset dormīvissent   dormītum esset (Impers.)

IMPERATIVE

Pres. dormī dormīte

INFINITIVE

Pres. dormīre   dormīrī
Perf. dormīvisse   dormītum esse
Fut. dormītūrus(-a, -um) esse

PARTICIPLE

Pres. dormiēns(-tis)
Perf.   dormītus(-a, -um)
Fut. dormītūrus(-a, -um)   dormiendus(-a, -um) (GERUNDIVE)

GERUND dormiendī, -ō, -um, -ō   SUPINE dormītum, -ū

dubitō

dubitō, dubitāre, dubitāvī, dubitātum   *doubt,   hesitate*

<table>
<tr><td colspan="3" align="center">ACTIVE</td><td colspan="2" align="center">PASSIVE</td></tr>
<tr><td colspan="5" align="center">INDICATIVE</td></tr>
<tr><td>Pres.</td><td>dubitō
dubitās
dubitat</td><td>dubitāmus
dubitātis
dubitant</td><td>dubitor
dubitāris(-re)
dubitātur</td><td>dubitāmur
dubitāminī
dubitantur</td></tr>
<tr><td>Impf.</td><td>dubitābam
dubitābās
dubitābat</td><td>dubitābāmus
dubitābātis
dubitābant</td><td>dubitābar
dubitābāris(-re)
dubitābātur</td><td>dubitābāmur
dubitābāminī
dubitābantur</td></tr>
<tr><td>Fut.</td><td>dubitābō
dubitābis
dubitābit</td><td>dubitābimus
dubitābitis
dubitābunt</td><td>dubitābor
dubitāberis(-re)
dubitābitur</td><td>dubitābimur
dubitābiminī
dubitābuntur</td></tr>
<tr><td>Perf.</td><td>dubitāvī
dubitāvistī
dubitāvit</td><td>dubitāvimus
dubitāvistis
dubitāvērunt(-re)</td><td>dubitātus sum
(-a, -um) es
est</td><td>dubitātī sumus
(-ae, -a) estis
sunt</td></tr>
<tr><td>Plup.</td><td>dubitāveram
dubitāverās
dubitāverat</td><td>dubitāverāmus
dubitāverātis
dubitāverant</td><td>dubitātus eram
(-a, -um) erās
erat</td><td>dubitātī erāmus
(-ae, -a) erātis
erant</td></tr>
<tr><td>Fut.
Perf.</td><td>dubitāverō
dubitāveris
dubitāverit</td><td>dubitāverimus
dubitāveritis
dubitāverint</td><td>dubitātus erō
(-a, -um) eris
erit</td><td>dubitātī erimus
(-ae, -a) eritis
erunt</td></tr>
<tr><td colspan="5" align="center">SUBJUNCTIVE</td></tr>
<tr><td>Pres.</td><td>dubitem
dubitēs
dubitet</td><td>dubitēmus
dubitētis
dubitent</td><td>dubiter
dubitēris(-re)
dubitētur</td><td>dubitēmur
dubitēminī
dubitentur</td></tr>
<tr><td>Impf.</td><td>dubitārem
dubitārēs
dubitāret</td><td>dubitārēmus
dubitārētis
dubitārent</td><td>dubitārer
dubitārēris(-re)
dubitārētur</td><td>dubitārēmur
dubitārēminī
dubitārentur</td></tr>
<tr><td>Perf.</td><td>dubitāverim
dubitāveris
dubitāverit</td><td>dubitāverimus
dubitāveritis
dubitāverint</td><td>dubitātus sim
(-a, -um) sīs
sit</td><td>dubitātī sīmus
(-ae, -a) sītis
sint</td></tr>
<tr><td>Plup.</td><td>dubitāvissem
dubitāvissēs
dubitāvisset</td><td>dubitāvissēmus
dubitāvissētis
dubitāvissent</td><td>dubitātus essem
(-a, -um) essēs
esset</td><td>dubitātī essēmus
(-ae, -a) essētis
essent</td></tr>
</table>

IMPERATIVE

Pres. dubitā   dubitāte

INFINITIVE

Pres. dubitāre   dubitārī
Perf. dubitāvisse   dubitātus(-a, -um) esse
Fut. dubitātūrus(-a, -um) esse

PARTICIPLE

Pres. dubitāns(-tis)
Perf.   dubitātus(-a, -um)
Fut. dubitātūrus(-a, -um)   dubitandus(-a, -um) (GERUNDIVE)

GERUND dubitandī, -ō, -um, -ō   SUPINE dubitātum, -ū

dūcō

dūcō, dūcere, dūxī, ductum   *lead*

	ACTIVE		**PASSIVE**	
		INDICATIVE		
Pres.	dūcō	dūcimus	dūcor	dūcimur
	dūcis	dūcitis	dūceris(-re)	dūciminī
	dūcit	dūcunt	dūcitur	dūcuntur
Impf.	dūcēbam	dūcēbāmus	dūcēbar	dūcēbāmur
	dūcēbās	dūcēbātis	dūcēbāris(-re)	dūcēbāminī
	dūcēbat	dūcēbant	dūcēbātur	dūcēbantur
Fut.	dūcam	dūcēmus	dūcar	dūcēmur
	dūcēs	dūcētis	dūcēris(-re)	dūcēminī
	dūcet	dūcent	dūcētur	dūcentur
Perf.	dūxī	dūximus	ductus sum	ductī sumus
	dūxistī	dūxistis	(-a, -um) es	(-ae, -a) estis
	dūxit	dūxērunt(-re)	est	sunt
Plup.	dūxeram	dūxerāmus	ductus eram	ductī erāmus
	dūxerās	dūxerātis	(-a, -um) erās	(-ae, -a) erātis
	dūxerat	dūxerant	erat	erant
Fut.	dūxerō	dūxerimus	ductus erō	ductī erimus
Perf.	dūxeris	dūxeritis	(-a, -um) eris	(-ae, -a) eritis
	dūxerit	dūxerint	erit	erunt
		SUBJUNCTIVE		
Pres.	dūcam	dūcāmus	dūcar	dūcāmur
	dūcās	dūcātis	dūcāris(-re)	dūcāminī
	dūcat	dūcant	dūcātur	dūcantur
Impf.	dūcerem	dūcerēmus	dūcerer	dūcerēmur
	dūcerēs	dūcerētis	dūcerēris(-re)	dūcerēminī
	dūceret	dūcerent	dūceretur	dūcerentur
Perf.	dūxerim	dūxerimus	ductus sim	ductī sīmus
	dūxeris	dūxeritis	(-a, -um) sīs	(-ae, -a) sītis
	dūxerit	dūxerint	sit	sint
Plup.	dūxissem	dūxissēmus	ductus essem	ductī essēmus
	dūxissēs	dūxissētis	(-a, -um) essēs	(-ae, -a) essētis
	dūxisset	dūxissent	esset	essent

IMPERATIVE

Pres. dūc   dūcite

INFINITIVE

Pres. dūcere   dūcī
Perf. dūxisse   ductus(-a, -um) esse
Fut. ductūrus(-a, -um) esse

PARTICIPLE

Pres. dūcēns(-tis)
Perf.   ductus(-a, -um)
Fut. ductūrus(-a, -um)   dūcendus(-a, -um) (GERUNDIVE)

GERUND dūcendī, -ō, -um, -ō   SUPINE ductum, -ū

eō, īre, iī *or* īvī, itum

<table>
<tr><td colspan="2" align="center">**ACTIVE**</td><td align="center">**PASSIVE**</td></tr>
<tr><td colspan="3" align="center">**I N D I C A T I V E**</td></tr>
</table>

Pres.	eō	īmus	
	īs	ītis	
	it	eunt	ītur (Impers.)
Impf.	ībam	ībāmus	
	ībās	ībātis	
	ībat	ībant	ībātur (Impers.)
Fut.	ībō	ībimus	
	ībis	ībitis	
	ībit	ībunt	ībitur (Impers.)
Perf.	iī (īvī)	iimus (īvimus)	
	iistī (īvistī)	iistis (īvistis)	
	iit (īvit)	iērunt (iēre) *or* īvērunt (īvēre)	itum est (Impers.)
Plup.	ieram (īveram)	ierāmus (īverāmus)	
	ierās (īverās)	ierātis (īverātis)	
	ierat (īverat)	ierant (īverant)	itum erat (Impers.)
Fut.	ierō (īverō)	ierimus (īverimus)	
Perf.	ieris (īveris)	ieritis (īveritis)	
	ierit (īverit)	ierint (īverint)	itum erit (Impers.)

S U B J U N C T I V E

Pres.	eam	eāmus	
	eās	eātis	
	eat	eant	eātur (Impers.)
Impf.	īrem	īrēmus	
	īrēs	īrētis	
	īret	īrent	irētur (Impers.)
Perf.	ierim (īverim)	ierimus (īverimus)	
	ieris (īveris)	ieritis (īveritis)	
	ierit (īverit)	ierint (īverint)	itum sit (Impers.)
Plup.	īssem (īvissem)	īssēmus (īvissēmus)	
	īssēs (īvissēs)	īssētis (īvissētis)	
	īsset (īvisset)	īssent (īvissent)	itum esset (Impers.)

I M P E R A T I V E

| *Pres.* | ī | īte |
| | | |

I N F I N I T I V E

Pres.	īre	īrī
Perf.	īsse (īvisse)	itum esse
Fut.	itūrus(-a, -um) esse	

P A R T I C I P L E

Pres.	iēns, (euntis)	
Perf.		————
Fut.	itūrus(-a, -um)	eundum (GERUNDIVE)

GERUND eundī, -ō, -um, -ō   SUPINE itum, -ū

errō

errō, errāre, errāvī, errātum   *make a mistake, wander*

ACTIVE		PASSIVE

INDICATIVE

Pres.
errō   errāmus
errās   errātis
errat   errant   errātur (Impers.)

Impf.
errābam   errābāmus
errābās   errābātis
errābat   errābant   errābātur (Impers.)

Fut.
errābō   errābimus
errābis   errābitis
errābit   errābunt   errābitur (Impers.)

Perf.
errāvī   errāvimus
errāvistī   errāvistis
errāvit   errāvērunt(-re)   errātum est (Impers.)

Plup.
errāveram   errāverāmus
errāverās   errāverātis
errāverat   errāverant   errātum erat (Impers.)

Fut.
errāverō   errāverimus
Perf.
errāveris   errāveritis
errāverit   errāverint   errātum erit (Impers.)

SUBJUNCTIVE

Pres.
errem   errēmus
errēs   errētis
erret   errent   errētur (Impers.)

Impf.
errārem   errārēmus
errārēs   errārētis
errāret   errārent   errārētur (Impers.)

Perf.
errāverim   errāverimus
errāveris   errāveritis
errāverit   errāverint   errātum sit (Impers.)

Plup.
errāvissem   errāvissēmus
errāvissēs   errāvissētis
errāvisset   errāvissent   errātum esset (Impers.)

IMPERATIVE

Pres.   errā   errāte

INFINITIVE

Pres.   errāre   errārī
Perf.   errāvisse   errātum esse
Fut.   errātūrus(-a, -um) esse

PARTICIPLE

Pres.   errāns(-tis)
Perf.   errātus(-a, -um)
Fut.   errātūrus(-a, -um)   errandus(-a, -um) (GERUNDIVE)

GERUND errandī, -ō, -um, -ō   SUPINE errātum, -ū

exerceō, exercēre, exercuī, exercitum   *train*

ACTIVE		PASSIVE	
		INDICATIVE	

Pres.
exerceō	exercēmus	exerceor	exercēmur
exercēs	exercētis	exercēris(-re)	exercēminī
exercet	exercent	exercētur	exercentur

Impf.
exercēbam	exercēbāmus	exercēbar	exercēbāmur
exercēbās	exercēbātis	exercēbāris(-re)	exercēbāminī
exercēbat	exercēbant	exercēbātur	exercēbantur

Fut.
exercēbō	exercēbimus	exercēbor	exercēbimur
exercēbis	exercēbitis	exercēberis(-re)	exercēbiminī
exercēbit	exercēbunt	exercēbitur	exercēbuntur

Perf.
exercuī	exercuimus	exercitus sum	exercitī sumus
exercuistī	exercuistis	(-a, -um) es	(-ae, -a) estis
exercuit	exercuērunt(-re)	est	sunt

Plup.
exercueram	exercuerāmus	exercitus eram	exercitī erāmus
exercuerās	exercuerātis	(-a, -um) erās	(-ae, -a) erātis
exercuerat	exercuerant	erat	erant

Fut.
Perf.
exercuerō	exercuerimus	exercitus erō	exercitī erimus
exercueris	exercueritis	(-a, -um) eris	(-ae, -a) eritis
exercuerit	exercuerint	erit	erunt

SUBJUNCTIVE

Pres.
exerceam	exerceāmus	exercear	exerceāmur
exerceās	exerceātis	exerceāris(-re)	exerceāminī
exerceat	exerceant	exerceātur	exerceantur

Impf.
exercērem	exercērēmus	exercērer	exercērēmur
exercērēs	exercērētis	exercēreris(-re)	exercērēminī
exercēret	exercērent	exercērētur	exercērentur

Perf.
exercuerim	exercuerimus	exercitus sim	exercitī sīmus
exercueris	exercueritis	(-a, -um) sīs	(-ae, -a) sītis
exercuerit	exercuerint	sit	sint

Plup.
exercuissem	exercuissēmus	exercitus essem	exercitī essēmus
exercuissēs	exercuissētis	(-a, -um) essēs	(-ae, -a) essētis
exercuisset	exercuissent	esset	essent

IMPERATIVE

Pres.   exercē   exercēte

INFINITIVE

Pres.   exercēre   exercērī
Perf.   exercuisse   exercitus(-a, -um) esse
Fut.   exercitūrus(-a, -um) esse

PARTICIPLE

Pres.   exercēns(-tis)
Perf.   exercitus(-a, -um)
Fut.   exercitūrus(-a, -um)   exercendus(-a, -um) (GERUNDIVE)

GERUND exercendī, -ō, -um, -ō   SUPINE exercitum, -ū

exīstimō

exīstimō, exīstimāre, exīstimāvī, exīstimātum   *think*

ACTIVE		PASSIVE	

INDICATIVE

	ACTIVE		PASSIVE	
Pres.	exīstimō	exīstimāmus	exīstimor	exīstimāmur
	exīstimās	exīstimātis	exīstmāris(-re)	exīstimāminī
	exīstimat	exīstimant	exīstimātur	exīstimantur
Impf.	exīstimābam	exīstimābāmus	exīstimābar	exīstimābāmur
	exīstimābās	exīstimābātis	exīstimābāris(-re)	exīstimābāminī
	exīstimābat	exīstimābant	exīstimābātur	exīstimābantur
Fut.	exīstimābō	exīstimābimus	exīstimābor	exīstimābimur
	exīstimābis	exīstimābitis	exīstimāberis(-re)	exīstimābiminī
	exīstimābit	exīstimābunt	exīstimābitur	exīstimābuntur
Perf.	exīstimāvī	exīstimāvimus	exīstimātus sum	exīstimātī sumus
	exīstimāvistī	exīstimāvistis	(-a, -um) es	(-ae, -a) estis
	exīstimāvit	exīstimāvērunt(-re)	est	sunt
Plup.	exīstimāveram	exīstimāverāmus	exīstimātus eram	exīstimātī erāmus
	exīstimāverās	exīstimāverātis	(-a, -um) erās	(-ae, -a) erātis
	exīstimāverat	exīstimāverant	erat	erant
Fut.	exīstimāverō	exīstimāverimus	exīstimātus erō	exīstimātī erimus
Perf.	exīstimāveris	exīstimāveritis	(-a, -um) eris	(-ae, -a) eritis
	exīstimāverit	exīstimāverint	erit	erunt

SUBJUNCTIVE

	ACTIVE		PASSIVE	
Pres.	exīstimem	exīstimēmus	exīstimer	exīstimēmur
	exīstimēs	exīstimētis	exīstimēris(-re)	exīstimēminī
	exīstimet	exīstiment	exīstimētur	exīstimentur
Impf.	exīstimārem	exīstimārēmus	exīstimārer	exīstimārēmur
	exīstimārēs	exīstimārētis	exīstimārēris(-re)	exīstimārēminī
	exīstimāret	exīstimārent	exīstimārētur	exīstimārentur
Perf.	exīstimāverim	exīstimāverimus	exīstimātus sim	exīstimātī sīmus
	exīstimāveris	exīstimāveritis	(-a, -um) sīs	(-ae, -a) sītis
	exīstimāverit	exīstimāverint	sit	sint
Plup.	exīstimāvissem	exīstimāvissēmus	exīstimātus essem	exīstimātī essēmus
	exīstimāvissēs	exīstimāvissētis	(-a, -um) essēs	(-ae, -a) essētis
	exīstimāvisset	exīstimāvissent	esset	essent

IMPERATIVE

Pres.   exīstimā   exīstimāte

INFINITIVE

Pres.	exīstimāre	exīstimārī
Perf.	exīstimāvisse	exīstimātus(-a, -um) esse
Fut.	exīstimātūrus(-a, -um) esse	

PARTICIPLE

Pres.	exīstimāns(-tis)	
Perf.		exīstimātus(-a, -um)
Fut.	exīstimātūrus(-a, -um)	exīstimandus(-a, -um) (GERUNDIVE)

GERUND exīstimandī, -ō, -um, -ō   SUPINE exīstimātum, -ū

expellō, expellere, expulī, expulsum
drive out

ACTIVE		PASSIVE	
INDICATIVE			
Pres. expellō	expellimus	expellor	expellimur
expellis	expellitis	expelleris(-re)	expelliminī
expellit	expellunt	expellitur .	expelluntur
Impf. expellēbam	expellēbāmus	expellēbar	expellēbāmur
expellēbās	expellēbātis	expellēbāris(-re)	expellēbāminī
expellēbat	expellēbant	expellēbātur	expellēbantur
Fut. expellam	expellēmus	expellar	expellēmur
expellēs	expellētis	expellēris(-re)	expellēminī
expellet	expellent	expellētur	expellentur
Perf. expulī	expulimus	expulsus sum	expulsī sumus
expulistī	expulistis	(-a, -um) es	(-ae, -a) estis
expulit	expulērunt(-re)	est	sunt
Plup. expuleram	expulerāmus	expulsus eram	expulsī erāmus
expulerās	expulerātis	(-a, -um) erās	(-ae, -a) erātis
expulerat	expulerant	erat	erant
Fut. expulerō	expulerimus	expulsus erō	expulsī erimus
Perf. expuleris	expuleritis	(-a, -um) eris	(-ae, -a) eritis
expulerit	expulerint	erit	erunt
SUBJUNCTIVE			
Pres. expellam	expellāmus	expellar	expellāmur
expellās	expellātis	expellāris(-re)	expellāminī
expellat	expellant	expellātur	expellantur
Impf. expellerem	expellerēmus	expellerer	expellerēmur
expellerēs	expellerētis	expellerēris(-re)	expellerēminī
expelleret	expellerent	expellerētur	expellerentur
Perf. expulerim	expulerimus	expulsus sim	expulsī sīmus
expuleris	expuleritis	(-a, -um) sīs	(-ae, -a) sītis
expulerit	expulerint	sit	sint
Plup. expulissem	expulissēmus	expulsus essem	expulsī essēmus
expulissēs	expulissētis	(-a, -um) essēs	(-ae, -a) essētis
expulisset	expulissent	esset	essent

IMPERATIVE

Pres. expelle   expellite

INFINITIVE

Pres. expellere   expellī
Perf. expulisse   expulsus(-a, -um) esse
Fut. expulsūrus(-a, -um) esse

PARTICIPLE

Pres. expellēns(-tis)
Perf.   expulsus(-a, -um)
Fut. expulsūrus(-a, -um)   expellendus(-a, -um) (GERUNDIVE)

GERUND expellendī, -ō, -um, -ō   SUPINE expulsum, -ū

exstinguō

exstinguō, exstinguere, exstinxī, exstinctum   *extinguish, quench*

ACTIVE		PASSIVE	

INDICATIVE

	ACTIVE		PASSIVE	
Pres.	exstinguō	exstinguimus	exstinguor	exstinguimur
	exstinguis	exstinguitis	exstingueris(-re)	exstinguiminī
	exstinguit	exstinguunt	exstinguitur	exstinguuntur
Impf.	exstinguēbam	exstinguēbāmus	exstinguēbar	exstinguēbāmur
	exstinguēbās	exstinguēbātis	exstinguēbāris(-re)	exstinguēbāminī
	exstinguēbat	exstinguēbant	exstinguēbātur	exstinguēbantur
Fut.	exstinguam	exstinguēmus	exstinguar	exstinguēmur
	exstinguēs	exstinguētis	exstinguēris(-re)	exstinguēminī
	exstinguet	exstinguent	exstinguētur	exstinguentur
Perf.	exstinxī	exstinximus	exstinctus sum	exstinctī sumus
	exstinxistī	exstinxistis	(-a, -um) es	(-ae, -a) estis
	exstinxit	exstinxērunt(-re)	est	sunt
Plup.	exstinxeram	exstinxerāmus	exstinctus eram	exstinctī erāmus
	exstinxerās	exstinxerātis	(-a, -um) erās	(-ae, -a) erātis
	exstinxerat	exstinxerant	erat	erant
Fut.	exstinxerō	exstinxerimus	exstinctus erō	exstinctī erimus
Perf.	exstinxeris	exstinxeritis	(-a, -um) eris	(-ae, -a) eritis
	exstinxerit	exstinxerint	erit	erunt

SUBJUNCTIVE

	ACTIVE		PASSIVE	
Pres.	exstinguam	exstinguāmus	exstinguar	exstinguāmur
	exstinguās	exstinguātis	exstinguāris(-re)	exstinguāminī
	exstinguat	exstinguant	exstinguātur	exstinguantur
Impf.	exstinguerem	exstinguerēmus	exstinguerer	exstinguerēmur
	exstinguerēs	exstinguerētis	exstinguerēris(-re)	exstinguerēminī
	exstingueret	exstinguerent	exstinguerētur	exstinguerentur
Perf.	exstinxerim	exstinxerimus	exstinctus sim	exstinctī sīmus
	exstinxeris	exstinxeritis	(-a, -um) sīs	(-ae, -a) sītis
	exstinxerit	exstinxerint	sit	sint
Plup.	exstinxissem	exstinxissēmus	exstinctus essem	exstinctī essēmus
	exstinxissēs	exstinxissētis	(-a, -um) essēs	(-ae, -a) essētis
	exstinxisset	exstinxissent	esset	essent

IMPERATIVE

Pres. exstingue   exstinguite

INFINITIVE

Pres. exstinguere   exstinguī
Perf. exstinxisse   exstinctus(-a, -um) esse
Fut. exstinctūrus(-a, -um) esse

PARTICIPLE

Pres. exstinguēns(-tis)
Perf.   exstinctus(-a, -um)
Fut. exstinctūrus(-a, -um)   exstinguendus(-a, -um) (GERUNDIVE)

GERUND exstinguendī, -ō, -um, -ō   SUPINE exstinctum, -ū

faciō, facere, fēcī, factum   *do,* *make*

ACTIVE		PASSIVE	
INDICATIVE			
Pres. faciō	facimus	fīō	fīmus
facis	facitis	fīs	fītis
facit	faciunt	fit	fīunt
Impf. faciēbam	faciēbāmus	fīēbam	fīēbāmus
faciēbās	faciēbātis	fīēbās	fīēbātis
faciēbat	faciēbant	fīēbat	fīēbant
Fut. faciam	faciēmus	fīam	fīēmus
faciēs	faciētis	fīēs	fīētis
faciet	facient	fīet	fient
Perf. fēcī	fēcimus	factus sum	factī sumus
fēcistī	fēcistis	(-a, -um) es	(-ae, -a) estis
fēcit	fēcērunt(-re)	est	sunt
Plup. fēceram	fēcerāmus	factus eram	factī erāmus
fēcerās	fēcerātis	(-a, -um) erās	(-ae, -a) erātis
fēcerat	fēcerant	erat	erant
Fut. fēcerō	fēcerimus	factus erō	factī erimus
Perf. fēceris	fēceritis	(-a, -um) eris	(-ae, -a) eritis
fēcerit	fēcerint	erit	erunt
SUBJUNCTIVE			
Pres. faciam	faciāmus	fīam	fīāmus
faciās	faciātis	fīās	fīātis
faciat	faciant	fīat	fīant
Impf. facerem	facerēmus	fierem	fierēmus
facerēs	facerētis	fierēs	fierētis
faceret	facerent	fieret	fierent
Perf. fēcerim	fēcerimus	factus sim	factī sīmus
fēceris	fēceritis	(-a, -um) sīs	(-ae, -a) sītis
fēcerit	fēcerint	sit	sint
Plup. fēcissem	fēcissēmus	factus essem	factī essēmus
fēcissēs	fēcissētis	(-a, -um) essēs	(-ae, -a) essētis
fēcisset	fēcissent	esset	essent

IMPERATIVE

Pres. fac   facite

INFINITIVE

Pres. facere   fierī
Perf. fēcisse   factus(-a, -um) esse
Fut. factūrus(-a, -um) esse

PARTICIPLE

Pres. faciēns(-tis)
Perf.   factus(-a, -um)
Fut. factūrus(-a, -um)   faciendus(-a, -um) (GERUNDIVE)

GERUND faciendī, -ō, -um, -ō   SUPINE factum, -ū

fallō

fallō, fallere, fefellī, falsum   *deceive, fail*

	ACTIVE		PASSIVE	
		INDICATIVE		
Pres.	fallō	fallimus	fallor	fallimur
	fallis	fallitis	falleris(-re)	falliminī
	fallit	fallunt	fallitur	falluntur
Impf.	fallēbam	fallēbāmus	fallēbar	fallēbāmur
	fallēbās	fallēbātis	fallēbāris(-re)	fallēbāminī
	fallēbat	fallēbant	fallēbātur	fallēbantur
Fut.	fallam	fallēmus	fallar	fallēmur
	fallēs	fallētis	fallēris(-re)	fallēminī
	fallet	fallent	fallētur	fallentur
Perf.	fefellī	fefellimus	falsus sum	falsī sumus
	fefellistī	fefellistis	(-a, -um) es	(-ae, -a) estis
	fefellit	fefellērunt(-re)	est	sunt
Plup.	fefelleram	fefellerāmus	falsus eram	falsī erāmus
	fefellerās	fefellerātis	(-a, -um) erās	(-ae, -a) erātis
	fefellerat	fefellerant	erat	erant
Fut.	fefellerō	fefellerimus	falsus erō	falsī erimus
Perf.	fefelleris	fefelleritis	(-a, -um) eris	(-ae, -a) eritis
	fefellerit	fefellerint	erit	erunt
		SUBJUNCTIVE		
Pres.	fallam	fallāmus	fallar	fallāmur
	fallās	fallātis	fallāris(-re)	fallāminī
	fallat	fallant	fallātur	fallantur
Impf.	fallerem	fallerēmus	fallerer	fallerēmur
	fallerēs	fallerētis	fallerēris(-re)	fallerēminī
	falleret	fallerent	fallerētur	fallerentur
Perf.	fefellerim	fefellerimus	falsus sim	falsī sīmus
	fefelleris	fefelleritis	(-a, -um) sīs	(-ae, -a) sītis
	fefellerit	fefellerint	sit	sint
Plup.	fefellissem	fefellissēmus	falsus essem	falsī essēmus
	fefellissēs	fefellissētis	(-a, -um) essēs	(-ae, -a) essētis
	fefellisset	fefellissent	esset	essent

IMPERATIVE

Pres. falle   fallite

INFINITIVE

Pres. fallere   fallī
Perf. fefellisse   falsus(-a, -um) esse
Fut.   falsūrus(-a, -um) esse

PARTICIPLE

Pres. fallēns(-tis)
Perf.   falsus(-a, -um)
Fut.   falsūrus(-a, -um)   fallendus(-a, -um) (GERUNDIVE)

GERUND fallendī, -ō, -um, -ō   SUPINE falsum, -ū

fateor, fatērī, fassus sum   *admit,   confess*

ACTIVE
INDICATIVE

Pres.	fateor	fatēmur
	fatēris(-re)	fatēminī
	fatētur	fatentur
Impf.	fatēbar	fatēbāmur
	fatēbāris(-re)	fatēbāminī
	fatēbātur ,	fatēbantur
Fut.	fatēbor	fatēbimur
	fatēberis(-re)	fatēbiminī
	fatēbitur	fatēbuntur
Perf.	fassus sum	fassī sumus
	(-a, -um) es	(-ae, -a) estis
	est	sunt
Plup.	fassus eram	fassī erāmus
	(-a, -um) erās	(-ae, -a) erātis
	erat	erant
Fut.	fassus erō	fassī erimus
Perf.	(-a, -um) eris	(-ae, -a) eritis
	erit	erunt

SUBJUNCTIVE

Pres.	fatear	fateāmur
	fateāris(-re)	fateāminī
	fateātur	fateantur
Impf.	fatērer	fatērēmur
	fatērēris(-re)	fatērēminī
	fatērētur	fatērentur
Perf.	fassus sim	fassī sīmus
	(-a, -um) sīs	(-ae, -a) sītis
	sit	sint
Plup.	fassus essem	fassī essēmus
	(-a, -um) essēs	(-ae, -a) essētis
	esset	essent

IMPERATIVE
Pres. fatēre   fatēminī

INFINITIVE
Pres. fatērī
Perf. fassus(-a, -um) esse
Fut. fassūrus(-a, -um) esse

Active   PARTICIPLE   **Passive**

Pres. fatēns(-tis)
Perf. fassus(-a, -um)
Fut. fassūrus(-a, -um)   fatendus(-a, -um) (GERUNDIVE)

GERUND fatendī, -ō, -um, -ō SUPINE fassum, -ū

faveō, favēre, fāvī, fotūrus   *favor*

ACTIVE

INDICATIVE

Pres. faveō   favēmus
       favēs   favētis
       favet   favent

Impf. favēbam   favēbāmus
       favēbās   favēbātis
       favēbat   favēbant

Fut. favēbō   favēbimus
      favēbis   favēbitis
      favēbit   favēbunt

Perf. fāvī   fāvimus
       fāvistī   fāvistis
       fāvit   fāvērunt(-re)

Plup. fāveram   fāverāmus
       fāverās   fāverātis
       fāverat   fāverant

Fut. fāverō   fāverimus
Perf. fāveris   fāveritis
  •   fāverit   fāverint

SUBJUNCTIVE

Pres. faveam   faveāmus
       faveās   faveātis
       faveat   faveant

Impf. favērem   favērēmus
       favērēs   favērētis
       favēret   favērent

Perf. fāverim   fāverimus
       fāveris   fāveritis
       fāverit   fāverint

Plup. fāvissem   fāvissēmus
       fāvissēs   fāvissētis
       fāvisset   fāvissent

IMPERATIVE

Pres. favē   favēte

INFINITIVE

Pres. favēre
Perf. fāvisse
Fut. fotūrus(-a, -um) esse

     Active   **PARTICIPLE**   **Passive**

Pres. favēns(-tis)
Perf. ———
Fut. fotūrus(-a, -um)   favendus(-a, -um) (GERUNDIVE)

     GERUND favendī, -ō, -um, -ō   SUPINE ———

ferō, ferre, tulī, lātum   *bear,   bring,   carry*

ACTIVE		PASSIVE	
		INDICATIVE	

Pres. ferō ferimus · feror ferimur
fers fertis · ferris(-re) feriminī
fert ferunt · fertur feruntur

Impf. ferēbam ferēbāmus · ferēbar ferēbāmur
ferēbās ferēbātis · ferēbāris(-re) ferēbāminī
ferēbat ferēbant · ferēbātur ferēbantur

Fut. feram ferēmus · ferar ferēmur
ferēs ferētis · ferēris(-re) ferēminī
feret ferent · ferētur ferentur

Perf. tulī tulimus · lātus sum lātī sumus
tulistī tulistis · (-a, -um) es (-ae, -a) estis
tulit tulērunt(-re) · est sunt

Plup. tuleram tulerāmus · lātus eram lātī erāmus
tulerās tulerātis · (-a, -um) erās (-ae, -a) erātis
tulerat tulerant · erat erant

Fut. tulerō tulerimus · lātus erō lātī erimus
Perf. tuleris tuleritis · (-a, -um) eris (-ae, -a) eritis
tulerit tulerint · erit erunt

SUBJUNCTIVE

Pres. feram ferāmus · ferar ferāmur
ferās ferātis · ferāris(-re) ferāminī
ferat ferant · ferātur ferantur

Impf. ferrem ferrēmus · ferrer ferrēmur
ferrēs ferrētis · ferrēris(-re) férrēminī
ferret ferrent · ferrētur ferrentur

Perf. tulerim tulerimus · lātus sim lātī sīmus
tuleris tuleritis · (-a, -um) sīs (-ae, -a) sītis
tulerit tulerint · sit sint

Plup. tulissem tulissēmus · lātus essem lātī essēmus
tulissēs tulissētis · (-a, -um) essēs (-ae, -a) essētis
tulisset tulissent · esset essent

IMPERATIVE

Pres. fer   ferte

INFINITIVE

Pres. ferre   ferrī
Perf. tulisse   lātus(-a, -um) esse
Fut. lātūrus(-a, -um) esse

PARTICIPLE

Pres. ferēns(-tis)
Perf.   lātus(-a, -um)
Fut. lātūrus(-a, -um)   ferendus(-a, -um) (GERUNDIVE)

GERUND ferendī, -ō, -um, -ō   SUPINE lātum, -ū

for, fārī, fātus sum   *speak*

ACTIVE

INDICATIVE

Pres. ———   ———

       fātur   fantur

Impf.

Fut. fābor

      fābitur

Perf.	fātus	sum	fātī	sumus
	(-a, -um)	es	(-ae, -a)	estis
		est		sunt

Perf. fātus sum   fātī sumus
(-a, -um) es   (-ae, -a) estis
      est   sunt

Plup. fātus eram   fātī erāmus
(-a, -um) erās   (-ae, -a) erātis
      erat   erant

Fut. fātus erō   fātī erimus
Perf. (-a, -um) eris   (-ae, -a) eritis
      erit   erunt

IMPERATIVE
Pres. fāre

INFINITIVE
Pres. fārī
Perf. fātus(-a, -um) esse
Fut. fātūrus(-a, -um) esse

Active   PARTICIPLE   **Passive**

Pres. fāns(-tis)
Perf. fātus(-a, -um)
Fut. fātūrus(-a, -um)   fandus(-a, -um) (GERUNDIVE)

GERUND fandī, -ō, -um, -ō   SUPINE fātum, -ū

frangō, frangere, frēgī, frāctum			*break in pieces, shatter*

	ACTIVE		**PASSIVE**

INDICATIVE

	ACTIVE		PASSIVE	
Pres.	frangō	frangimus	frangor	frangimur
	frangis	frangitis	frangeris(-re)	frangiminī
	frangit	frangunt	frangitur	franguntur
Impf.	frangēbam	frangēbāmus	frangēbar	frangēbāmur
	frangēbās	frangēbātis	frangēbāris(-re)	frangēbāminī
	frangēbat	frangēbant	frangēbātur	frangēbantur
Fut.	frangam	frangēmus	frangar	frangēmur
	frangēs	frangētis	frangēris(-re)	frangēminī
	franget	frangent	frangētur	frangentur
Perf.	frēgī	frēgimus	frāctus sum	frāctī sumus
	frēgistī	frēgistis	(-a, -um) es	(-ae, -a) estis
	frēgit	frēgērunt(-re)	est	sunt
Plup.	frēgeram	frēgerāmus	frāctus eram	frāctī erāmus
	frēgerās	frēgerātis	(-a, -um) erās	(-ae, -a) erātis
	frēgerat	frēgerant	erat	erant
Fut.	frēgerō	frēgerimus	frāctus erō	frāctī erimus
Perf.	frēgeris	frēgeritis	(-a, -um) eris	(-ae, -a) eritis
	frēgerit	frēgerint	erit	erunt

SUBJUNCTIVE

	ACTIVE		PASSIVE	
Pres.	frangam	frangāmus	frangar	frangāmur
	frangās	frangātis	frangāris(-re)	frangāminī
	frangat	frangant	frangātur	frangantur
Impf.	frangerem	frangerēmus	frangerer	frangerēmur
	frangerēs	frangerētis	frangerēris(-re)	frangerēminī
	frangeret	frangerent	frangerētur	frangerentur
Perf.	frēgerim	frēgerimus	frāctus sim	frāctī sīmus
	frēgeris	frēgeritis	(-a, -um) sīs	(-ae, -a) sītis
	frēgerit	frēgerint	sit	sint
Plup.	frēgissem	frēgissēmus	frāctus essem	frāctī essēmus
	frēgissēs	frēgissētis	(-a, -um) essēs	(-ae, -a) essētis
	frēgisset	frēgissent	esset	essent

IMPERATIVE

Pres.	frange	frangite

INFINITIVE

	ACTIVE	PASSIVE
Pres.	frangere	frangī
Perf.	frēgisse	frāctus(-a, -um) esse
Fut.	frāctūrus(-a, -um) esse	

PARTICIPLE

	ACTIVE	PASSIVE
Pres.	frangēns(-tis)	
Perf.		frāctus(-a, -um)
Fut.	frāctūrus(-a, -um)	frangendus(-a, -um) (GERUNDIVE)

GERUND frangendī, -ō, -um, -ō   SUPINE frāctum, -ū

fruor

fruor, fruī, frūctus sum   *enjoy*

ACTIVE

INDICATIVE

Pres.	fruor	fruimur
	frueris(-re)	fruiminī
	fruitur	fruuntur
Impf.	fruēbar	fruēbāmur
	fruēbāris(-re)	fruēbāminī
	fruēbātur	fruēbantur
Fut.	fruar	fruēmur
	fruēris(-re)	fruēminī
	fruētur	fruentur
Perf.	frūctus sum	frūctī sumus
	(-a, -um) es	(-ae, -a) estis
	est	sunt
Plup.	frūctus eram	frūctī erāmus
	(-a, -um) erās	(-ae, -a) erātis
	erat	erant
Fut.	frūctus erō	frūctī erimus
Perf.	(-a, -um) eris	(-ae, -a) eritis
	erit	erunt

SUBJUNCTIVE

Pres.	fruar	fruāmur
	fruāris(-re)	fruāminī
	fruātur	fruantur
Impf.	fruerer	fruerēmur
	fruerēris(-re)	fruerēminī
	fruerētur	fruerentur
Perf.	frūctus sim	frūctī sīmus
	(-a, -um) sīs	(-ae, -a) sītis
	sit	sint
Plup.	frūctus essem	frūctī essēmus
	(-a, -um) essēs	(-ae, -a) essētis
	esset	essent

IMPERATIVE

Pres.	fruere	fruiminī

INFINITIVE

Pres.	fruī
Perf.	frūctus(-a, -um) esse
Fut.	frūctūrus(-a, -um) esse

PARTICIPLE

Active

Pres.	fruēns(-tis)
Perf.	frūctus(-a, -um)
Fut.	frūctūrus(-a, -um)

Passive

fruendus(-a, -um) (GERUNDIVE)

GERUND fruendī, -ō, -um, -ō   SUPINE frūctum, -ū

76

fugiō, fugere, fūgī, fugitūrus   *flee*

ACTIVE

INDICATIVE

Pres.	fugiō	fugimus
	fugis	fugitis
	fugit	fugiunt
Impf.	fugiēbam	fugiēbāmus
	fugiēbās	fugiēbātis
	fugiēbat	fugiēbant
Fut.	fugiam	fugiēmus
	fugiēs	fugiētis
	fugiet	fugient
Perf.	fūgī	fūgimus
	fūgistī	fūgistis
	fūgit	fūgērunt(-re)
Plup.	fūgeram	fūgerāmus
	fūgerās	fūgerātis
	fūgerat	fūgerant
Fut.	fūgerō	fūgerimus
Perf.	fūgeris	fūgeritis
	fūgerit	fūgerint

SUBJUNCTIVE

Pres.	fugiam	fugiāmus
	fugiās	fugiātis
	fugiat	fugiant
Impf.	fugerem	fugerēmus
	fugerēs	fugerētis
	fugeret	fugerent
Perf.	fūgerim	fūgerimus
	fūgeris	fūgeritis
	fūgerit	fūgerint
Plup.	fūgissem	fūgissēmus
	fūgissēs	fūgissētis
	fūgisset	fūgissent

IMPERATIVE

Pres.	fuge	fugite

INFINITIVE

Pres.	fugere
Perf.	fūgisse
Fut.	fugitūrus(-a, -um) esse

	PARTICIPLE	
Active		**Passive**
Pres.	fugiēns(-tis)	
Perf.	———	
Fut.	fugitūrus(-a, -um)	fugiendus(-a, -um) (GERUNDIVE)

GERUND fugiendī, -ō, -um, -ō   SUPINE ———

gaudeō, gaudēre, gāvīsus sum   *rejoice*

ACTIVE
INDICATIVE

Pres. gaudeō   gaudēmus
       gaudēs   gaudētis
       gaudet   gaudent

Impf. gaudēbam   gaudēbāmus
       gaudēbās   gaudēbātis
       gaudēbat   gaudēbant

Fut. gaudēbō   gaudēbimus
       gaudēbis   gaudēbitis
       gaudēbit   gaudēbunt

Perf. gāvīsus sum   gāvīsī   sumus
       (-a, -um) es   (-ae, -a) estis
                est   sunt

Plup. gāvīsus eram   gāvīsī   erāmus
       (-a, -um) erās   (-ae, -a) erātis
                erat   erant

Fut. gāvīsus erō   gāvīsī   erimus
Perf. (-a, -um) eris (-ae, -a) eritis
                erit   erunt

SUBJUNCTIVE

Pres. gaudeam   gaudeāmus
       gaudeās   gaudeātis
       gaudeat   gaudeant

Impf. gaudērem   gaudērēmus
       gaudērēs   gaudērētis
       gaudēret   gaudērent

Perf. gāvīsus sim   gāvīsī   sīmus
       (-a, -um) sīs   (-ae, -a) sītis
                sit   sint

Plup. gāvīsus essem gāvīsī   essēmus
       (-a, -um) essēs (-ae, -a) essētis
                esset   essent

IMPERATIVE
Pres. gaudē   gaudēte

INFINITIVE
Pres. gaudēre
Perf. gāvīsus(-a, -um) esse
Fut. gāvīsūrus(-a, -um) esse

PARTICIPLE
Pres. gaudēns(-tis)
Perf. gāvīsus(-a, -um)
Fut. gāvīsūrus(-a, -um)

GERUND gaudendī, -ō, -um, -ō   SUPINE ———

gerō, gerere, gessī, gestum   *wear,   carry on (war),   wage (war)*

<table>
<tr><td colspan="3" align="center">**ACTIVE**</td><td colspan="2" align="center">**PASSIVE**</td></tr>
<tr><td colspan="5" align="center">I N D I C A T I V E</td></tr>
<tr><td>*Pres.*</td><td>gerō</td><td>gerimus</td><td>geror</td><td>gerimur</td></tr>
<tr><td></td><td>geris</td><td>geritis</td><td>gereris(-re)</td><td>geriminī</td></tr>
<tr><td></td><td>gerit</td><td>gerunt</td><td>geritur</td><td>geruntur</td></tr>
<tr><td>*Impf.*</td><td>gerēbam</td><td>gerēbāmus</td><td>gerēbar</td><td>gerēbāmur</td></tr>
<tr><td></td><td>gerēbās</td><td>gerēbātis</td><td>gerēbāris(-re)</td><td>gerēbāminī</td></tr>
<tr><td></td><td>gerēbat</td><td>gerēbant</td><td>gerēbātur</td><td>gerēbantur</td></tr>
<tr><td>*Fut.*</td><td>geram</td><td>gerēmus</td><td>gerar</td><td>gerēmur</td></tr>
<tr><td></td><td>gerēs</td><td>gerētis</td><td>gerēris(-re)</td><td>gerēminī</td></tr>
<tr><td></td><td>geret</td><td>gerent</td><td>gerētur</td><td>gerentur</td></tr>
<tr><td>*Perf.*</td><td>gessī</td><td>gessimus</td><td>gestus   sum</td><td>gestī   sumus</td></tr>
<tr><td></td><td>gessistī</td><td>gessistis</td><td>(-a, -um) es</td><td>(-ae, -a) estis</td></tr>
<tr><td></td><td>gessit</td><td>gessērunt(-re)</td><td>est</td><td>sunt</td></tr>
<tr><td>*Plup.*</td><td>gesseram</td><td>gesserāmus</td><td>gestus   eram</td><td>gestī   erāmus</td></tr>
<tr><td></td><td>gesserās</td><td>gesserātis</td><td>(-a, -um) erās</td><td>(-ae, -a) erātis</td></tr>
<tr><td></td><td>gesserat</td><td>gesserant</td><td>erat</td><td>erant</td></tr>
<tr><td>*Fut.*</td><td>gesserō</td><td>gesserimus</td><td>gestus   erō</td><td>gestī   erimus</td></tr>
<tr><td>*Perf.*</td><td>gesseris</td><td>gesseritis</td><td>(-a, -um) eris</td><td>(-ae, -a) eritis</td></tr>
<tr><td></td><td>gesserit</td><td>gesserint</td><td>erit</td><td>erunt</td></tr>
<tr><td colspan="5" align="center">S U B J U N C T I V E</td></tr>
<tr><td>*Pres.*</td><td>geram</td><td>gerāmus</td><td>gerar</td><td>gerāmur</td></tr>
<tr><td></td><td>gerās</td><td>gerātis</td><td>gerāris(-re)</td><td>gerāminī</td></tr>
<tr><td></td><td>gerat</td><td>gerant</td><td>gerātur</td><td>gerantur</td></tr>
<tr><td>*Impf.*</td><td>gererem</td><td>gererēmus</td><td>gererer</td><td>gererēmur</td></tr>
<tr><td></td><td>gererēs</td><td>gererētis</td><td>gererēris(-re)</td><td>gererēminī</td></tr>
<tr><td></td><td>gereret</td><td>gererent</td><td>gererētur</td><td>gererentur</td></tr>
<tr><td>*Perf.*</td><td>gesserim</td><td>gesserimus</td><td>gestus   sim</td><td>gestī   sīmus</td></tr>
<tr><td></td><td>gesseris</td><td>gesseritis</td><td>(-a, -um) sīs</td><td>(-ae, -a) sītis</td></tr>
<tr><td></td><td>gesserit</td><td>gesserint</td><td>sit</td><td>sint</td></tr>
<tr><td>*Plup.*</td><td>gessissem</td><td>gessissēmus</td><td>gestus   essem</td><td>gestī   essēmus</td></tr>
<tr><td></td><td>gessissēs</td><td>gessissētis</td><td>(-a, -um) essēs</td><td>(-ae, -a) essētis</td></tr>
<tr><td></td><td>gessisset</td><td>gessissent</td><td>esset</td><td>essent</td></tr>
<tr><td colspan="5" align="center">I M P E R A T I V E</td></tr>
<tr><td>*Pres.*</td><td>gere</td><td>gerite</td><td></td><td></td></tr>
<tr><td colspan="5" align="center">I N F I N I T I V E</td></tr>
<tr><td>*Pres.*</td><td colspan="2">gerere</td><td colspan="2">gerī</td></tr>
<tr><td>*Perf.*</td><td colspan="2">gessisse</td><td colspan="2">gestus(-a, -um) esse</td></tr>
<tr><td>*Fut.*</td><td colspan="2">gestūrus(-a, -um) esse</td><td colspan="2"></td></tr>
<tr><td colspan="5" align="center">P A R T I C I P L E</td></tr>
<tr><td>*Pres.*</td><td colspan="2">gerēns(-tis)</td><td colspan="2"></td></tr>
<tr><td>*Perf.*</td><td colspan="2"></td><td colspan="2">gestus(-a, -um)</td></tr>
<tr><td>*Fut.*</td><td colspan="2">gestūrus(-a, -um)</td><td colspan="2">gerendus(-a, -um) (GERUNDIVE)</td></tr>
</table>

GERUND gerendī, -ō, -um, -ō   SUPINE gestum, -ū

habeō

habeō, habēre, habuī, habitum   *have*

	ACTIVE		PASSIVE	
		INDICATIVE		
Pres.	habeō	habēmus	habeor	habēmur
	habēs	habētis	habēris(-re)	habēminī
	habet	habent	habētur	habentur
Impf.	habēbam	habēbāmus	habēbar	habēbāmur
	habēbās	habēbātis	habēbāris(-re)	habēbāminī
	habēbat	habēbant	habēbātur	habēbantur
Fut.	habēbō	habēbimus	habēbor	habēbimur
	habēbis	habēbitis	habēberis(-re)	habēbiminī
	habēbit	habēbunt	habēbitur	habēbuntur
Perf.	habuī	habuimus	habitus sum	habitī sumus
	habuistī	habuistis	(-a, -um) es	(-ae, -a) estis
	habuit	habuērunt(-re)	est	sunt
Plup.	habueram	habuerāmus	habitus eram	habitī erāmus
	habuerās	habuerātis	(-a, -um) erās	(-ae, -a) erātis
	habuerat	habuerant	erat	erant
Fut.	habuerō	habuerimus	habitus erō	habitī erimus
Perf.	habueris	habueritis	(-a, -um) eris	(-ae, -a) eritis
	habuerit	habuerint	erit	erunt
		SUBJUNCTIVE		
Pres.	habeam	habeāmus	habear	habeāmur
	habeās	habeātis	habeāris(-re)	habeāminī
	habeat	habeant	habeātur	habeantur
Impf.	habērem	habērēmus	habērer	habērēmur
	habērēs	habērētis	habērēris(-re)	habērēminī
	habēret	habērent	habērētur	habērentur
Perf.	habuerim	habuerimus	habitus sim	habitī sīmus
	habueris	habueritis	(-a, -um) sīs	(-ae, -a) sītis
	habuerit	habuerint	sit	sint
Plup.	habuissem	habuissēmus	habitus essem	habitī essēmus
	habuissēs	habuissētis	(-a, -um) essēs	(-ae, -a) essētis
	habuisset	habuissent	esset	essent

IMPERATIVE

Pres.   habē   habēte

INFINITIVE

Pres.   habēre   habērī
Perf.   habuisse   habitus(-a, -um) esse
Fut.   habitūrus(-a, -um) esse

PARTICIPLE

Pres.   habēns(-tis)
Perf.   habitus(-a, -um)
Fut.   habitūrus(-a, -um)   habendus(-a, -um) (GERUNDIVE)

GERUND habendī, -ō, -um, -ō   SUPINE habitum, -ū

haereō, haerēre, haesī, haesūrus   *cling,   stick*

ACTIVE

INDICATIVE

Pres.	haereō	haerēmus
	haerēs	haerētis
	haeret	haerent
Impf.	haerēbam	haerēbāmus
	haerēbās	haerēbātis
	haerēbat	haerēbant
Fut.	haerēbō	haerēbimus
	haerēbis	haerēbitis
	haerēbit	haerēbunt
Perf.	haesī	haesimus
	haesistī	haesistis
	haesit	haesērunt(-re)
Plup.	haeseram	haeserāmus
	haeserās	haeserātis
	haeserat	haeserant
Fut.	haeserō	haeserimus
Perf.	haeseris	haeseritis
	haeserit	haeserint

SUBJUNCTIVE

Pres.	haeream	haereāmus
	haereās	haereātis
	haereat	haereant
Impf.	haerērem	haerērēmus
	haerērēs	haerērētis
	haerēret	haerērent
Perf.	haeserim	haeserimus
	haeseris	haeseritis
	haeserit	haeserint
Plup.	haesissem	haesissēmus
	haesissēs	haesissētis
	haesisset	haesissent

IMPERATIVE

Pres.	haere	haerēte

INFINITIVE

Pres.	haerēre
Perf.	haesisse
Fut.	haesūrus(-a, -um) esse

PARTICIPLE

Active		**Passive**
Pres.	haerēns(-tis)	
Perf.	———	
Fut.	haesūrus(-a, -um)	haerendus(-a, -um) (GERUNDIVE)

GERUND haerendī, -ō, -um, -ō   SUPINE ———

hortor

hortor, hortārī, hortātus sum   *urge*

ACTIVE
INDICATIVE

Pres. hortor   hortāmur
       hortāris(-re)   hortāminī
       hortātur   hortantur

Impf. hortābar   hortābāmur
        hortābāris(-re)   hortābāminī
        hortābātur   hortābantur

Fut. hortābor   hortābimur
       hortāberis(-re)   hortābiminī
       hortābitur   hortābuntur

Perf. hortātus sum   hortātī sumus
        (-a, -um) es   (-ae, -a) estis
               est   sunt

Plup. hortātus eram   hortātī erāmus
        (-a, -um) erās   (-ae, -a) erātis
               erat   erant

Fut. hortātus erō   hortātī erimus
Perf. (-a, -um) eris   (-ae, -a) eritis
               erit   erunt

SUBJUNCTIVE

Pres. horter   hortēmur
        hortēris(-re)   hortēminī
        hortētur   hortentur

Impf. hortārer   hortārēmur
        hortārēris(-re)   hortārēminī
        hortārētur   hortārentur

Perf. hortātus sim   hortātī sīmus
        (-a, -um) sīs   (-ae, -a) sītis
               sit   sint

Plup. hortātus essem   hortātī essēmus
        (-a, -um) essēs   (-ae, -a) essētis
               esset   essent

IMPERATIVE
Pres. hortāre   hortāminī

INFINITIVE
Pres. hortārī
Perf. hortātus(-a, -um) esse
Fut. hortātūrus(-a, -um) esse

	Active PARTICIPLE	**Passive**

Pres. hortāns(-tis)
Perf. hortātus(-a, -um)
Fut. hortātūrus(-a, -um)   hortandus(-a, -um) (GERUNDIVE)

GERUND hortandī, -ō, -um, -ō   SUPINE hortātum, -ū

iaceō, iacēre, iacuī   *lie (on the ground)*

ACTIVE

INDICATIVE

Pres.	iaceō	iacēmus
	iacēs	iacētis
	iacet	iacent
Impf.	iacēbam	iacēbāmus
	iacēbās	iacēbātis
	iacēbat	iacēbant
Fut.	iacēbō	iacēbimus
	iacēbis	iacēbitis
	iacēbit	iacēbunt
Perf.	iacuī	iacuimus
	iacuistī	iacuistis
	iacuit	iacuērunt(-re)
Plup.	iacueram	iacuerāmus
	iacuerās	iacuerātis
	iacuerat	iacuerant
Fut.	iacuerō	iacuerimus
Perf.	iacueris	iacueritis
	iacuerit	iacuerint

SUBJUNCTIVE

Pres.	iaceam	iaceāmus
	iaceās	iaceātis
	iaceat	iaceant
Impf.	iacērem	iacērēmus
	iacērēs	iacērētis
	iacēret	iacērent
Perf.	iacuerim	iacuerimus
	iacueris	iacueritis
	iacuerit	iacuerint
Plup.	iacuissem	iacuissēmus
	iacuissēs	iacuissētis
	iacuisset	iacuissent

IMPERATIVE

Pres.	iacē	iacēte

INFINITIVE

Pres.	iacēre
Perf.	iacuisse
Fut.	———

PARTICIPLE

Pres.	iacēns(-tis)
Perf.	———
Fut.	———

GERUND iacendī, -ō, -um, -ō   SUPINE ———

iaciō

iaciō, iacere, iēcī, iactum   *throw*

	ACTIVE		**PASSIVE**	
			INDICATIVE		

Pres.	iaciō	iacimus	iacior	iacimur
	iacis	iacitis	iaceris(-re)	iaciminī
	iacit	iaciunt	iacitur	iaciuntur
Impf.	iaciēbam	iaciēbāmus	iaciēbar	iaciēbāmur
	iaciēbās	iaciēbātis	iaciēbāris(-re)	iaciēbāminī
	iaciēbat	iaciēbant	iaciēbātur	iaciēbantur
Fut.	iaciam	iaciēmus	iaciar	iaciēmur
	iaciēs	iaciētis	iaciēris(-re)	iaciēminī
	iaciet	iacient	iaciētur	iacientur
Perf.	iēcī	iēcimus	iactus sum	iactī sumus
	iēcistī	iēcistis	(-a, -um) es	(-ae, -a) estis
	iēcit	iēcērunt(-re)	est	sunt
Plup.	iēceram	iēcerāmus	iactus eram	iactī erāmus
	iēcerās	iēcerātis	(-a, -um) erās	(-ae, -a) erātis
	iēcerat	iēcerant	erat	erant
Fut.	iēcerō	iēcerimus	iactus erō	iactī erimus
Perf.	iēceris	iēceritis	(-a, -um) eris	(-ae, -a) eritis
	iēcerit	iēcerint	erit	erunt

SUBJUNCTIVE

Pres.	iaciam	iaciāmus	iaciar	iaciāmur
	iaciās	iaciātis	iaciāris(-re)	iaciāminī
	iaciat	iaciant	iaciātur	iaciantur
Impf.	iacerem	iacerēmus	iacerer	iacerēmur
	iacerēs	iacerētis	iacerēris(-re)	iacerēminī
	iaceret	iacerent	iacerētur	iacerentur
Perf.	iēcerim	iēcerimus	iactus sim	iactī sīmus
	iēceris	iēceritis	(-a, -um) sīs	(-ae, -a) sītis
	iēcerit	iēcerint	sit	sint
Plup.	iēcissem	iēcissēmus	iactus essem	iactī essēmus
	iēcissēs	iēcissētis	(-a, -um) essēs	(-ae, -a) essētis
	iēcisset	iēcissent	esset	essent

IMPERATIVE

Pres. iace   iacite

INFINITIVE

Pres. iacere   iacī
Perf. iēcisse   iactus(-a, -um) esse
Fut.   iactūrus(-a, -um) esse

PARTICIPLE

Pres. iaciēns(-tis)
Perf.   iactus(-a, -um)
Fut.   iactūrus(-a, -um)   iaciendus(-a, -um) (GERUNDIVE)

GERUND iaciendī, -ō, -um, -ō   SUPINE iactum, -ū

impediō, impedīre, impedīvī, impedītum   *hinder*

ACTIVE		PASSIVE	
INDICATIVE			

Pres. impediō · impedīmus · impedior · impedīmur
impedīs · impedītis · impedīris(-re) · impedīminī
impedit · impediunt · impedītur · impediuntur

Impf. impediēbam · impediēbāmus · impediēbar · impediēbāmur
impediēbās · impediēbātis · impediēbāris(-re) · impediēbāminī
impediēbat · impediēbant · impediēbātur · impediēbantur

Fut. impediam · impediēmus · impediar · impediēmur
impediēs · impediētis · impediēris(-re) · impediēminī
impediet · impedient · impediētur · impedientur

Perf. impedīvī · impedīvimus · impedītus sum · impedītī sumus
impedīvistī · impedīvistis · (-a, -um) es · (-ae, -a) estis
impedīvit · impedīvērunt(-re) · est · sunt

Plup. impedīveram · impedīverāmus · impedītus eram · impedītī erāmus
impedīverās · impedīverātis · (-a, -um) erās · (-ae, -a) erātis
impedīverat · impedīverant · erat · erant

Fut. impedīverō · impedīverimus · impedītus erō · impedītī erimus
Perf. impedīveris · impedīveritis · (-a, -um) eris · (-ae, -a) eritis
impedīverit · impedīverint · erit · erunt

| **SUBJUNCTIVE** | | | |

Pres. impediam · impediāmus · impediar · impediāmur
impediās · impediātis · impediāris(-re) · impediāminī
impediat · impediant · impediātur · impediantur

Impf. impedīrem · impedīrēmus · impedīrer · impedīrēmur
impedīrēs · impedīrētis · impedīrēris(-re) · impedīrēminī
impedīret · impedīrent · impedīrētur · impedīrentur

Perf. impedīverim · impedīverimus · impedītus sim · impedītī sīmus
impedīveris · impedīveritis · (-a, -um) sīs · (-ae, -a) sītis
impedīverit · impedīverint · sit · sint

Plup. impedīvissem · impedīvissēmus · impedītus essem · impedītī essēmus
impedīvissēs · impedīvissētis · (-a, -um) essēs · (-ae, -a) essētis
impedīvisset · impedīvissent · esset · essent

| **IMPERATIVE** | | | |

Pres. impedī · impedīte

| **INFINITIVE** | | | |

Pres. impedīre · impedīrī
Perf. impedīvisse · impedītus(-a, -um) esse
Fut. impedītūrus(-a, -um) esse

| **PARTICIPLE** | | | |

Pres. impediēns(-tis)
Perf. · impedītus(-a, -um)
Fut. impedītūrus(-a, -um) · impediendus(-a, -um) (GERUNDIVE)

GERUND impediendī, -ō, -um, -ō SUPINE impedītum, -ū

imperō

imperō, imperāre, imperāvī, imperātum   *command, order*

<table>
<tr><td colspan="3" align="center">ACTIVE</td><td colspan="2" align="center">PASSIVE</td></tr>
<tr><td colspan="5" align="center">I N D I C A T I V E</td></tr>
<tr><td>*Pres.*</td><td>imperō
imperās
imperat</td><td>imperāmus
imperātis
imperant</td><td>imperor
imperāris(-re)
imperātur</td><td>imperāmur
imperāminī
imperantur</td></tr>
<tr><td>*Impf.*</td><td>imperābam
imperābās
imperābat</td><td>imperābāmus
imperābātis
imperābant</td><td>imperābar
imperābāris(-re)
imperābātur</td><td>imperābāmur
imperābāminī
imperābantur</td></tr>
<tr><td>*Fut.*</td><td>imperābō
imperābis
imperābit</td><td>imperābimus
imperābitis
imperābunt</td><td>imperābor
imperāberis(-re)
imperābitur</td><td>imperābimur
imperābiminī
imperābuntur</td></tr>
<tr><td>*Perf.*</td><td>imperāvī
imperāvistī
imperāvit</td><td>imperāvimus
imperāvistis
imperāvērunt(-re)</td><td>imperātus sum
(-a, -um) es
est</td><td>imperātī sumus
(-ae, -a) estis
sunt</td></tr>
<tr><td>*Plup.*</td><td>imperāveram
imperāverās
imperāverat</td><td>imperāverāmus
imperāverātis
imperāverant</td><td>imperātus eram
(-a, -um) erās
erat</td><td>imperātī erāmus
(-ae, -a) erātis
erant</td></tr>
<tr><td>*Fut.*
Perf.</td><td>imperāverō
imperāveris
imperāverit</td><td>imperāverimus
imperāveritis
imperāverint</td><td>imperātus erō
(-a, -um) eris
erit</td><td>imperātī erimus
(-ae, -a) eritis
erunt</td></tr>
<tr><td colspan="5" align="center">S U B J U N C T I V E</td></tr>
<tr><td>*Pres.*</td><td>imperem
imperēs
imperet</td><td>imperēmus
imperētis
imperent</td><td>imperer
imperēris(-re)
imperētur</td><td>imperēmur
imperēminī
imperentur</td></tr>
<tr><td>*Impf.*</td><td>imperārem
imperārēs
imperāret</td><td>imperārēmus
imperārētis
imperārent</td><td>imperārer
imperārēris(-re)
imperārētur</td><td>imperārēmur
imperārēminī
imperārentur</td></tr>
<tr><td>*Perf.*</td><td>imperāverim
imperāveris
imperāverit</td><td>imperāverimus
imperāveritis
imperāverint</td><td>imperātus sim
(-a, -um) sīs
sit</td><td>imperātī sīmus
(-ae, -a) sītis
sint</td></tr>
<tr><td>*Plup.*</td><td>imperāvissem
imperāvissēs
imperāvisset</td><td>imperāvissēmus
imperāvissētis
imperāvissent</td><td>imperātus essem
(-a, -um) essēs
esset</td><td>imperātī essēmus
(-ae, -a) essētis
essent</td></tr>
</table>

I M P E R A T I V E
Pres. imperā   imperāte

I N F I N I T I V E
Pres. imperāre   imperārī
Perf. imperāvisse   imperātus(-a, -um) esse
Fut.   imperātūrus(-a, -um) esse

P A R T I C I P L E
Pres. imperāns(-tis)
Perf.   imperātus(-a, -um)
Fut.   imperātūrus(-a, -um)   imperandus(-a, -um) (GERUNDIVE)

GERUND imperandī, -ō, -um, -ō   SUPINE imperātum, -ū

incendō

incendō, incendere, incendī, incensum   *set fire to,*   *burn*

	ACTIVE		PASSIVE	
		INDICATIVE		
Pres.	incendō	incendimus	incendor	incendimur
	incendis	incenditis	incenderis(-re)	incendiminī
	incendit	incendunt	incenditur	incenduntur
Impf.	incendēbam	incendēbāmus	incendēbar	incendēbāmur
	incendēbās	incendēbātis	incendēbāris(-re)	incendēbāminī
	incendēbat	incendēbant	incendēbātur	incendēbantur
Fut.	incendam	incendēmus	incendar	incendēmur
	incendēs	incendētis	incendēris(-re)	incendēminī
	incendet	incendent	incendētur	incendentur
Perf.	incendī	incendimus	incensus sum	incensī sumus
	incendistī	incendistis	(-a, -um) es	(-ae, -a) estis
	incendit	incendērunt(-re)	est	sunt
Plup.	incenderam	incenderāmus	incensus eram	incensī erāmus
	incenderās	incenderātis	(-a, -um) erās	(-ae, -a) erātis
	incenderat	incenderant	erat	erant
Fut.	incenderō	incenderimus	incensus erō	incensī erimus
Perf.	incenderis	incenderitis	(-a, -um) eris	(-ae, -a) eritis
	incenderit	incenderint	erit	erunt
		SUBJUNCTIVE		
Pres.	incendam	incendāmus	incendar	incendāmur
	incendās	incendātis	incendāris(-re)	incendāminī
	incendat	incendant	incendātur	incendantur
Impf.	incenderem	incenderēmus	incenderer	incenderēmur
	incenderēs	incenderētis	incenderēris(-re)	incenderēminī
	incenderet	incenderent	incenderētur	incenderentur
Perf.	incenderim	incenderimus	incensus sim	incensī sīmus
	incenderis	incenderitis	(-a, -um) sīs	(-ae, -a) sītis
	incenderit	incenderint	sit	sint
Plup.	incendissem	incendissēmus	incensus essem	incensī essēmus
	incendissēs	incendissētis	(-a, -um) essēs	(-ae, -a) essētis
	incendisset	incendissent	esset	essent

IMPERATIVE

Pres. incende   incendite

INFINITIVE

Pres. incendere   incendī
Perf. incendisse   incensus(-a, -um) esse
Fut. incensūrus(-a, -um) esse

PARTICIPLE

Pres. incendēns(-tis)
Perf.   incensus(-a, -um)
Fut. incensūrus(-a, -um)   incendendus(-a, -um) (GERUNDIVE)

GERUND incendendī, -ō, -um, -ō   SUPINE incensum, -ū

87

incitō

incitō, incitāre, incitāvī, incitātum   *arouse*

<table>
<tr><td colspan="3">ACTIVE</td><td>PASSIVE</td></tr>
</table>

INDICATIVE

	ACTIVE		PASSIVE	
Pres.	incitō	incitāmus	incitor	incitāmur
	incitās	incitātis	incitāris(-re)	incitāminī
	incitat	incitant	incitātur	incitantur
Impf.	incitābam	incitābāmus	incitābar	incitābāmur
	incitābās	incitābātis	incitābāris(-re)	incitābāminī
	incitābat	incitābant	incitābātur	incitābantur
Fut.	incitābō	incitābimus	incitābor	incitābimur
	incitābis	incitābitis	incitāberis(-re)	incitābiminī
	incitābit	incitābunt	incitābitur	incitābuntur
Perf.	incitāvī	incitāvimus	incitātus sum	incitātī sumus
	incitāvistī	incitāvistis	(-a, -um) es	(-ae, -a) estis
	incitāvit	incitāvērunt(-re)	est	sunt
Plup.	incitāveram	incitāverāmus	incitātus eram	incitātī erāmus
	incitāverās	incitāverātis	(-a, -um) erās	(-ae, -a) erātis
	incitāverat	incitāverant	erat	erant
Fut.	incitāverō	incitāverimus	incitātus erō	incitātī erimus
Perf.	incitāveris	incitāveritis	(-a, -um) eris	(-ae, -a) eritis
	incitāverit	incitāverint	erit	erunt

SUBJUNCTIVE

	ACTIVE		PASSIVE	
Pres.	incitem	incitēmus	inciter	incitēmur
	incitēs	incitētis	incitēris(-re)	incitēminī
	incitet	incitent	incitētur	incitentur
Impf.	incitārem	incitārēmus	incitārer	incitārēmur
	incitārēs	incitārētis	incitārēris(-re)	incitārēminī
	incitāret	incitārent	incitārētur	incitārentur
Perf.	incitāverim	incitāverimus	incitātus'sim	incitātī sīmus
	incitāveris	incitāveritis	(-a, -um) sīs	(-ae, -a) sītis
	incitāverit	incitāverint	sit	sint
Plup.	incitāvissem	incitāvissēmus	incitātus essem	incitātī essēmus
	incitāvissēs	incitāvissētis	(-a, -um) essēs	(-ae, -a) essētis
	incitāvisset	incitāvissent	esset	essent

IMPERATIVE

Pres. incitā   incitāte

INFINITIVE

Pres.	incitāre	incitārī
Perf.	incitāvisse	incitātus(-a, -um) esse
Fut.	incitātūrus(-a, -um) esse	

PARTICIPLE

Pres.	incitāns(-tis)	
Perf.		incitātus(-a, -um)
Fut.	incitātūrus(-a, -um) esse	incitandus(-a, -um) (GERUNDIVE)

GERUND incitandī, -ō, -um, -ō   SUPINE incitātum, -ū

īnstruō, īnstruere, īnstrūxī, īnstrūctum   *draw up,   arrange*

ACTIVE		PASSIVE	

INDICATIVE

Pres.	īnstruō	īnstruimus	īnstruor	īnstruimur
	īnstruis	īnstruitis	īnstrueris(-re)	īnstruiminī
	īnstruit	īnstruunt	īnstruitur	īnstruuntur
Impf.	īnstruēbam	īnstruēbāmus	īnstruēbar	īnstruēbāmur
	īnstruēbās	īnstruēbātis	īnstruēbāris(-re)	īnstruēbāminī
	īnstruēbat	īnstruēbant	īnstruēbātur	īnstruēbāntur
Fut.	īnstruam	īnstruēmus	īnstruar	īnstruēmur
	īnstruēs	īnstruētis	īnstruēris(-re)	īnstruēminī
	īnstruet	īnstruent	īnstruētur	īnstruentur
Perf.	īnstrūxī	īnstrūximus	īnstrūctus sum	īnstrūctī sumus
	īnstrūxistī	īnstrūxistis	(-a, -um) est	(-ae, -a) estis
	īnstrūxit	īnstrūxērunt(-re)		sunt
Plup.	īnstrūxeram	īnstrūxerāmus	īnstrūctus eram	īnstrūctī erāmus
	īnstrūxerās	īnstrūxerātis	(-a, -um) erās	(-ae, -a) erātis
	īnstrūxerat	īnstrūxerant	erat	erant
Fut.	īnstrūxerō	īnstrūxerimus	īnstrūctus erō	īnstrūctī erimus
Perf.	īnstrūxeris	īnstrūxeritis	(-a, -um) eris	(-ae, -a) eritis
	īnstrūxerit	īnstrūxerint	erit	erunt

SUBJUNCTIVE

Pres.	īnstruam	īnstruāmus	īnstruar	īnstruāmur
	īnstruās	īnstruātis	īnstruāris(-re)	īnstruāminī
	īnstruat	īnstruant	īnstruātur	īnstruantur
Impf.	īnstruerem	īnstruerēmus	īnstruerer	īnstruerēmur
	īnstruerēs	īnstruerētis	īnstruerēris(-re)	īnstruerēminī
	īnstrueret	īnstruerent	īnstruerētur	īnstruerentur
Perf.	īnstrūxerim	īnstrūxerimus	īnstrūctus sim	īnstrūctī sīmus
	īnstrūxeris	īnstrūxeritis	(-a, -um) sīs	(-ae, -a) sītis
	īnstrūxerit	īnstrūxerint	sit	sint
Plup.	īnstrūxissem	īnstrūxissēmus	īnstrūctus essem	īnstrūctī essēmus
	īnstrūxissēs	īnstrūxissētis	(-a, -um) essēs	(-ae, -a) essētis
	īnstrūxisset	īnstrūxissent	esset	essent

IMPERATIVE

Pres.	īnstrue	īnstruite

INFINITIVE

Pres.	īnstruere	īnstruī
Perf.	īnstrūxisse	īnstrūctus(-a, -um) esse
Fut.	īnstrūctūrus(-a, -um) esse	

PARTICIPLE

Pres.	īnstruēns(-tis)	
Perf.		īnstrūctus(-a, -um)
Fut.	īnstrūctūrus(-a, -um)	īnstruendus(-a, -um) (GERUNDIVE)

GERUND īnstruendī, -ō, -um, -ō   SUPINE īnstrūctum, -ū

intellegō

intellegō, intellegere, intellēxī, intellēctum   *realize,   understand*

ACTIVE		PASSIVE	
	INDICATIVE		

Pres. intellegō   intellegimus   intellegor   intellegimur
         intellegis   intellegitis   intellegeris(-re) intellegiminī
         intellegit   intellegunt   intellegitur   intelleguntur

Impf. intellegēbam intellegēbāmus   intellegēbar   intellegēbāmur
         intellegēbās intellegēbātis   intellegēbāris(-re) intellegēbāminī
         intellegēbat intellegēbant   intellegēbātur   intellegēbāntur

Fut.   intellegam   intellegēmus   intellegar   intellegēmur
         intellegēs   intellegētis   intellegēris(-re) intellegēminī
         intelleget   intellegent   intellegētur   intellegentur

Perf. intellēxī   intellēximus   intellēctus sum   intellēctī sumus
         intellēxistī intellēxistis   (-a, -um) es   (-ae, -a) estis
         intellēxit   intellēxērunt(-re)   est   sunt

Plup. intellēxeram intellēxerāmus   intellēctus eram   intellēctī erāmus
         intellēxerās intellēxerātis   (-a, -um) erās   (-ae, -a) erātis
         intellēxerat intellēxerant   erat   erant

Fut.   intellēxerō   intellēxerimus   intellēctus erō   intellēctī erimus
Perf. intellēxeris intellēxeritis   (-a, -um) eris   (-ae, -a) eritis
         intellēxerit intellēxerint   erit   erunt

| | **SUBJUNCTIVE** | | |

Pres. intellegam   intellegāmus   intellegar   intellegāmur
         intellegās   intellegātis   intellegāris(-re) intellegāminī
         intellegat   intellegant   intellegātur   ‾intellegantur

Impf. intellegerem intellegerēmus   intellegerer   intellegerēmur
         intellegerēs intellegerētis   intellegerēris(-re) intellegerēminī
         intellegeret intellegerent   intellegerētur   intellegerentur

Perf. intellēxerim intellēxerimus   intellēctus sīm   intellēctī sīmus
         intellēxeris intellēxeritis   (-a, -um) sīs   (-ae, -a) sītis
         intellēxerit intellēxerint   sit   sint

Plup. intellēxissem intellēxissēmus   intellēctus essem intellēctī essēmus
         intellēxissēs intellēxissētis   (-a, -um) essēs   (-ae, -a) essētis
         intellēxisset intellēxissent   esset   essent

| | **IMPERATIVE** | | |

Pres. intellege   intellegite

| | **INFINITIVE** | | |

Pres. intellegere   intellegī
Perf. intellēxisse   intellēctus(-a, -um) esse
Fut.   intellēctūrus(-a, -um) esse

| | **PARTICIPLE** | | |

Pres. intellegēns(-tis)
Perf.   intellēctus(-a, -um)
Fut.   intellēctūrus(-a, -um)   intellegendus(-a, -um) (GERUNDIVE)

GERUND intellegendī, -ō, -um, -ō   SUPINE intellēctum, -ū

īrāscor, īrāscī, īrātus sum   *be angry*

ACTIVE

INDICATIVE

Pres. īrāscor   īrāscimur
       īrāsceris(-re)   irāsciminī
       īrāscitur   īrāscuntur

Impf. īrāscēbar   īrāscēbāmur
       īrāscēbāris(-re)   īrāscēbāminī
       īrāscēbātur   īrāscēbantur

Fut. īrāscar   īrāscēmur
       īrāscēris(-re)   īrāscēminī
       īrāscētur   īrāscentur

Perf. īrātus   sum   īrātī   sumus
        (-a, -um) es   (-ae, -a) estis
                 est   sunt

Plup. īrātus   eram   īrātī   erāmus
        (-a, -um) erās   (-ae, -a) erātis
                 erat   erant

Fut. īrātus   erō   īrātī   erimus
Perf. (-a, -um) eris   (-ae, -a) eritis
                 erit   erunt

SUBJUNCTIVE

Pres. īrāscar   īrāscāmur
       īrāscāris(-re)   īrāscāminī
       īrāscātur   īrāscantur

Impf. īrāscerer   īrāscerēmur
       īrāscerēris(-re)   īrāscerēminī
       īrāscerētur   īrāscerentur

Perf. īrātus   sim   īrātī   sīmus
        (-a, -um) sīs   (-ae, -a) sītis
                 sit   sint

Plup. īrātus   essem   īrātī   essēmus
        (-a, -um) essēs   (-ae, -a) essētis
                 esset   essent

IMPERATIVE
Pres. īrāscere   īrāsciminī

INFINITIVE
Pres. īrāscī
Perf. īrātus(-a, -um) esse
Fut. īrātūrus(-a, -um) esse

PARTICIPLE
Pres. īrāscēns(-tis)
Perf. īrātus(-a, -um)
Fut. īrātūrus(-a, -um)

GERUND īrāscendī, -ō, -um, -ō   SUPINE īrātum, -ū

91

iubeō

iubeō, iubēre, iussī, iūssum   *order*

ACTIVE		PASSIVE	
I N D I C A T I V E			
Pres. iubeō	iubēmus	iubeor	iubēmur
iubēs	iubētis	iubēris(-re)	iubēminī
iubet	iubent	iubētur	iubentur
Impf. iubēbam	iubēbāmus	iubēbar	iubēbāmur
iubēbās	iubēbātis	iubēbāris(-re)	iubēbāminī
iubēbat	iubēbant	iubēbātur	iubēbantur
Fut. iubēbō	iubēbimus	iubēbor	iubēbimur
iubēbis	iubēbitis	iubēberis(-re)	iubēbiminī
iubēbit	iubēbunt	iubēbitur	iubēbuntur
Perf. iussī	iussimus	iūssus sum	iūssī sumus
iussistī	iussistis	(-a, -um) es	(-ae, -a) estis
iussit	iussērunt(-re)	est	sunt
Plup. iusseram	iusserāmus	iūssus eram	iūssī erāmus
iusserās	iusserātis	(-a, -um) erās	(-ae, -a) erātis
iusserat	iusserant	erat	erant
Fut. iusserō	iusserimus	iūssus erō	iūssī erimus
Perf. iusseris	iusseritis	(-a, -um) eris	(-ae, -a) eritis
iusserit	iusserint	erit	erunt
S U B J U N C T I V E			
Pres. iubeam	iubeāmus	iubear	iubeāmur
iubeās	iubeātis	iubeāris(-re)	iubeāminī
iubeat	iubeant	iubeātur	iubeantur
Impf. iubērem	iubērēmus	iubērer	iubērēmur
iubērēs	iubērētis	iubērēris(-re)	iubērēminī
iubēret	iubērent	iubērētur	iubērentur
Perf. iusserim	iusserimus	iūssus sim	iūssī sīmus
iusseris	iusseritis	(-a, -um) sīs	(-ae, -a) sītis
iusserit	iusserint	sit	sint
Plup. iussissem	iussissēmus	iūssus essem	iūssī essēmus
iussissēs	iussissētis	(-a, -um) essēs	(-ae, -a) essētis
iussisset	iussissent	esset	essent

I M P E R A T I V E

Pres. iubē   iubēte

I N F I N I T I V E

Pres. iubēre   iubērī
Perf. iussisse   iūssus(-a, -um) esse
Fut. iūssūrus(-a, -um) esse

P A R T I C I P L E

Pres. iubēns(-tis)
Perf.   iūssus(-a, -um)
Fut. iūssūrus(-a, -um)   iubendus(-a, -um) (GERUNDIVE)

GERUND iubendī, -ō, -um, -ō   SUPINE iūssum, -ū

iūdicō, iūdicāre, iūdicāvī, iūdicātum   *decide,   judge*

	ACTIVE		PASSIVE

INDICATIVE

	ACTIVE		PASSIVE	
Pres.	iūdicō	iūdicāmus	iūdicor	iūdicāmur
	iūdicās	iūdicātis	iūdicāris(-re)	iūdicāminī
	iūdicat	iūdicant	iūdicātur	iūdicantur
Impf.	iūdicābam	iūdicābāmus	iūdicābar	iūdicābāmur
	iūdicābās	iūdicābātis	iūdicābāris(-re)	iūdicābāminī
	iūdicābat	iūdicābant	iūdicābātur	iūdicābantur
Fut.	iūdicābō	iūdicābimus	iūdicābor	iūdicābimur
	iūdicābis	iūdicābitis	iūdicāberis(-re)	iūdicābiminī
	iūdicābit	iūdicābunt	iūdicābitur	iūdicābuntur
Perf.	iūdicāvī	iūdicāvimus	iūdicātus sum	iūdicātī sumus
	iūdicāvistī	iūdicāvistis	(-a, -um) es	(-ae, -a) estis
	iūdicāvit	iūdicāvērunt(-re)	est	sunt
Plup.	iūdicāveram	iūdicāverāmus	iūdicātus eram	iūdicātī erāmus
	iūdicāverās	iūdicāverātis	(-a, -um) erās	(-ae, -a) erātis
	iūdicāverat	iūdicāverant	erat	erant
Fut.	iūdicāverō	iūdicāverimus	iūdicātus erō	iūdicātī erimus
Perf.	iūdicāveris	iūdicāveritis	(-a, -um) eris	(-ae, -a) eritis
	iūdicāverit	iūdicāverint	erit	erunt

SUBJUNCTIVE

	ACTIVE		PASSIVE	
Pres.	iūdicem	iūdicēmus	iūdicer	iūdicēmur
	iūdicēs	iūdicētis	iūdicēris(-re)	iūdicēminī
	iūdicet	iūdicent	iūdicētur	iūdicentur
Impf.	iūdicārem	iūdicārēmus	iūdicārer	iūdicārēmur
	iūdicārēs	iūdicārētis	iūdicārēris(-re)	iūdicārēminī
	iūdicāret	iūdicārent	iūdicārētur	iūdicārentur
Perf.	iūdicāverim	iūdicāverimus	iūdicātus sim	iūdicātī sīmus
	iūdicāveris	iūdicāveritis	(-a, -um) sīs	(-ae, -a) sītis
	iūdicāverit	iūdicāverint	sit	sint
Plup.	iūdicāvissem	iūdicāvissēmus	iūdicātus essem	iūdicātī essēmus
	iūdicāvissēs	iūdicāvissētis	(-a, -um) essēs	(-ae, -a) essētis
	iūdicāvisset	iūdicāvissent	esset	essent

IMPERATIVE

Pres.	iūdicā	iūdicāte

INFINITIVE

Pres.	iūdicāre	iūdicārī
Perf.	iūdicāvisse	iūdicātus(-a, -um) esse
Fut.	iūdicātūrus(-a, -um) esse	

PARTICIPLE

Pres.	iūdicāns(-tis)	
Perf.		iūdicātus(-a, -um)
Fut.	iūdicātūrus(-a, -um)	iūdicandus(-a, -um) (GERUNDIVE)

GERUND iūdicandī, -ō, -um, -ō   SUPINE iūdicātum, -ū

iungō

iungō, iungere, iūnxī, iūnctum   *join*

<table>
<tr><td colspan="2" align="center">ACTIVE</td><td colspan="2" align="center">PASSIVE</td></tr>
<tr><td colspan="4" align="center">INDICATIVE</td></tr>
</table>

INDICATIVE

	ACTIVE		PASSIVE	
Pres.	iungō	iungimus	iungor	iungimur
	iungis	iungitis	iungeris(-re)	iungiminī
	iungit	iungunt	iungitur	iunguntur
Impf.	iungēbam	iungēbāmus	iungēbar	iungēbāmur
	iungēbās	iungēbātis	iungēbāris(-re)	iungēbāminī
	iungēbat	iungēbant	iungēbātur	iungēbantur
Fut.	iungam	iungēmus	iungar	iungēmur
	iungēs	iungētis	iungēris(-re)	iungēminī
	iunget	iungent	iungētur	iungentur
Perf.	iūnxī	iūnximus	iūnctus sum	iūnctī sumus
	iūnxistī	iūnxistis	(-a, -um) es	(-ae, -a) estis
	iūnxit	iūnxērunt(-re)	est	sunt
Plup.	iūnxeram	iūnxerāmus	iūnctus eram	iūnctī erāmus
	iūnxerās	iūnxerātis	(-a, -um) erās	(-ae, -a) erātis
	iūnxerat	iūnxerant	erat	erant
Fut.	iūnxerō	iūnxerimus	iūnctus erō	iūnctī erimus
Perf.	iūnxeris	iūnxeritis	(-a, -um) eris	(-ae, -a) eritis
	iūnxerit	iūnxerint	erit	erunt

SUBJUNCTIVE

	ACTIVE		PASSIVE	
Pres.	iungam	iungāmus	iungar	iungāmur
	iungās	iungātis	iungāris(-re)	iungāminī
	iungat	iungant	iungātur	iungantur
Impf.	iungerem	iungerēmus	iungerer	iungerēmur
	iungerēs	iungerētis	iungerēris(-re)	iungerēminī
	iungeret	iungerent	iungerētur	iungerentur
Perf.	iūnxerim	iūnxerimus	iūnctus sim	iūnctī sīmus
	iūnxeris	iūnxeritis	(-a, -um) sīs	(-ae, -a) sītis
	iūnxerit	iūnxerint	sit	sint
Plup.	iūnxissem	iūnxissēmus	iūnctus essem	iūnctī essēmus
	iūnxissēs	iūnxissētis	(-a, -um) essēs	(-ae, -a) essētis
	iūnxisset	iūnxissent	esset	essent

IMPERATIVE

Pres. iunge   iungite

INFINITIVE

Pres.	iungere	iungī
Perf.	iūnxisse	iūnctus(-a, -um) esse
Fut.	iūnctūrus(-a, -um) esse	

PARTICIPLE

Pres.	iungēns(-tis)	
Perf.		iūnctus(-a, -um)
Fut.	iūnctūrus(-a, -um)	iungendus(-a, -um) (GERUNDIVE)

GERUND iungendī, -ō, -um, -ō   SUPINE iūnctum, -ū

iūrō, iūrāre, iūrāvī, iūrātum   *swear*

ACTIVE		PASSIVE	

INDICATIVE

Pres.	iūrō	iūrāmus	iūror	iūrāmur
	iūrās	iūrātis	iūrāris(-re)	iūrāminī
	iūrat	iūrant	iūrātur	iūrantur
Impf.	iūrābam	iūrābāmus	iūrābar	iūrābāmur
	iūrābās	iūrābātis	iūrābāris(-re)	iūrābāminī
	iūrābat	iūrābant	iūrābātur	iūrābantur
Fut.	iūrābō	iūrābimus	iūrābor	iūrābimur
	iūrābis	iūrābitis	iūrāberis(-re)	iūrābiminī
	iūrābit	iūrābunt	iūrābitur	iūrābuntur
Perf.	iūrāvī	iūrāvimus	iūrātus sum	iūrātī sumus
	iūrāvistī	iūrāvistis	(-a, -um) es	(-ae, -a) estis
	iūrāvit	iūrāvērunt(-re)	est	sunt
Plup.	iūrāveram	iūrāverāmus	iūrātus eram	iūrātī erāmus
	iūrāverās	iūrāverātis	(-a, -um) erās	(-ae, -a) erātis
	iūrāverat	iūrāverant	erat	erant
Fut.	iūrāverō	iūrāverimus	iūrātus erō	iūrātī erimus
Perf.	iūrāveris	iūrāveritis	(-a, -um) eris	(-ae, -a) eritis
	iūrāverit	iūrāverint	erit	erunt

SUBJUNCTIVE

Pres.	iūrem	iūrēmus	iūrer	iūrēmur
	iūrēs	iūrētis	iūrēris(-re)	iūrēminī
	iūret	iūrent	iūrētur	iūrentur
Impf.	iūrārem	iūrārēmus	iūrārer	iūrārēmur
	iūrārēs	iūrārētis	iūrārēris(-re)	iūrārēminī
	iūrāret	iūrārent	iūrārētur	iūrārentur
Perf.	iūrāverim	iūrāverimus	iūrātus sim	iūrātī sīmus
	iūrāveris	iūrāveritis	(-a, -um) sīs	(-ae, -a) sītis
	iūrāverit	iūrāverint	sit	sint
Plup.	iūrāvissem	iūrāvissēmus	iūrātus essem	iūrātī essēmus
	iūrāvissēs	iūrāvissētis	(-a, -um) essēs	(-ae, -a) essētis
	iūrāvisset	iūrāvissent	esset	essent

IMPERATIVE

Pres.	iūrā	iūrāte

INFINITIVE

Pres.	iūrāre	iūrārī
Perf.	iūrāvisse	iurātus(-a, -um) esse
Fut.	iūrātūrus(-a, -um) esse	

PARTICIPLE

Pres.	iūrāns(-tis)	
Perf.		iūrātus(-a, -um)
Fut.	iūrātūrus(-a, -um)	iūrandus(-a, -um) (GERUNDIVE)

GERUND iūrandī, -ō, -um, -ō   SUPINE iūrātum, -ū

iuvō

iuvō, iuvāre, iūvī, iūtum   *please, aid*

ACTIVE		**PASSIVE**	

INDICATIVE

	ACTIVE		PASSIVE	
Pres.	iuvō	iuvāmus	iuvor	iuvāmur
	iuvās	iuvātis	iuvāris(-re)	iuvāminī
	iuvat	iuvant	iuvātur	iuvantur
Impf.	iuvābam	iuvābāmus	iuvābar	iuvābāmur
	iuvābās	iuvābātis	iuvābāris(-re)	iuvābāminī
	iuvābat	iuvābant	iuvābātur	iuvābantur
Fut.	iuvābō	iuvābimus	iuvābor	iuvābimur
	iuvābis	iuvābitis	iuvāberis(-re)	iuvābiminī
	iuvābit	iuvābunt	iuvābitur	iuvābuntur
Perf.	iūvī	iūvimus	iūtus sum	iūtī sumus
	iūvistī	iūvistis	(-a, -um) es	(-ae, -a) estis
	iūvit	iūvērunt(-re)	est	sunt
Plup.	iūveram	iūverāmus	iūtus eram	iūtī erāmus
	iūverās	iūverātis	(-a, -um) erās	(-ae, -a) erātis
	iūverat	iūverant	erat	erant
Fut.	iūverō	iūverimus	iūtus erō	iūtī erimus
Perf.	iūveris	iūveritis	(-a, -um) eris	(-ae, -a) eritis
	iūverit	iūverint	erit	erunt

SUBJUNCTIVE

	ACTIVE		PASSIVE	
Pres.	iuvem	iuvēmus	iuver	iuvēmur
	iuvēs	iuvētis	iuvēris(-re)	iuvēminī
	iuvet	iuvent	iuvētur	iuventur
Impf.	iuvārem	iuvārēmus	iuvārer	iuvārēmur
	iuvārēs	iuvārētis	iuvārēris(-re)	iuvārēminī
	iuvāret	iuvārent	iuvārētur	iuvārentur
Perf.	iūverim	iūverimus	iūtus sim	iūtī sīmus
	iūveris	iūveritis	(-a, -um) sīs	(-ae, -a) sītis
	iūverit	iūverint	sit	sint
Plup.	iūvissem	iūvissēmus	iūtus essem	iūtī essēmus
	iūvjssēs	iūvissētis	(-a, -um) essēs	(-ae, -a) essētis
	iūvisset	iūvisset	esset	essent

IMPERATIVE

Pres. iuvā   iuvāte

INFINITIVE

Pres.	iuvāre	iuvārī
Perf.	iūvisse	iūtus(-a, -um) esse
Fut.	iūtūrus(-a, -um) esse	

PARTICIPLE

Pres.	iuvāns(-tis)	
Perf.		iūtus(-a, -um)
Fut.	iūtūrus(-a, -um)	iuvandus(-a, -um) (GERUNDIVE)

GERUND iuvandī, -ō, -um, -ō   SUPINE iūtum, -ū

labōrō, labōrāre, labōrāvī, labōrātum *work*

	ACTIVE		PASSIVE	
		INDICATIVE		
Pres.	labōrō	labōrāmus		
	labōrās	labōrātis		
	labōrat	labōrant	labōrātur	labōrantur
Impf.	labōrābam	labōrābāmus		
	labōrābās	labōrābātis		
	labōrābat	labōrābant	labōrābātur	labōrābantur
Fut.	labōrābō	labōrābimus		
	labōrābis	labōrābitis		
	labōrābit	labōrābunt	labōrābitur	labōrābuntur
Perf.	labōrāvī	labōrāvimus		
	labōrāvistī	labōrāvistis		
	labōrāvit	labōrāvērunt(-re)	labōrātus(-a, -um) est	labōrātī(-ae, -a) sunt
Plup.	labōrāveram	labōrāverāmus		
	labōrāverās	labōrāverātis		
	labōrāverat	labōrāverant	labōrātus(-a, -um) erat	labōrātī(-ae, -a) erant
Fut.	labōrāverō	labōrāverimus		
Perf.	labōrāveris	labōrāveritis		
	labōrāverit	labōrāverint	labōrātus(-a, -um) erit	labōrātī(-ae, -a) erunt
		SUBJUNCTIVE		
Pres.	labōrem	labōrēmus		
	labōrēs	labōrētis		
	labōret	labōrent	labōrētur	labōrentur
Impf.	labōrārem	labōrārēmus		
	labōrārēs	labōrārētis		
	labōrāret	labōrārent	labōrārētur	labōrārentur
Perf.	labōrāverim	labōrāverimus		
	labōrāveris	labōrāveritis		
	labōrāverit	labōrāverint	labōrātus(-a, -um) sit	labōrātī(-ae, -a) sint
Plup.	labōrāvissem	labōrāvissēmus		
	labōrāvissēs	labōrāvissētis		
	labōrāvisset	labōrāvissent	labōrātus(-a, -um) esset	labōrātī(-ae, -a) essent

IMPERATIVE

Pres.	labōrā	labōrāte

INFINITIVE

Pres.	labōrāre	labōrārī
Perf.	labōrāvisse	labōrātus(-a, -um) esse
Fut.	labōrātūrus(-a, -um) esse	

PARTICIPLE

Pres.	labōrāns(-tis)	
Perf.		labōrātus(-a, -um)
Fut.	labōrātūrus(-a, -um)	labōrandus(-a, -um) (GERUNDIVE)

GERUND labōrandī, -ō, -um, -ō   SUPINE labōrātum, -ū

laudō

laudō, laudāre, laudāvī, laudātum   *praise*

	ACTIVE		**PASSIVE**	
		INDICATIVE		
Pres.	laudō	laudāmus	laudor	laudāmur
	laudās	laudātis	laudāris(-re)	laudāminī
	laudat	laudant	laudātur	laudantur
Impf.	laudābam	laudābāmus	laudābar	laudābāmur
	laudābās	laudābātis	laudābāris(-re)	laudābāminī
	laudābat	laudābant	laudābātur	laudābantur
Fut.	laudābō	laudābimus	laudābor	laudābimur
	laudābis	laudābitis	laudāberis(-re)	laudābiminī
	laudābit	laudābunt	laudābitur	laudābuntur
Perf.	laudāvī	laudāvimus	laudātus sum	laudātī sumus
	laudāvistī	laudāvistis	(-a, -um) es	(-ae, -a) estis
	laudāvit	laudāvērunt	est	sunt
Plup.	laudāveram	laudāverāmus	laudātus eram	laudātī erāmus
	laudāverās	laudāverātis	(-a, -um) erās	(-ae, -a) erātis
	laudāverat	laudāverant	erat	erant
Fut.	laudāverō	laudāverimus	laudātus erō	laudātī erimus
Perf.	laudāveris	laudāveritis	(-a, -um) eris	(-ae, -a) eritis
	laudāverit	laudāverint	erit	erunt
		SUBJUNCTIVE		
Pres.	laudem	laudēmus	lauder	laudēmur
	laudēs	laudētis	laudēris(-re)	laudēminī
	laudet	laudent	laudētur	laudentur
Impf.	laudārem	laudārēmus	laudārer	laudārēmur
	laudārēs	laudārētis	laudārēris(-re)	laudārēminī
	laudāret	laudārent	laudārētur	laudārentur
Perf.	laudāverim	laudāverimus	laudātus sim	laudātī sīmus
	laudāveris	laudāveritis	(-a, -um) sīs	(-ae, -a) sītis
	laudāverit	laudāverint	sit	sint
Plup.	laudāvissem	laudāvissēmus	laudātus essem	laudātī essēmus
	laudāvissēs	laudāvissētis	(-a, -um) essēs	(-ae, -a) essētis
	laudāvisset	laudāvissent	esset	essent

IMPERATIVE

Pres. laudā   laudāte

INFINITIVE

Pres. laudāre   laudārī
Perf. laudāvisse   laudātus(-a, -um) esse
Fut.   laudātūrus(-a, -um) esse

PARTICIPLE

Pres. laudāns(-tis)
Perf.   laudātus(-a, -um)
Fut.   laudātūrus(-a, -um)   laudandus(-a, -um) (GERUNDIVE)

GERUND laudandī, -ō, -um, -ō   SUPINE laudātum, -ū

legō, legere, lēgī, lēctum   *choose,   read*

<table>
<tr><td colspan="2">**ACTIVE**</td><td colspan="2">**PASSIVE**</td></tr>
<tr><td colspan="4" align="center">INDICATIVE</td></tr>
</table>

	ACTIVE		PASSIVE	
Pres.	legō	legimus	legor	legimur
	legis	legitis	legeris(-re)	legiminī
	legit	legunt	legitur	leguntur
Impf.	legēbam	legēbāmus	legēbar	legēbāmur
	legēbās	legēbātis	legēbāris(-re)	legēbāminī
	legēbat	legēbant	legēbātur	legēbantur
Fut.	legam	legēmus	legar	legēmur
	legēs	legētis	legēris(-re)	legēminī
	leget	legent	legētur	legentur
Perf.	lēgī	lēgimus	lēctus sum	lēctī sumus
	lēgistī	lēgistis	(-a, -um) es	(-ae, -a) estis
	lēgit	lēgērunt(-re)	est	sunt
Plup.	lēgeram	lēgerāmus	lēctus eram	lēctī erāmus
	lēgerās	lēgerātis	(-a, -um) erās	(-ae, -a) erātis
	lēgerat	lēgerant	erat	erant
Fut.	lēgerō	lēgerimus	lēctus erō	lēctī erimus
Perf.	lēgeris	lēgeritis	(-a, -um) eris	(-ae, -a) eritis
	lēgerit	lēgerint	erit	erunt

SUBJUNCTIVE

Pres.	legam	legāmus	legar	legāmur
	legās	legātis	legāris(-re)	legāminī
	legat	legant	legātur	legantur
Impf.	legerem	legerēmus	legerer	legerēmur
	legerēs	legerētis	legerēris(-re)	legerēminī
	legeret	legerent	legerētur	legerentur
Perf.	lēgerim	lēgerimus	lēctus sim	lēctī sīmus
	lēgeris	lēgeritis	(-a, -um) sīs	(-ae, -a) sītis
	lēgerit	lēgerint	sit	sint
Plup.	lēgissem	lēgissēmus	lēctus essem	lēctī essēmus
	lēgissēs	lēgissētis	(-a, -um) essēs	(-ae, -a) essētis
	lēgisset	lēgissent	esset	essent

IMPERATIVE

Pres.   lege   legite

INFINITIVE

Pres.	legere	legī
Perf.	lēgisse	lēctus(-a, -um) esse
Fut.	lēctūrus(-a, -um) esse	

PARTICIPLE

Pres.	legēns(-tis)	
Perf.		lēctus(-a, -um)
Fut.	lēctūrus(-a, -um)	legendus(-a, -um) (GERUNDIVE)

GERUND legendī, -ō, -um, -ō   SUPINE lēctum, -ū

licet, licēre, licuit   *is allowed, is permitted, may*
(Impers.)

ACTIVE

I N D I C A T I V E

Pres. ——
——
licet

Impf. ——
——
licēbat

Fut. ——
——
licēbit

Perf. ——
——
licuit *or* licitum est

Plup. ——
——
licuerat

Fut.
Perf. ——
——
licuerit

S U B J U N C T I V E

Pres. ——
——
liceat

Impf. ——
——
licēret

Perf. ——
——
licuerit

Plup. ——
——
licuisset

I M P E R A T I V E
Pres.

I N F I N I T I V E
Pres. licēre
Perf. licuisse
Fut. licitūrum esse

P A R T I C I P L E
Pres.
Perf.
Fut.

GERUND —— SUPINE ——

loquor, loquī, locūtus sum   *say, speak*

ACTIVE

INDICATIVE

Pres.	loquor	loquimur
	loqueris(-re)	loquiminī
	loquitur	loquuntur
Impf.	loquēbar	loquēbāmur
	loquēbāris(-re)	loquēbāminī
	loquēbātur ˌ	loquēbantur
Fut.	loquar	loquēmur
	loquēris(-re)	loquēminī
	loquētur	loquentur
Perf.	locūtus sum	locūtī sumus
	(-a, -um) es	(-ae, -a) estis
	est	sunt
Plup.	locūtus eram	locūtī erāmus
	(-a, -um) erās	(-ae, -a) erātis
	erat	erant
Fut.	locūtus erō	locūtī erimus
Perf.	(-a, -um) eris	(-ae, -a) eritis
	erit	erunt

SUBJUNCTIVE

Pres.	loquar	loquāmur
	loquāris(-re)	loquāminī
	loquātur	loquantur
Impf.	loquerer	loquerēmur
	loquerēris(-re)	loquerēminī
	loquerētur	loquerentur
Perf.	locūtus sim	locūtī sīmus
	(-a, -um) sīs	(-ae, -a) sītis
	sit	sint
Plup.	locūtus essem	locūtī essēmus
	(-a, -um) essēs	(-ae, -a) essētis
	esset	essent

IMPERATIVE

Pres.	loquere	loquiminī

INFINITIVE

Pres.	loquī
Perf.	locūtus(-a, -um) esse
Fut.	locūtūrus(-a, -um) esse

PARTICIPLE

	Active		**Passive**
Pres.	loquēns(-tis)		
Perf.	locūtus(-a, -um)		
Fut.	locūtūrus(-a, -um)		loquendus(-a, -um) (GERUNDIVE)

GERUND loquendī, -ō, -um, -ō   SUPINE locūtum, -ū

lūdō

lūdō, lūdere, lūsī, lūsum   *play*

	ACTIVE		**PASSIVE**	
			INDICATIVE	
Pres.	lūdō	lūdimus	lūdor	lūdimur
	lūdis	lūditis	lūderis(-re)	lūdiminī
	lūdit	lūdunt	lūditur	lūduntur
Impf.	lūdēbam	lūdēbāmus	lūdēbar	lūdēbāmur
	lūdēbās	lūdēbātis	lūdēbāris(-re)	lūdēbāminī
	lūdēbat	lūdēbant	lūdēbātur	lūdēbantur
Fut.	lūdam	lūdēmus	lūdar	lūdēmur
	lūdēs	lūdētis	lūdēris(-re)	lūdēminī
	lūdet	lūdent	lūdētur	lūdentur
Perf.	lūsī	lūsimus	lūsus sum	lūsī sumus
	lūsistī	lūsistis	(-a, -um) es	(-ae, -a) estis
	lūsit	lūsērunt(-re)	est	sunt
Plup.	lūseram	lūserāmus	lūsus eram	lūsī erāmus
	lūserās	lūserātis	(-a, -um) erās	(-ae, -a) erātis
	lūserat	lūserant	erat	erant
Fut.	lūserō	lūserimus	lūsus erō	lūsī erimus
Perf.	lūseris	lūseritis	(-a, -um) eris	(-ae, -a) eritis
	lūserit	lūserint	erit	erunt
			SUBJUNCTIVE	
Pres.	lūdam	lūdāmus	lūdar	lūdāmur
	lūdās	lūdātis	lūdāris(-re)	lūdāminī
	lūdat	lūdant	lūdātur	lūdantur
Impf.	lūderem	lūderēmus	lūderer	lūderēmur
	lūderēs	lūderētis	lūderēris(-re)	lūderēminī
	lūderet	lūderent	lūderētur	lūderentur
Perf.	lūserim	lūserimus	lūsus sim	lūsī sīmus
	lūseris	lūseritis	(-a, -um) sīs	(-ae, -a) sītis
	lūserit	lūserint	sit	sint
Plup.	lūsissem	lūsissēmus	lūsus essem	lūsī essēmus
	lūsissēs	lūsissētis	(-a, -um) essēs	(-ae, -a) essētis
	lūsisset	lūsissent	esset	essent

IMPERATIVE

Pres. lūde   lūdite

INFINITIVE

Pres. lūdere   lūdi
Perf. lūsisse   lūsus(-a, -um) esse
Fut. lūsūrus(-a, -um) esse

PARTICIPLE

Pres. lūdēns(-tis)
Perf.   lūsus(-a, -um)
Fut. lūsūrus(-a, -um)   lūdendus(-a, -um) (GERUNDIVE)

GERUND lūdendī, -ō, -um, -ō   SUPINE lūsum, -ū

malō, malle, māluī   *choose,   prefer*

ACTIVE

INDICATIVE

Pres. malō   mālumus
         māvīs   māvultis
         māvult   mālunt

Impf. mālēbam   mālēbāmus
         mālēbās   mālēbātis
         mālēbat   mālēbant

Fut.   mālam   mālēmus
         mālēs   mālētis
         mālet   mālent

Perf. māluī   māluimus
         māluistī   māluistis
         māluit   māluērunt(-re)

Plup. mālueram   māluerāmus
         māluerās   māluerātis
         māluerat   māluerant

Fut.   māluerō   māluerimus
Perf. mālueris   mālueritis
         māluerit   māluerint

SUBJUNCTIVE

Pres. mālim   mālimus
         mālis   mālitis
         mālit   mālint

Impf. māllem   māllēmus
         māllēs   māllētis
         māllet   māllent

Perf. māluerim   māluerimus
         mālueris   mālueritis
         māluerit   māluerint

Plup. māluissem   māluissēmus
         māluissēs   māluissētis
         māluisset   māluissent

IMPERATIVE

Pres.

INFINITIVE

Pres. mālle
Perf. māluisse
Fut.   ———

PARTICIPLE

Pres.
Perf.
Fut.

GERUND ——— SUPINE ———

mandō

mandō, mandāre, mandāvī, mandātum   *entrust, order*

<table>
<tr><td colspan="2" align="center">ACTIVE</td><td colspan="2" align="center">PASSIVE</td></tr>
<tr><td colspan="4" align="center">I N D I C A T I V E</td></tr>
<tr><td>*Pres.*</td><td>mandō
mandās
mandat</td><td>mandāmus
mandātis
mandant</td><td>mandor
mandāris(-re)
mandātur</td><td>mandāmur
mandāminī
mandantur</td></tr>
</table>

	ACTIVE		PASSIVE	
		INDICATIVE		
Pres.	mandō mandās mandat	mandāmus mandātis mandant	mandor mandāris(-re) mandātur	mandāmur mandāminī mandantur
Impf.	mandābam mandābās mandābat	mandābāmus mandābātis mandābant	mandābar mandābāris(-re) mandābātur	mandābāmur mandābāminī mandābantur
Fut.	mandābō mandābis mandābit	mandābimus mandābitis mandābunt	mandābor mandāberis(-re) mandābitur	mandābimur mandābiminī mandābuntur
Perf.	mandāvī mandāvistī mandāvit	mandāvimus mandāvistis mandāvērunt(-re)	mandātus sum (-a, -um) es est	mandātī sumus (-ae, -a) estis sunt
Plup.	mandāveram mandāverās mandāverat	mandāverāmus mandāverātis mandāverant	mandātus eram (-a, -um) erās erat	mandātī erāmus (-ae, -a) erātis erant
Fut. *Perf.*	mandāverō mandāveris mandāverit	mandāverimus mandāveritis mandāverint	mandātus erō (-a, -um) eris erit	mandātī erimus (-ae, -a) eritis erunt
		SUBJUNCTIVE		
Pres.	mandem mandēs mandet	mandēmus mandētis mandent	mander mandēris(-re) mandētur	mandēmur mandēminī mandentur
Impf.	mandārem mandārēs mandāret	mandārēmus mandārētis mandārent	mandārer mandārēris(-re) mandārētur	mandārēmur mandārēminī mandārentur
Perf.	mandāverim mandāveris mandāverit	mandāverimus mandāveritis mandāverint	mandātus sim (-a, -um) sīs sit	mandātī sīmus (-ae, -a) sītis sint
Plup.	mandāvissem mandāvissēs mandāvisset	mandāvissēmus mandāvissētis mandāvissent	mandātus essem (-a, -um) essēs esset	mandātī essēmus (-ae, -a) essētis essent

IMPERATIVE

Pres.   mandā   mandāte

INFINITIVE

Pres. mandāre   mandārī
Perf. mandāvisse   mandātus(-a, -um) esse
Fut.   mandātūrus(-a, -um) esse

PARTICIPLE

Pres. mandāns(-tis)
Perf.   mandātus(-a, -um)
Fut.   mandātūrus(-a, -um)   mandandus(-a, -um) (GERUNDIVE)

GERUND mandandī, -ō, -um, -ō   SUPINE mandātum, -ū

maneō, manēre, mānsī, mānsum   *remain,   stay*

ACTIVE		PASSIVE
	INDICATIVE	

Pres. maneō manēs manet · manēmus manētis manent · manētur (Impers.)

Impf. manēbam manēbās manēbat · manēbāmus manēbātis manēbant · manēbātur (Impers.)

Fut. manēbō manēbis manēbit · manēbimus manēbitis manēbunt · manēbitur (Impers.)

Perf. mānsī mānsistī mānsit · mānsimus mānsistis mānsērunt(-re) · mānsum est (Impers.)

Plup. mānseram mānserās mānserat · mānserāmus mānserātis mānserant · mānsum erat (Impers.)

Fut. mānserō
Perf. mānseris mānserit · mānserimus mānseritis mānserint · mānsum erit (Impers.)

SUBJUNCTIVE

Pres. maneam maneās maneat · maneāmus maneātis maneant · maneātur (Impers.)

Impf. manērem manērēs manēret · manērēmus manērētis manērent · manērētur (Impers.)

Perf. mānserim mānseris mānserit · mānserimus mānseritis mānserint · mānsum sit (Impers.)

Plup. mānsissem mānsissēs mānsisset · mānsissēmus mānsissētis mānsissent · mānsum esset (Impers.)

IMPERATIVE

Pres. manē · manēte

INFINITIVE

Pres. manēre · manērī
Perf. mānsisse · mānsum esse
Fut. mānsūrus(-a, -um) esse

PARTICIPLE

Pres. manēns(-tis)
Perf. ——— · mānsus(-a, -um)
Fut. mānsūrus(-a, -um)

GERUND manendī, -ō, -um, -ō   SUPINE mānsum, -ū

105

meminī, meminisse, *remember*

(Note: Perfect in form, Present in meaning)

ACTIVE

INDICATIVE

Pres.

Impf.

Fut.

Perf.	meminī	meminimus
	meministī	meministis
	meminit	meminērunt(-re)
Plup.	memineram	meminerāmus
	meminerās	meminerātis
	meminerat	meminerant
Fut. Perf.	meminerō	meminerimus
	memineris	memineritis
	meminerit	meminerint

SUBJUNCTIVE

Pres.

Impf.

Perf.	meminerim	meminerimus
	memineris	memineritis
	meminerit	meminerint
Plup.	meminissem	meminissēmus
	meminissēs	meminissētis
	meminisset	meminissent

IMPERATIVE

Fut.	mementō	mementōte

INFINITIVE

Pres. ———
Perf. meminisse
Fut. ———

PARTICIPLE

Pres.
Perf.
Fut.

GERUND ——— SUPINE ———

metuō

ACTIVE

INDICATIVE

Pres.	metuō	metuimus
	metuis	metuitis
	metuit	metuunt
Impf.	metuēbam	metuēbāmus
	metuēbās	metuēbātis
	metuēbat	metuēbant
Fut.	metuam	metuēmus
	metuēs	metuētis
	metuet	metuent
Perf.	metuī	metuimus
	metuistī	metuistis
	metuit	metuērunt(-re)
Plup.	metueram	metuerāmus
	metuerās	metuerātis
	metuerat	metuerant
Fut.	metuerō	metuerimus
Perf.	metueris	metueritis
	metuerit	metuerint

SUBJUNCTIVE

Pres.	metuam	metuāmus
	metuās	metuātis
	metuat	metuant
Impf.	metuerem	metuerēmus
	metuerēs	metuerētis
	metueret	metuerent
Perf.	metuerim	metuerimus
	metueris	metueritis
	metuerit	metuerint
Plup.	metuissem	metuissēmus
	metuissēs	metuissētis
	metuisset	metuissent

IMPERATIVE

Pres.	metue	metuite

INFINITIVE

Pres.	metuere
Perf.	metuisse
Fut.	——

PARTICIPLE

Active		**Passive**
Pres.	metuēns(-tis)	
Perf.	——	
Fut.	——	metuendus(-a, -um) (GERUNDIVE)

GERUND metuendī, -ō, -um, -ō   SUPINE ——

mīror, mīrārī, mīrātus sum   *wonder,   be amazed*

ACTIVE
INDICATIVE

Pres. mīror   mīrāmur
       mīrāris(-re)   mīrāminī
       mīrātur   mīrantur

Impf. mīrābar   mīrābāmur
       mīrābāris(-re)   mīrābāminī
       mīrābātur   mīrābantur

Fut. mīrābor   mīrābimur
       mīrāberis(-re)   mīrābiminī
       mīrābitur   mīrabuntur

Perf. mīrātus sum   mīrātī sumus
       (-a, -um) es   (-ae, -a) estis
           est   sunt

Plup. mīrātus eram   mīrātī erāmus
       (-a, -um) erās   (-ae, -a) erātis
           erat   erant

Fut. mīrātus erō   mīrātī erimus
Perf. (-a, -um) eris   (-ae, -a) eritis
           erit   erunt

SUBJUNCTIVE

Pres. mīrer   mīrēmur
       mīrēris(-re)   mīrēminī
       mīrētur   mīrentur

Impf. mīrārer   mīrārēmur
       mīrārēris(-re)   mīrārēminī
       mīrārētur   mīrārentur

Perf. mīrātus sim   mīrātī sīmus
       (-a, -um) sīs   (-ae, -a) sītis
           sit   sint

Plup. mīrātus essem   mīrātī essēmus
       (-a, -um) essēs   (-ae, -a) essētis
           esset   essent

IMPERATIVE

Pres. mīrāre   mīrāminī

INFINITIVE

Pres. mīrārī
Perf. mīrātus(-a, -um) esse
Fut. mīrātūrus(-a, -um) esse

Active	PARTICIPLE	Passive

Pres. mīrāns(-tis)
Perf. mīrātus(-a, -um)
Fut. mīrātūrus(-a, -um)   mīrandus(-a, -um) (GERUNDIVE)

GERUND mīrandī, -ō, -um, -ō   SUPINE mīrātum, -ū

misceō, miscēre, miscuī, mīxtum   *confuse, mingle, mix*

ACTIVE		PASSIVE	

INDICATIVE

Pres.	misceō	miscēmus	misceor	miscēmur
	miscēs	miscētis	miscēris(-re)	miscēminī
	miscet	miscent	miscētur	miscentur
Impf.	miscēbam	miscēbāmus	miscēbar	miscēbāmur
	miscēbās	miscēbātis	miscēbāris(-re)	miscēbāminī
	miscēbat	miscēbant	miscēbātur	miscēbantur
Fut.	miscēbō	miscēbimus	miscēbor	miscēbimur
	miscēbis	miscēbitis	miscēberis(-re)	miscēbiminī
	miscēbit	miscēbunt	miscēbitur	miscēbuntur
Perf.	miscuī	miscuimus	mīxtus sum	mīxtī sumus
	miscuistī	miscuistis	(-a, -um) es	(-ae, -a) estis
	miscuit	miscuērunt(-re)	est	sunt
Plup.	miscueram	miscuerāmus	mīxtus eram	mīxtī erāmus
	miscuerās	miscuerātis	(-a, -um) erās	(-ae, -a) erātis
	miscuerat	miscuerant	erat	erant
Fut.	miscuerō	miscuerimus	mīxtus erō	mīxtī erimus
Perf.	miscueris	miscueritis	(-a, -um) eris	(-ae, -a) eritis
	miscuerit	miscuerint	erit	erunt

SUBJUNCTIVE

Pres.	misceam	misceāmus	miscear	misceāmur
	misceās	misceātis	misceāris(-re)	misceāminī
	misceat	misceant	misceātur	misceantur
Impf.	miscērem	miscērēmus	miscērer	miscērēmur
	miscērēs	miscērētis	miscērēris(-re)	miscērēminī
	miscēret	miscērent	miscērētur	miscērentur
Perf.	miscuerim	miscuerimus	mīxtus sim	mīxtī sīmus
	miscueris	miscueritis	(-a, -um) sīs	(-ae, -a) sītis
	miscuerit	miscuerint	sit	sint
Plup.	miscuissem	miscuissēmus	mīxtus essem	mīxtī essēmus
	miscuissēs	miscuissētis	(-a, -um) essēs	(-ae, -a) essētis
	miscuisset	miscuissent	esset	essent

IMPERATIVE

Pres. miscē   miscēte

INFINITIVE

Pres. miscēre   miscērī
Perf. miscuisse   mīxtus(-a, -um) esse
Fut. mīxtūrus(-a, -um) esse

PARTICIPLE

Pres. miscēns(-tis)
Perf.   mīxtus(-a, -um)
Fut. mīxtūrus(-a, -um)   miscendus(-a, -um) (GERUNDIVE)

GERUND miscendī, -ō, -um, -ō SUPINE mīxtum, -ū

mittō

send

	ACTIVE		**PASSIVE**	

INDICATIVE

	ACTIVE		PASSIVE	
Pres.	mittō	mittimus	mittor	mittimur
	mittis	mittitis	mitteris(-re)	mittiminī
	mittit	mittunt	mittitur	mittuntur
Impf.	mittēbam	mittēbāmus	mittēbar	mittēbāmur
	mittēbās	mittēbātis	mittēbāris(-re)	mittēbāminī
	mittēbat	mittēbant	mittēbātur	mittēbantur
Fut.	mittam	mittēmus	mittar	mittēmur
	mittēs	mittētis	mittēris(-re)	mittēminī
	mittet	mittent	mittētur	mittentur
Perf.	mīsī	mīsimus	missus sum	missī sumus
	mīsistī	mīsistis	(-a, -um) es	(-ae, -a) estis
	mīsit	mīsērunt(-re)	est	sunt
Plup.	mīseram	mīserāmus	missus eram	missī erāmus
	mīserās	mīserātis	(-a, -um) erās	(-ae, -a) erātis
	mīserat	mīserant	erat	erant
Fut.	mīserō	mīserimus	missus erō	missī erimus
Perf.	mīseris	mīseritis	(-a, -um) eris	(-ae, -a) eritis
	mīserit	mīserint	erit	erunt

SUBJUNCTIVE

	ACTIVE		PASSIVE	
Pres.	mittam	mittāmus	mittar	mittāmur
	mittās	mittātis	mittāris(-re)	mittāminī
	mittat	mittant	mittātur	mittantur
Impf.	mitterem	mitterēmus	mitterer	mitterēmur
	mitterēs	mitterētis	mitterēris(-re)	mitterēminī
	mitteret	mitterent	mitterētur	mitterentur
Perf.	mīserim	mīserimus	missus sim	missī sīmus
	mīseris	mīseritis	(-a, -um) sīs	(-ae, -a) sītis
	mīserit	mīserint	sit	sint
Plup.	mīsissem	mīsissēmus	missus essem	missī essēmus
	mīsissēs	mīsissētis	(-a, -um) essēs	(-ae, -a) essētis
	mīsisset	mīsissent	esset	essent

IMPERATIVE

Pres.	mitte	mittite

INFINITIVE

Pres.	mittere	mittī
Perf.	mīsisse	missus(-a, -um) esse
Fut.	missūrus(-a, -um) esse	

PARTICIPLE

Pres.	mittēns(-tis)	
Perf.		missus(-a, -um)
Fut.	missūrus(-a, -um)	mittendus(-a, -um) (GERUNDIVE)

GERUND mittendī, -ō, -um, -ō   SUPINE missum, -ū

moneō

moneō, monēre, monuī, monitum   *advise, warn*

	ACTIVE		**PASSIVE**	
		INDICATIVE		
Pres.	moneō	monēmus	moneor	monēmur
	monēs	monētis	monēris(-re)	monēminī
	monet	monent	monētur	monentur
Impf.	monēbam	monēbāmus	monēbar	monēbāmur
	monēbās	monēbātis	monēbāris(-re)	monēbāminī
	monēbat	monēbant	monēbātur	monēbantur
Fut.	monēbō	monēbimus	monēbor	monēbimur
	monēbis	monēbitis	monēberis(-re)	monēbiminī
	monēbit	monēbunt	monēbitur	monēbuntur
Perf.	monuī	monuimus	monitus sum	monitī sumus
	monuistī	monuistis	(-a, -um) es	(-ae, -a) estis
	monuit	monuērunt(-re)	est	sunt
Plup.	monueram	monuerāmus	monitus eram	monitī erāmus
	monuerās	monuerātis	(-a, -um) erās	(-ae, -a) erātis
	monuerat	monuerant	erat	erant
Fut.	monuerō	monuerimus	monitus erō	monitī erimus
Perf.	monueris	monueritis	(-a, -um) eris	(-ae, -a) eritis
	monuerit	monuerint	erit	erunt
		SUBJUNCTIVE		
Pres.	moneam	moneāmus	monear	moneāmur
	moneās	moneātis	moneāris(-re)	moneāminī
	moneat	moneant	moneātur	moneantur
Impf.	monērem	monērēmus	monērer	monērēmur
	monērēs	monērētis	monērēris(-re)	monērēminī
	monēret	monērent	monērētur	monērentur
Perf.	monuerim	monuerimus	monitus sim	monitī sīmus
	monueris	monueritis	(-a, -um) sīs	(-ae, -a) sītis
	monuerit	monuerint	sit	sint
Plup.	monuissem	monuissēmus	monitus essem	monitī essēmus
	monuissēs	monuissētis	(-a, -um) essēs	(-ae, -a) essētis
	monuisset	monuissent	esset	essent

IMPERATIVE

Pres. monē monēte

INFINITIVE

Pres. monēre   monērī
Perf. monuisse   monitus(-a, -um) esse
Fut.   monitūrus(-a, -um) esse

PARTICIPLE

Pres. monēns(-tis)
Perf.   monitus(-a, -um)
Fut.   monitūrus(-a, -um)   monendus(-a, -um) (GERUNDIVE)

GERUND monendī, -ō, -um, -ō   SUPINE monitum, -ū

111

morior, morī, mortuus sum   *die*

ACTIVE

INDICATIVE

Pres.	morior	morimur
	moreris(-re)	moriminī
	moritur	moriuntur

Impf.	moriēbar	moriēbāmur
	moriēbāris(-re)	moriēbāminī
	moriēbātur	moriēbantur

Fut.	moriar	moriēmur
	moriēris	moriēminī
	moriētur	morientur

Perf.	mortuus sum	mortuī sumus
	(-a, -um) es	(-ae, -a) estis
	est	sunt

Plup.	mortuus eram	mortuī erāmus
	(-a, -um) erās	(-ae, -a) erātis
	erat	erant

Fut.	mortuus erō	mortuī erimus
Perf.	(-a, -um) eris	(-ae, -a) eritis
	erit	erunt

SUBJUNCTIVE

Pres.	moriar	moriāmur
	moriāris(-re)	moriāminī
	moriātur	moriantur

Impf.	morerer	morerēmur
	morerēris(-re)	morerēminī
	morerētur	morerentur

Perf.	mortuus sim	mortuī sīmus
	(-a, -um) sīs	(-ae, -a) sītis
	sit	sint

Plup.	mortuus essem	mortuī essēmus
	(-a, -um) essēs	(-ae, -a) essētis
	esset	essent

IMPERATIVE

Pres.	morere	moriminī

INFINITIVE

Pres. morī
Perf. mortuus(-a, -um) esse
Fut. moritūrus(-a, -um) esse

Active	PARTICIPLE	Passive
Pres. moriēns(-tis)		
Perf. mortuus(-a, -um)		
Fut. moritūrus(-a, -um)		moriendus(-a, -um) (GERUNDIVE)

GERUND moriendī, -ō, -um, -ō   SUPINE mortuum, -ū

moror, morārī, morātus sum   *delay,   linger*

ACTIVE

INDICATIVE

Pres.	moror	morāmur
	morāris(-re)	morāminī
	morātur	morantur
Impf.	morābar	morābāmur
	morābāris(-re)	morābāminī
	morābātur	morābantur
Fut.	morābor	morābimur
	morāberis(-re)	morābiminī
	morābitur	morābuntur

Perf.	morātus sum	morātī sumus
	(-a, -um) es	(-ae, -a) estis
	est	sunt
Plup.	morātus eram	morātī erāmus
	(-a, -um) erās	(-ae, -a) erātis
	erat	erant
Fut.	morātus erō	morātī erimus
Perf.	(-a, -um) eris	(-ae, -a) eritis
	erit	erunt

SUBJUNCTIVE

Pres.	morer	morēmur
	morēris(-re)	morēminī
	morētur	morentur
Impf.	morārer	morārēmur
	morārēris(-re)	morārēminī
	morārētur	morārentur

Perf.	morātus sim	morātī sīmus
	(-a, -um) sīs	(-ae, -a) sītis
	sit	sint
Plup.	morātus essem	morātī essēmus
	(-a, -um) essēs	(-ae, -a) essētis
	esset	essent

IMPERATIVE

Pres.	morāre	morāminī

INFINITIVE

Pres.	morārī
Perf.	morātus(-a, -um) esse
Fut.	morātūrus(-a, -um) esse

Active	PARTICIPLE	Passive
Pres.	morāns(-tis)	
Perf.	morātus(-a, -um)	
Fut.	morātūrus(-a, -um)	morandus(-a, -um) (GERUNDIVE)

GERUND morandī, -ō, -um, -ō   SUPINE morātum, -ū

moveō

moveō, movēre, mōvī, mōtum   *move*

<table>
<tr><td colspan="3" align="center">ACTIVE</td><td>PASSIVE</td></tr>
<tr><td colspan="4" align="center">INDICATIVE</td></tr>
</table>

	ACTIVE		**PASSIVE**	
	\[INDICATIVE\]			
Pres.	moveō	movēmus	moveor	movēmur
	movēs	movētis	movēris(-re)	movēminī
	movet	movent	movētur	moventur
Impf.	movēbam	movēbāmus	movēbar	movēbāmur
	movēbās	movēbātis	movēbāris(-re)	movēbāminī
	movēbat	movēbant	movēbātur	movēbantur
Fut.	movēbō	movēbimus	movēbor	movēbimur
	movēbis	movēbitis	movēberis(-re)	movēbiminī
	movēbit	movēbunt	movēbitur	movēbuntur
Perf.	mōvī	mōvimus	mōtus sum	mōtī sumus
	mōvistī	mōvistis	(-a, -um) es	(-ae, -a) estis
	mōvit	mōvērunt(-re)	est	sunt
Plup.	mōveram	mōverāmus	mōtus eram	mōtī erāmus
	mōverās	mōverātis	(-a, -um) erās	(-ae, -a) erātis
	mōverat	mōverant	erat	erant
Fut.	mōverō	mōverimus	mōtus erō	mōtī erimus
Perf.	mōveris	mōveritis	(-a, -um) eris	(-ae, -a) eritis
	mōverit	mōverint	erit	erunt

SUBJUNCTIVE

Pres.	moveam	moveāmus	movear	moveāmur
	moveās	moveātis	moveāris(-re)	moveāminī
	moveat	moveant	moveātur	moveantur
Impf.	movērem	movērēmus	movērer	movērēmur
	movērēs	movērētis	movērēris(-re)	movērēminī
	movēret	movērent	movērētur	movērentur
Perf.	mōverim	mōverimus	mōtus sim	mōtī sīmus
	mōveris	mōveritis	(-a, -um) sīs	(-ae, -a) sītis
	mōverit	mōverint	sit	sint
Plup.	mōvissem	mōvissēmus	mōtus essem	mōtī essēmus
	mōvissēs	mōvissētis	(-a, -um) essēs	(-ae, -a) essētis
	mōvisset	mōvissent	esset	essent

IMPERATIVE

Pres. movē   movēte

INFINITIVE

Pres. movēre   movērī
Perf. mōvisse   mōtus(-a, -um) esse
Fut.   mōtūrus(-a, -um) esse

PARTICIPLE

Pres. movēns(-tis)
Perf.
Fut.   mōtūrus(-a, -um)   mōtus(-a, -um)
                             movendus(-a, -um) (GERUNDIVE)

GERUND movendī, -ō, -um, -ō SUPINE mōtum, -ū

mūtō, mūtāre, mūtāvī, mūtātum — *change*

	ACTIVE		**PASSIVE**	
		INDICATIVE		
Pres.	mūtō	mūtāmus	mūtor	mūtāmur
	mūtās	mūtātis	mūtāris(-re)	mūtāminī
	mūtat	mūtant	mūtātur	mūtantur
Impf.	mūtābam	mūtābāmus	mūtābar	mūtābāmur
	mūtābās	mūtābātis	mūtābāris(-re)	mūtābāminī
	mūtābat	mūtābant	mūtābātur	mūtābantur
Fut.	mūtābō	mūtābimus	mūtābor	mūtābimur
	mūtābis	mūtābitis	mūtāberis(-re)	mūtābiminī
	mūtābit	mūtābunt	mūtābitur	mūtābuntur
Perf.	mūtāvī	mūtāvimus	mūtātus sum	mūtātī sumus
	mūtāvistī	mūtāvistis	(-a, -um) es	(-ae, -a) estis
	mūtāvit	mūtāvērunt(-re)	est	sunt
Plup.	mūtāveram	mūtāverāmus	mūtātus eram	mūtātī erāmus
	mūtāverās	mūtāverātis	(-a, -um) erās	(-ae, -a) erātis
	mūtāverat	mūtāverant	erat	erant
Fut.	mūtāverō	mūtāverimus	mūtātus erō	mūtātī erimus
Perf.	mūtāveris	mūtāveritis	(-a, -um) eris	(-ae, -a) eritis
	mūtāverit	mūtāverint	erit	erint
		SUBJUNCTIVE		
Pres.	mūtem	mūtēmus	mūter	mūtēmur
	mūtēs	mūtētis	mūtēris(-re)	mūtēminī
	mūtet	mūtent	mūtētur	mūtentur
Impf.	mūtārem	mūtārēmus	mūtārer	mūtārēmur
	mūtārēs	mūtārētis	mūtārēris(-re)	mūtārēminī
	mūtāret	mūtārent	mūtārētur	mūtārentur
Perf.	mūtāverim	mūtāverimus	mūtātus sim	mūtātī sīmus
	mūtāveris	mūtāveritis	(-a, -um) sīs	(-ae, -a) sītis
	mūtāverit	mūtāverint	sit	sint
Plup.	mūtāvissem	mūtāvissēmus	mūtātus essem	mūtātī essēmus
	mūtāvissēs	mūtāvissētis	(-a, -um) essēs	(-ae, -a) essētis
	mūtāvisset	mūtāvissent	esset	essent

IMPERATIVE

Pres. mūtā mūtāte

INFINITIVE

Pres. mūtāre — mūtārī
Perf. mūtāvisse — mūtātus(-a, -um) esse
Fut. mūtātūrus(-a, -um) esse

PARTICIPLE

Pres. mūtāns(-tis)
Perf. — mūtātus(-a, -um)
Fut. mūtātūrus(-a, -um) — mūtandus(-a, -um) (GERUNDIVE)

GERUND mūtandī, -ō, -um, -ō SUPINE mūtātum, -ū

nancīscor, nancīscī, nactus *or* nanctus sum   *find*

ACTIVE

INDICATIVE

Pres.	nancīscor	nancīscimur
	nancīsceris(-re)	nancīsciminī
	nancīscitur	nancīscuntur
Impf.	nancīscēbar	nancīscēbāmur
	nancīscēbāris(-re)	nancīscēbāminī
	nancīscēbātur	nancīscēbantur
Fut.	nancīscar	nancīscēmur
	nancīscēris(-re)	nancīscēminī
	nancīscētur	nancīscentur

Perf.	nanctus (nactus)	sum	nanctī (nactī)	sumus
	(-a, -um)	es	(-ae, -a)	estis
		est		sunt
Plup.	nanctus (nactus)	eram	nanctī (nactī)	erāmus
	(-a, -um)	erās	(-ae, -a)	erātis
		erat		erant
Fut.	nanctus (nactus)	erō	nanctī (nactī)	erimus
Perf.	(-a, -um)	eris	(-ae, -a)	eritis
		erit		erunt

SUBJUNCTIVE

Pres.	nancīscar	nancīscāmur
	nancīscāris(-re)	nancīscāminī
	nancīscātur	nancīscantur
Impf.	nancīscerer	nancīscerēmur
	nancīscerēris(-re)	nancīscerēminī
	nancīscerētur	nancīscerentur

Perf.	nanctus (nactus)	sim	nanctī (nactī)	sīmus
	(-a, -um)	sīs	(-ae, -a)	sītis
		sit		sint
Plup.	nanctus (nactus)	essem	nanctī (nactī)	essēmus
	(-a, -um)	essēs	(-ae, -a)	essētis
		esset		essent

IMPERATIVE

Pres.	nancīscere	nancīsciminī

INFINITIVE

Pres.	nancīscī
Perf.	nanctus (nactus) (-a, -um) esse
Fut.	nanctūrus(-a, -um) esse

Active	PARTICIPLE	**Passive**
Pres.	nancīscēns(-tis)	
Perf.	nanctus (nactus) (-a, -um)	
Fut.	nanctūrus(-a, -um)	nancīscendus(-a, -um) (GERUNDIVE)

GERUND nancīscendī, -ō, -um, -ō   SUPINE nanctum (nactum), -ū

nārrō, nārrāre, nārrāvī, nārrātum   *relate, tell*

ACTIVE		PASSIVE	
INDICATIVE			

Pres.
nārrō nārrāmus (nārror) (nārrāmur)
nārrās nārrātis (nārrāris(-re)) (nārrāminī)
nārrat nārrant nārrātur nārrantur

Impf.
nārrābam nārrābāmus (nārrābar) (nārrābāmur)
nārrābās nārrābātis (nārrābāris(-re)) (nārrābāminī)
nārrābat nārrābant nārrābātur nārrābantur

Fut.
nārrābō nārrābimus (nārrābor) (nārrābimur)
nārrābis nārrābitis (nārrāberis(-re)) (nārrābiminī)
nārrābit nārrābunt nārrābitur nārrābuntur

Perf.
nārrāvī nārrāvimus nārrātus (sum) nārrātī (sumus)
nārrāvistī nārrāvistis (-a, -um) (es) (-ae, -a) (estis)
nārrāvit nārrāvērunt(-re) est sunt

Plup.
nārrāveram nārrāverāmus nārrātus (eram) nārrātī (erāmus)
nārrāverās nārrāverātis (-a, -um) (erās) (-ae, -a) (erātis)
nārrāverat nārrāverant erat erant

Fut.
nārrāverō nārrāverimus nārrātus (erō) nārrātī (erimus)
Perf.
nārrāveris nārrāveritis (-a, -um) (eris) (-ae, -a) (eritis)
nārrāverit nārrāverint erit erunt

SUBJUNCTIVE

Pres.
nārrem nārrēmus (nārrer) (nārrēmur)
nārrēs nārrētis (nārrēris(-re)) (nārrēminī)
nārret nārrent nārrētur nārrentur

Impf.
nārrārem nārrārēmus (nārrārer) (nārrārēmur)
nārrārēs nārrārētis (nārrārēris(-re)) (nārrārēminī)
nārrāret nārrārent nārrārētur nārrārentur

Perf.
nārrāverim nārrāverimus nārrātus (sim) nārrātī (sīmus)
nārrāveris narrāveritis (-a, -um) (sīs) (-ae, -a) (sītis)
nārrāverit nārrāverint sit sint

Plup.
nārrāvissem nārrāvissēmus nārrātus (essem) nārrātī (essēmus)
nārrāvissēs nārrāvissētis (-a, -um) (essēs) (-ae, -a) (essētis)
nārrāvisset nārrāvissent esset essent

IMPERATIVE

Pres. nārrā nārrāte

INFINITIVE

Pres. nārrāre nārrārī
Perf. nārrāvisse nārrātus(-a, -um) esse
Fut. nārrātūrus(-a, -um) esse

PARTICIPLE

Pres. nārrāns(-tis)
Perf. nārrātus(-a, -um)
Fut. nārrātūrus(-a, -um) nārrandus(-a, -um) (GERUNDIVE)

GERUND nārrandī, -ō, -um, -ō   SUPINE nārrātum, -ū

117

nāscor

be born

ACTIVE
INDICATIVE

Pres.	nāscor	nāscimur
	nāsceris(-re)	nāsciminī
	nāscitur	nāscuntur

Impf.	nāscēbar	nāscēbāmur
	nāscēbāris(-re)	nāscēbāminī
	nāscēbātur	nāscēbantur

Fut.	nāscar	nāscēmur
	nāscēris(-re)	nāscēminī
	nāscētur	nāscentur

Perf.	nātus sum	nātī sumus
	(-a, -um) es	(-ae, -a) estis
	est	sunt

Plup.	nātus eram	nātī erāmus
	(-a, -um) erās	(-ae, -a) erātis
	erat	erant

Fut.	nātus erō	nātī erimus
Perf.	(-a, -um) eris	(-ae, -a) eritis
	erit	erunt

SUBJUNCTIVE

Pres.	nāscar	nāscāmur
	nāscāris(-re)	nāscāminī
	nāscātur	nāscantur

Impf.	nāscerer	nāscerēmur
	nāscerēris(-re)	nāscerēminī
	nāscerētur	nāscerentur

Perf.	nātus sim	nātī sīmus
	(-a, -um) sīs	(-ae, -a) sītis
	sit	sint

Plup.	nātus essem	nātī essēmus
	(-a, -um) essēs	(-ae, -a) essētis
	esset	essent

IMPERATIVE

| *Pres.* | nāscere | nāsciminī |

INFINITIVE

Pres. nāscī
Perf. nātus(-a, -um) esse
Fut. nātūrus(-a, -um) esse

Active   PARTICIPLE   **Passive**

Pres. nāscēns(-tis)
Perf. nātus(-a, -um)
Fut. nātūrus(-a, -um)   nāscendus(-a, -um) (GERUNDIVE)

GERUND nāscendī, -ō, -um, -ō   SUPINE nātum, -ū

nego

negō, negāre, negāvī, negātum   *deny*

ACTIVE		PASSIVE	

INDICATIVE

Pres. nego negāmus negor negāmur
negās negātis negāris(-re) negāminī
negat negant negātur negantur

Impf. negābam negābāmus negābar negābāmur
negābās negābātis negābāris(-re) negābāminī
negābat negābant negābātur negābantur

Fut. negābō negābimus negābor negābimur
negābis negābitis negāberis(-re) negābiminī
negābit negābunt negābitur negābuntur

Perf. negāvī negāvimus negātus sum negātī sumus
negāvistī negāvistis (-a, -um) es (-ae, -a) estis
negāvit negāvērunt(-re) est sunt

Plup. negāveram negāverāmus negātus eram negātī erāmus
negāverās negāverātis (-a, -um) erās (-ae, -a) erātis
negāverat negāverant erat erant

Fut. negāverō negāverimus negātus erō negātī erimus
Perf. negāveris negāveritis (-a, -um) eris (-ae, -a) eritis
negāverit negāverint erit erunt

SUBJUNCTIVE

Pres. negem negēmus neger negēmur
negēs negētis negēris(-re) negēminī
neget negent negētur negentur

Impf. negārem negārēmus negārer negārēmur
negārēs negārētis negārēris(-re) negārēminī
negāret negārent negārētur negārentur

Perf. negāverim negāverimus negātus sim negātī sīmus
negāveris negāveritis (-a, -um) sīs (-ae, -a) sītis
negāverit negāverint sit sint

Plup. negāvissem negāvissēmus negātus essem negātī essēmus
negāvissēs negāvissētis (-a, -um) essēs (-ae, -a) essētis
negāvisset negāvissent esset essent

IMPERATIVE

Pres. negā negāte

INFINITIVE

Pres. negāre negārī
Perf. negāvisse negātus(-a, -um) esse
Fut. negātūrus(-a, -um) esse

PARTICIPLE

Pres. negāns(-tis)
Perf. negātus(-a, -um)
Fut. negātūrus(-a, -um) negandus(-a, -um) (GERUNDIVE)

GERUND negandī, -ō, -um, -ō   SUPINE negātum, -ū

noceō, nocēre, nocuī, nocitūrus   *harm*

ACTIVE

INDICATIVE

Pres.	noceō	nocēmus
	nocēs	nocētis
	nocet	nocent
Impf.	nocēbam	nocēbāmus
	nocēbās	nocēbātis
	nocēbat	nocēbant
Fut.	nocēbō	nocēbimus
	nocēbis	nocēbitis
	nocēbit	nocēbunt
Perf.	nocuī	nocuimus
	nocuistī	nocuistis
	nocuit	nocuērunt(-re)
Plup.	nocueram	nocuerāmus
	nocuerās	nocuerātis
	nocuerat	nocuerant
Fut.	nocuerō	nocuerimus
Perf.	nocueris	nocueritis
	nocuerit	nocuerint

SUBJUNCTIVE

Pres.	noceam	noceāmus
	noceās	noceātis
	noceat	noceant
Impf.	nocērem	nocērēmus
	nocērēs	nocērētis
	nocēret	nocērent
Perf.	nocuerim	nocuerimus
	nocueris	nocueritis
	nocuerit	nocuerint
Plup.	nocuissem	nocuissēmus
	nocuissēs	nocuissētis
	nocuisset	nocuissent

IMPERATIVE

Pres.	nocē	nocēte

INFINITIVE

Pres.	nocēre
Perf.	nocuisse
Fut.	nocitūrus(-a, -um) esse

	Active	PARTICIPLE	Passive
Pres.	nocēns(-tis)		
Perf.	———		
Fut.	nocitūrus(-a, -um)		nocendus(-a, -um) (GERUNDIVE)

GERUND nocendī, -ō, -um, -ō   SUPINE ———

nōlō, nōlle, nōluī   *be unwilling,   not want*

ACTIVE

INDICATIVE

Pres.	nōlō	nōlumus
	nōn vīs	nōn vultis
	nōn vult	nōlunt
Impf.	nōlēbam	nōlēbāmus
	nōlēbās	nōlēbātis
	nōlēbat	nōlēbant
Fut.	nōlam	nōlēmus
	nōlēs	nōlētis
	nōlet	nōlent
Perf.	nōluī	nōluimus
	nōluistī	nōluistis
	nōluit	nōluērunt(-re)
Plup.	nōlueram	nōluerāmus
	nōluerās	nōluerātis
	nōluerat	nōluerant
Fut.	nōluerō	nōluerimus
Perf.	nōlueris	nōlueritis
	nōluerit	nōluerint

SUBJUNCTIVE

Pres.	nōlim	nōlimus
	nōlis	nōlitis
	nōlit	nōlint
Impf.	nōllem	nōllēmus
	nōllēs	nōllētis
	nōllet	nōllent
Perf.	nōluerim	nōluerimus
	nōlueris	nōlueritis
	nōluerit	nōluerint
Plup.	nōluissem	nōluissēmus
	nōluissēs	nōluissētis
	nōluisset	nōluissent

IMPERATIVE

Pres.	nōlī	nōlīte

INFINITIVE

Pres.	nōlle
Perf.	nōluisse
Fut.	―――――

PARTICIPLE

Pres.	nōlēns(-tis)

121

nōscō

nōscō, nōscere, nōvī, nōtum   *become acquainted,* **know**

<table>
<tr><th colspan="3">ACTIVE</th><th colspan="2">PASSIVE</th></tr>
<tr><td colspan="5" align="center">INDICATIVE</td></tr>
<tr><td>*Pres.*</td><td>nōscō</td><td>nōscimus</td><td>nōscor</td><td>nōscimur</td></tr>
<tr><td></td><td>nōscis</td><td>nōscitis</td><td>nōsceris(-re)</td><td>nōsciminī</td></tr>
<tr><td></td><td>nōscit</td><td>nōscunt</td><td>nōscitur</td><td>nōscuntur</td></tr>
<tr><td>*Impf.*</td><td>nōscēbam</td><td>nōscēbāmus</td><td>nōscēbar</td><td>nōscēbāmur</td></tr>
<tr><td></td><td>nōscēbās</td><td>nōscēbātis</td><td>nōscēbāris(-re)</td><td>nōscēbāminī</td></tr>
<tr><td></td><td>nōscēbat</td><td>nōscēbant</td><td>nōscēbātur</td><td>nōscēbantur</td></tr>
<tr><td>*Fut.*</td><td>nōscam</td><td>nōscēmus</td><td>nōscar</td><td>nōscēmur</td></tr>
<tr><td></td><td>nōscēs</td><td>nōscētis</td><td>nōscēris(-re)</td><td>nōscēminī</td></tr>
<tr><td></td><td>nōscet</td><td>nōscent</td><td>nōscētur</td><td>nōscentur</td></tr>
<tr><td>*Perf.*</td><td>nōvī</td><td>nōvimus</td><td>nōtus sum</td><td>nōtī sumus</td></tr>
<tr><td></td><td>nōvistī</td><td>nōvistis</td><td>(-a, -um) es</td><td>(-ae, -a) estis</td></tr>
<tr><td></td><td>nōvit</td><td>nōvērunt(-re)</td><td>est</td><td>sunt</td></tr>
<tr><td>*Plup.*</td><td>nōveram</td><td>nōverāmus</td><td>nōtus eram</td><td>nōtī erāmus</td></tr>
<tr><td></td><td>nōverās</td><td>nōverātis</td><td>(-a, -um) erās</td><td>(-ae, -a) erātis</td></tr>
<tr><td></td><td>nōverat</td><td>nōverant</td><td>erat</td><td>erant</td></tr>
<tr><td>*Fut.*</td><td>nōverō</td><td>nōverimus</td><td>nōtus erō</td><td>nōtī erimus</td></tr>
<tr><td>*Perf.*</td><td>nōveris</td><td>nōveritis</td><td>(-a, -um) eris</td><td>(-ae, -a) eritis</td></tr>
<tr><td></td><td>nōverit</td><td>nōverint</td><td>erit</td><td>erunt</td></tr>
<tr><td colspan="5" align="center">SUBJUNCTIVE</td></tr>
<tr><td>*Pres.*</td><td>nōscam</td><td>nōscāmus</td><td>nōscar</td><td>nōscāmur</td></tr>
<tr><td></td><td>nōscās</td><td>nōscātis</td><td>nōscāris(-re)</td><td>nōscāminī</td></tr>
<tr><td></td><td>nōscat</td><td>nōscant</td><td>nōscātur</td><td>nōscantur</td></tr>
<tr><td>*Impf.*</td><td>nōscerem</td><td>nōscerēmus</td><td>nōscerer</td><td>nōscerēmur</td></tr>
<tr><td></td><td>nōscerēs</td><td>nōscerētis</td><td>nōscerēris(-re)</td><td>nōscerēminī</td></tr>
<tr><td></td><td>nōsceret</td><td>nōscerent</td><td>nōscerētur</td><td>nōscerentur</td></tr>
<tr><td>*Perf.*</td><td>nōverim</td><td>nōverimus</td><td>nōtus sim</td><td>nōtī sīmus</td></tr>
<tr><td></td><td>nōveris</td><td>nōveritis</td><td>(-a, -um) sīs</td><td>(-ae, -a) sītis</td></tr>
<tr><td></td><td>nōverit</td><td>nōverint</td><td>sit</td><td>sint</td></tr>
<tr><td>*Plup.*</td><td>nōvissem</td><td>nōvissēmus</td><td>nōtus essem</td><td>nōtī essēmus</td></tr>
<tr><td></td><td>nōvissēs</td><td>nōvissētis</td><td>(-a, -um) essēs</td><td>(-ae, -a) essētis</td></tr>
<tr><td></td><td>nōvisset</td><td>nōvissent</td><td>esset</td><td>essent</td></tr>
</table>

IMPERATIVE
Pres. nōsce   nōscite

INFINITIVE
Pres. nōscere   nōscī
Perf. nōvisse   nōtus(-a, -um) esse
Fut.   nōtūrus(-a, -um) esse

PARTICIPLE
Pres. nōscēns(-tis)
Perf.   nōtus(-a, -um)
Fut.   nōtūrus(-a, -um)   nōscendus(-a, -um) (GERUNDIVE)

GERUND nōscendī, -ō, -um, -ō   SUPINE nōtum, -ū

nūntiō, nūntiāre, nūntiāvī, nūntiātum   *announce*

ACTIVE		PASSIVE	
INDICATIVE			

	ACTIVE		PASSIVE	
Pres.	nūntiō	nūntiāmus	nūntior	nūntiāmur
	nūntiās	nūntiātis	nūntiāris(-re)	nūntiāminī
	nūntiat	nūntiant	nūntiātur	nūntiantur
Impf.	nūntiābam	nūntiābāmus	nūntiābar	nūntiābāmur
	nūntiābās	nūntiābātis	nūntiābāris(-re)	nūntiābāminī
	nūntiābat	nūntiābant	nūntiābātur	nūntiābantur
Fut.	nūntiābō	nūntiābimus	nūntiābor	nūntiābimur
	nūntiābis	nūntiābitis	nūntiāberis(-re)	nūntiābiminī
	nūntiābit	nūntiābunt	nūntiābitur	nūntiābuntur
Perf.	nūntiāvī	nūntiāvimus	nūntiātus sum	nūntiātī sumus
	nūntiāvistī	nūntiāvistis	(-a, -um) es	(-ae, -a) estis
	nūntiāvit	nūntiāvērunt(-re)	est	sunt
Plup.	nūntiāveram	nūntiāverāmus	nūntiātus eram	nūntiātī erāmus
	nūntiāverās	nūntiāverātis	(-a, -um) erās	(-ae, -a) erātis
	nūntiāverat	nūntiāverant	erat	erant
Fut.	nūntiāverō	nūntiāverimus	nūntiātus erō	nūntiātī erimus
Perf.	nūntiāveris	nūntiāveritis	(-a, -um) eris	(-ae, -a) eritis
	nūntiāverit	nūntiāverint	erit	erunt

	SUBJUNCTIVE			
Pres.	nūntiem	nūntiēmus	nūntier	nūntiēmur
	nūntiēs	nūntiētis	nūntiēris(-re)	nūntiēminī
	nūntiet	nūntient	nūntiētur	nūntientur
Impf.	nūntiārem	nūntiārēmus	nūntiārer	nūntiārēmur
	nūntiārēs	nūntiārētis	nūntiārēris(-re)	nūntiārēminī
	nūntiāret	nūntiārent	nūntiārētur	nūntiārentur
Perf.	nūntiāverim	nūntiāverimus	nūntiātus sim	nūntiātī sīmus
	nūntiāveris	nūntiāveritis	(-a, -um) sīs	(-ae, -a) sītis
	nūntiāverit	nūntiāverint	sit	sint
Plup.	nūntiāvissem	nūntiāvissēmus	nūntiātus essem	nūntiātī essēmus
	nūntiāvissēs	nūntiāvissētis	(-a, -um) essēs	(-ae, -a) essētis
	nūntiāvisset	nūntiāvissent	esset	essent

IMPERATIVE

Pres.   nūntiā   nūntiāte

INFINITIVE

Pres.	nūntiāre	nūntiārī
Perf.	nūntiāvisse	nūntiātus(-a, -um) esse
Fut.	nūntiātūrus(-a, -um) esse	

PARTICIPLE

Pres.	nūntiāns(-tis)	
Perf.		nūntiātus(-a, -um)
Fut.	nūntiātūrus(-a, -um)	nūntiandus(-a, -um) (GERUNDIVE)

GERUND nūntiandī, -ō, -um, -ō   SUPINE nūntiātum, -ū

oblīvīscor, oblīvīscī, oblītus sum   *forget*

ACTIVE

INDICATIVE

Pres.	oblīvīscor	oblīvīscimur
	oblīvīsceris(-re)	oblīvīsciminī
	oblīvīscitur	oblīvīscuntur
Impf.	oblīvīscēbar	oblīvīscēbāmur
	oblīvīscēbāris(-re)	oblīvīscēbāminī
	oblīvīscēbātur	oblīvīscēbantur
Fut.	oblīvīscar	oblīvīscēmur
	oblīvīscēris(-re)	oblīvīscēminī
	oblīvīscētur	oblīvīscentur
Perf.	oblītus sum	oblītī sumus
	(-a, -um) es	(-ae, -a) estis
	est	sunt
Plup.	oblītus eram	oblītī erāmus
	(-a, -um) erās	(-ae, -a) erātis
	erat	erant
Fut.	oblītus erō	oblītī erimus
Perf.	(-a, -um) eris	(-ae, -a) eritis
	erit	erunt

SUBJUNCTIVE

Pres.	oblīvīscar	oblīvīscāmur
	oblīvīscāris(-re)	oblīvīscāminī
	oblīvīscātur	oblīvīscantur
Impf.	oblīvīscerer	oblīvīscerēmur
	oblīvīscerēris(-re)	oblīvīscerēminī
	oblīvīscerētur	oblīvīscerentur
Perf.	oblītus sim	oblītī sīmus
	(-a, -um) sīs	(-ae, -a) sītis
	sit	sint
Plup.	oblītus essem	oblītī essēmus
	(-a, -um) essēs	(-ae, -a) essētis
	esset	essent

IMPERATIVE

Pres.	oblīvīscere	oblīvīsciminī

INFINITIVE

Pres.	oblīvīscī
Perf.	oblītus(-a, -um) esse
Fut.	oblītūrus(-a, -um) esse

	PARTICIPLE	
Active		**Passive**
Pres.	oblīvīscēns(-tis)	
Perf.	oblītus(-a. -um)	
Fut.	oblītūrus(-a, -um)	oblīvīscendus(-a, -um) (GERUNDIVE)

GERUND oblīvīscendī, -ō, -um, -ō   SUPINE oblītum, -ū

occīdō, occīdere, occīdī, occīsum   *kill*

ACTIVE		PASSIVE	

INDICATIVE

	ACTIVE		PASSIVE	
Pres.	occīdō	occīdimus	occīdor	occīdimur
	occīdis	occīditis	occīderis(-re)	occīdiminī
	occīdit	occīdunt	occīditur	occīduntur
Impf.	occīdēbam	occīdēbāmus	occīdēbar	occīdēbāmur
	occīdēbās	occīdēbātis	occīdēbāris(-re)	occīdēbāminī
	occīdēbat	occīdēbant	occīdēbātur	occīdēbantur
Fut.	occīdam	occīdēmus	occīdar	occīdēmur
	occīdēs	occīdētis	occīdēris(-re)	occīdēminī
	occīdet	occīdent	occīdētur	occīdentur
Perf.	occīdī	occīdimus	occīsus sum	occīsī sumus
	occīdistī	occīdistis	(-a, -um) es	(-ae, -a) estis
	occīdit	occīdērunt(-re)	est	sunt
Plup.	occīderam	occīderāmus	occīsus eram	occīsī erāmus
	occīderās	occīderātis	(-a, -um) erās	(-ae, -a) erātis
	occīderat	occīderant	erat	erant
Fut.	occīderō	occīderimus	occīsus erō	occīsī erimus
Perf.	occīderis	occīderitis	(-a, -um) eris	(-ae, -a) eritis
	occīderit	occīderint	erit	erunt

SUBJUNCTIVE

	ACTIVE		PASSIVE	
Pres.	occīdam	occīdāmus	occīdar	occīdāmur
	occīdās	occīdātis	occīdāris(-re)	occīdāminī
	occīdat	occīdant	occidātur	occīdantur
Impf.	occīderem	occīderēmus	occīderer	occīderēmur
	occīderēs	occīderētis	occīderēris(-re)	occīderēminī
	occīderet	occīderent	occīderētur	occīderentur
Perf.	occīderim	occīderimus	occīsus sim	occīsī sīmus
	occīderis	occīderitis	(-a, -um) sīs	(-ae, -a) sītis
	occīderit	occīderint	sit	sint
Plup.	occīdissem	occīdissēmus	occīsus essem	occīsī essēmus
	occīdissēs	occīdissētis	(-a, -um) essēs	(-ae, -a) essētis
	occīdisset	occīdissent	esset	essent

IMPERATIVE

Pres.   occīde   occīdite

INFINITIVE

Pres.	occīdere	occīdī
Perf.	occīdisse	occīsus(-a, -um) esse
Fut.	occīsūrus(-a, -um) esse	

PARTICIPLE

Pres.	occīdēns(-tis)	
Perf.		occīsus(-a, -um)
Fut.	occīsūrus(-a, -um)	occīdendus(-a, -um) (GERUNDIVE)

GERUND occīdendī, -ō, -um, -ō   SUPINE occīsum, -ū

occupō

occupō, occupāre, occupāvī, occupātum   *seize*

<table>
<tr><td colspan="2" align="center">**ACTIVE**</td><td colspan="2" align="center">**PASSIVE**</td></tr>
<tr><td colspan="4" align="center">I N D I C A T I V E</td></tr>
<tr><td>*Pres.* occupō</td><td>occupāmus</td><td>occupor</td><td>occupāmur</td></tr>
<tr><td>occupās</td><td>occupātis</td><td>occupāris(-re)</td><td>occupāminī</td></tr>
<tr><td>occupat</td><td>occupant</td><td>occupātur</td><td>occupant</td></tr>
<tr><td>*Impf.* occupābam</td><td>occupābāmus</td><td>occupābar</td><td>occupābāmur</td></tr>
<tr><td>occupābās</td><td>occupābātis</td><td>occupābāris(-re)</td><td>occupābāminī</td></tr>
<tr><td>occupābat</td><td>occupābant</td><td>occupābātur</td><td>occupābantur</td></tr>
<tr><td>*Fut.* occupābō</td><td>occupābimus</td><td>occupābor</td><td>occupābimur</td></tr>
<tr><td>occupābis</td><td>occupābitis</td><td>occupāberis(-re)</td><td>occupābiminī</td></tr>
<tr><td>occupābit</td><td>occupābunt</td><td>occupābitur</td><td>occupābuntur</td></tr>
<tr><td>*Perf.* occupāvī</td><td>occupāvimus</td><td>occupātus sum</td><td>occupātī sumus</td></tr>
<tr><td>occupāvistī</td><td>occupāvistis</td><td>(-a, -um) es</td><td>(-ae, -a) estis</td></tr>
<tr><td>occupāvit</td><td>occupāvērunt(-re)</td><td>est</td><td>sunt</td></tr>
<tr><td>*Plup.* occupāveram</td><td>occupāverāmus</td><td>occupātus eram</td><td>occupātī erāmus</td></tr>
<tr><td>occupāverās</td><td>occupāverātis</td><td>(-a, -um) erās</td><td>(-ae, -a) erātis</td></tr>
<tr><td>occupāverat</td><td>occupāverant</td><td>erat</td><td>erant</td></tr>
<tr><td>*Fut.* occupāverō</td><td>occupāverimus</td><td>occupātus erō</td><td>occupātī erimus</td></tr>
<tr><td>*Perf.* occupāveris</td><td>occupāveritis</td><td>(-a, -um) eris</td><td>(-ae, -a) eritis</td></tr>
<tr><td>occupāverit</td><td>occupāverint</td><td>erit</td><td>erunt</td></tr>
<tr><td colspan="4" align="center">S U B J U N C T I V E</td></tr>
<tr><td>*Pres.* occupem</td><td>occupēmus</td><td>occuper</td><td>occupēmur</td></tr>
<tr><td>occupēs</td><td>occupētis</td><td>occupēris(-re)</td><td>occupēminī</td></tr>
<tr><td>occupet</td><td>occupent</td><td>occupētur</td><td>occupentur</td></tr>
<tr><td>*Impf.* occupārem</td><td>occupārēmus</td><td>occupārer</td><td>occupārēmur</td></tr>
<tr><td>occupārēs</td><td>occupārētis</td><td>occupārēris(-re)</td><td>occupārēminī</td></tr>
<tr><td>occupāret</td><td>occupārent</td><td>occupārētur</td><td>occupārentur</td></tr>
<tr><td>*Perf.* occupāverim</td><td>occupāverimus</td><td>occupātus sim</td><td>occupātī sīmus</td></tr>
<tr><td>occupāveris</td><td>occupāveritis</td><td>(-a, -um) sīs</td><td>(-ae, -a) sītis</td></tr>
<tr><td>occupāverit</td><td>occupāverint</td><td>sit</td><td>sint</td></tr>
<tr><td>*Plup.* occupāvissem</td><td>occupāvissēmus</td><td>occupātus essem</td><td>occupātī essēmus</td></tr>
<tr><td>occupāvissēs</td><td>occupāvissētis</td><td>(-a, -um) essēs</td><td>(-ae, -a) essētis</td></tr>
<tr><td>occupāvisset</td><td>occupāvissent</td><td>esset</td><td>essent</td></tr>
</table>

I M P E R A T I V E

Pres. occupā   occupāte

I N F I N I T I V E

Pres. occupāre   occupārī
Perf. occupāvisse   occupātus(-a, -um) esse
Fut. occupātūrus(-a, -um) esse

P A R T I C I P L E

Pres. occupāns(-tis)
Perf.   occupātus(-a, -um)
Fut. occupātūrus(-a, -um)   occupandus(-a, -um) (GERUNDIVE)

GERUND occupandī, -ō, -um, -ō   SUPINE occupātum, -ū

ōdī, ōdisse   *hate (Perfect in form, Present in meaning)*

ACTIVE

INDICATIVE

Pres.

Impf.

Fut.

Perf.	ōdī	ōdimus
	ōdistī	ōdistis
	ōdit	ōdērunt(-re)
Plup.	ōderam	ōderāmus
	ōderās	ōderātis
	ōderat	ōderant
Fut.	ōderō	ōderimus
Perf.	ōderis	ōderitis
	ōderit	ōderint

SUBJUNCTIVE

Pres.

Impf.

Perf.	ōderim	ōderimus
	ōderis	ōderitis
	ōderit	ōderint
Plup.	ōdissem	ōdissēmus
	ōdissēs	ōdissētis
	ōdisset	ōdissent

IMPERATIVE

Pres.

INFINITIVE

Pres. ———
Perf. ōdisse
Fut. ———

PARTICIPLE

Pres.
Perf.
Fut.

GERUND ——— SUPINE ———

oportet, oportēre, oportuit

is fitting, ought
(Impers.)

ACTIVE

I N D I C A T I V E

Pres. ———
———
oportet

Impf. ———
———
oportēbat

Fut. ———
———
oportēbit

Perf. ———
———
oportuit

Plup. ———
———
oportuerat

Fut.
Perf. ———
———
oportuerit

S U B J U N C T I V E

Pres. ———
———
oporteat

Impf. ———
———
oportēret

Perf. ———
———
oportuerit

Plup. ———
———
oportuisset

I M P E R A T I V E

Pres.

I N F I N I T I V E

Pres. oportēre
Perf. oportuisse
Fut. ———

P A R T I C I P L E

Pres.
Perf.
Fut.

GERUND ——— SUPINE ———

orior, orīrī, ortus sum   *rise*

ACTIVE

INDICATIVE

Pres. orior   orīmur
      orīris(-re)   orīminī
      orītur   oriuntur

Impf. oriēbar   oriēbāmur
      oriēbāris(-re)   oriēbāminī
      oriēbātur   oriēbantur

Fut. oriar   oriēmur
      oriēris(-re)   oriēminī
      oriētur   orientur

Perf. ortus   sum   ortī   sumus
      (-a, -um) es   (-ae, -a) estis
         est   sunt

Plup. ortus   eram   ortī   erāmus
      (-a, -um) erās   (-ae, -a) erātis
         erat   erant

Fut. ortus   erō   ortī   erimus
Perf. (-a, -um) eris   (-ae, -a) eritis
         erit   erunt

SUBJUNCTIVE

Pres. oriar   oriāmur
      oriāris(-re)   oriāminī
      oriātur   oriantur

Impf. orīrer   orīrēmur
      orīrēris(-re)   orīrēminī
      orīrētur   orīrentur

Perf. ortus   sim   ortī   sīmus
      (-a, -um) sīs   (-ae, -a) sītis
         sit   sint

Plup. ortus   essem   ortī   essēmus
      (-a, -um) essēs   (-ae, -a) essētis
         esset   essent

IMPERATIVE

Pres. orīre   orīminī

INFINITIVE

Pres. orīrī
Perf. ortus(-a, -um) esse
Fut. ortūrus(-a, -um) esse

PARTICIPLE

Pres. oriēns(-tis)
Perf. ortus(-a, -um)
Fut. ortūrus(-a, -um)

GERUND oriendī, -ō, -um, -ō SUPINE ortum, -ū

ōrō, ōrāre, ōrāvī, ōrātum   *beg, plead*

	ACTIVE		PASSIVE	
		INDICATIVE		
Pres.	ōrō	ōrāmus	ōror	ōrāmur
	ōrās	ōrātis	ōrāris(-re)	ōrāminī
	ōrat	ōrant	ōrātur	ōrantur
Impf.	ōrābam	ōrābāmus	ōrābar	ōrābāmur
	ōrābās	ōrābātis	ōrābāris(-re)	ōrābāminī
	ōrābat	ōrābant	ōrābātur	ōrābantur
Fut.	ōrābō	ōrābimus	ōrābor	ōrābimur
	ōrābis	ōrābitis	ōrāberis(-re)	ōrābiminī
	ōrābit	ōrābunt	ōrābitur	ōrābuntur
Perf.	ōrāvī	ōrāvimus	ōrātus sum	ōrātī sumus
	ōrāvistī	ōrāvistis	(-a, -um) es	(-ae, -a) estis
	ōrāvit	ōrāvērunt(-re)	est	sunt
Plup.	ōrāveram	ōrāverāmus	ōrātus eram	ōrātī erāmus
	ōrāverās	ōrāverātis	(-a, -um) erās	(-ae, -a) erātis
	ōrāverat	ōrāverant	erat	erant
Fut.	ōrāverō	ōrāverimus	ōrātus erō	ōrātī erimus
Perf.	ōrāveris	ōrāveritis	(-a, -um) eris	(-ae, -a) eritis
	ōrāverit	ōrāverint	erit	erunt
		SUBJUNCTIVE		
Pres.	ōrem	ōrēmus	ōrer	ōrēmur
	ōrēs	ōrētis	ōrēris(-re)	ōrēminī
	ōret	ōrent	ōrētur	ōrentur
Impf.	ōrārem	ōrārēmus	ōrārer	ōrārēmur
	ōrārēs	ōrārētis	ōrārēris(-re)	ōrārēminī
	ōrāret	ōrārent	ōrārētur	ōrārentur
Perf.	ōrāverim	ōrāverimus	ōrātus sim	ōrātī sīmus
	ōrāveris	ōrāveritis	(-a, -um) sīs	(-ae, -a) sītis
	ōrāverit	ōrāverint	sit	sint
Plup.	ōrāvissem	ōrāvissēmus	ōrātus essem	ōrātī essēmus
	ōrāvissēs	ōrāvissētis	(-a, -um) essēs	(-ae, -a) essētis
	ōrāvisset	ōrāvissent	esset	essent

IMPERATIVE

Pres.   ōrā   ōrāte

INFINITIVE

Pres. ōrāre   ōrārī
Perf. ōrāvisse   ōrātus(-a, -um) esse
Fut.   ōrātūrus(-a, -um) esse

PARTICIPLE

Pres. ōrāns(-tis)
Perf.   ōrātus(-a, -um)
Fut.   ōrātūrus(-a, -um)   ōrandus(-a, -um) (GERUNDIVE)

GERUND ōrandī, -ō, -um, -ō   SUPINE ōrātum, -ū

paenitet, paenitēre, paenituit

ACTIVE

INDICATIVE
Pres. ———
——
paenitet
Impf. ———
——
paenitēbat
Fut. ———
——
paenitēbit
Perf. ———
——
paenituit
Plup. ———
——
paenituerat
*Fut.
Perf.* ———
——
paenituerit

SUBJUNCTIVE
Pres. ———
——
paeniteat
Impf. ———
——
paenitēret
Perf. ———
——
paenituerit
Plup. ———
——
paenituisset

IMPERATIVE
Pres.

INFINITIVE
Pres. paenitēre
Perf. paenituisse
Fut. ———

PARTICIPLE
Pres. paenitēns(-tis)
Perf. ———
Fut. ———

GERUND paenitendī, -ō, -um, -ō   SUPINE ———

parcō

parcō, parcere, pepercī, parsum   *spare*

	ACTIVE		**PASSIVE**
<center>INDICATIVE</center>			
Pres.	parcō	parcimus	
	parcis	parcitis	
	parcit	parcunt	parcitur (Impers.)
Impf.	parcēbam	parcēbāmus	
	parcēbās	parcēbātis	
	parcēbat	parcēbant	parcēbātur (Impers.)
Fut.	parcam	parcēmus	
	parcēs	parcētis	
	parcet	parcent	parcētur (Impers.)
Perf.	pepercī	pepercimus	
	pepercistī	pepercistis	
	pepercit	pepercērunt(-re)	parsum est (Impers.)
Plup.	peperceram	pepercerāmus	
	pepercerās	pepercerātis	
	pepercerat	pepercerant	parsum erat (Impers.)
Fut.	pepercerō	pepercerimus	
Perf.	peperceris	peperceritis	
	pepercerit	pepercerint	parsum erit (Impers.)
<center>SUBJUNCTIVE</center>			
Pres.	parcam	parcāmus	
	parcās	parcātis	
	parcat	parcant	parcātur (Impers.)
Impf.	parcerem	parcerēmus	
	parcerēs	parcerētis	
	parceret	parcerent	parcerētur (Impers.)
Perf.	pepercerim	pepercerimus	
	peperceris	peperceritis	
	pepercerit	pepercerint	parsum sit (Impers.)
Plup.	pepercissem	pepercissēmus	
	pepercissēs	pepercissētis	
	pepercisset	pepercissent	parsum esset (Impers.)

IMPERATIVE

Pres.   parce   parcite

INFINITIVE

Pres.	parcere	parcī
Perf.	pepercisse	parsum esse
Fut.	parsūrus(-a, -um) esse	

PARTICIPLE

Pres.	parcēns	
Perf.		———
Fut.	parsūrus(-a, -um)	parcendus(-a, -um) (GERUNDIVE)

GERUND parcendī, -ō, -um, -ō   SUPINE parsum, -ū

pāreō, pārēre, pāruī   *obey*

ACTIVE

INDICATIVE

Pres.	pāreō	pārēmus
	pārēs	pārētis
	pāret	pārent
Impf.	pārēbam	pārēbāmus
	pārēbās	pārēbātis
	pārēbat	pārēbant
Fut.	pārēbō	pārēbimus
	pārēbis	pārēbitis
	pārēbit	pārēbunt
Perf.	pāruī	pāruimus
	pāruistī	pāruistis
	pāruit	pāruērunt(-re)
Plup.	pārueram	pāruerāmus
	pāruerās	pāruerātis
	pāruerat	pāruerant
Fut.	pāruerō	pāruerimus
Perf.	pārueris	pārueritis
	pāruerit	pāruerint

SUBJUNCTIVE

Pres.	pāream	pāreāmus
	pāreās	pāreātis
	pāreat	pāreant
Impf.	pārērem	pārērēmus
	pārērēs	pārērētis
	pārēret	pārērent
Perf.	pāruerim	pāruerimus
	pārueris	pārueritis
	pāruerit	pāruerint
Plup.	pāruissem	pāruissēmus
	pāruissēs	pāruissētis
	pāruisset	pāruissent

IMPERATIVE

Pres.	pārē	pārēte

INFINITIVE

Pres.	pārēre
Perf.	pāruisse
Fut.	———

PARTICIPLE

Pres.	pārēns(-tis)
Perf.	———
Fut.	———

GERUND pārendī, -ō, -um, -ō

133

pariō

pariō, parere, peperī, partum   *give birth*

<table>
<tr><td></td><td colspan="2">ACTIVE</td><td colspan="2">PASSIVE</td></tr>
<tr><td colspan="5" align="center">INDICATIVE</td></tr>
<tr><td>Pres.</td><td>pariō
paris
parit</td><td>parimus
paritis
pariunt</td><td>parior
pareris(-re)
paritur</td><td>parimur
pariminī
pariuntur</td></tr>
<tr><td>Impf.</td><td>pariēbam
pariēbās
pariēbat</td><td>pariēbāmus
pariēbātis
pariēbant</td><td>pariēbar
pariēbāris(-re)
pariēbātur</td><td>pariēbāmur
pariēbāminī
pariēbantur</td></tr>
<tr><td>Fut.</td><td>pariam
pariēs
pariet</td><td>pariēmus
pariētis
parient</td><td>pariar
pariēris(-re)
pariētur</td><td>pariēmur
pariēminī
parientur</td></tr>
<tr><td>Perf.</td><td>peperī
peperistī
peperit</td><td>peperimus
peperistis
peperērunt(-re)</td><td>partus sum
(-a, -um) es
est</td><td>partī sumus
(-ae, -a) estis
sunt</td></tr>
<tr><td>Plup.</td><td>pepereram
pepererās
pepererat</td><td>pepererāmus
pepererātis
pepererant</td><td>partus eram
(-a, -um) erās
erat</td><td>partī erāmus
(-ae, -a) erātis
erant</td></tr>
<tr><td>Fut.
Perf.</td><td>pepererō
pepereris
pepererit</td><td>pepererimus
pepereritis
pepererint</td><td>partus erō
(-a, -um) eris
erit</td><td>partī erimus
(-ae, -a) eritis
erunt</td></tr>
<tr><td colspan="5" align="center">SUBJUNCTIVE</td></tr>
<tr><td>Pres.</td><td>pariam
pariās
pariat</td><td>pariāmus
pariātis
pariant</td><td>pariar
pariāris(-re)
pariātur</td><td>pariāmur
pariāminī
pariantur</td></tr>
<tr><td>Impf.</td><td>parerem
parerēs
pareret</td><td>p_parerēmus
pareretis
parerent</td><td>parerer
parerēris(-re)
parerētur</td><td>parerēmur
parerēminī
parerentur</td></tr>
<tr><td>Perf.</td><td>pepererim
pepereris
pepererit</td><td>pepererimus
pepereritis
pepererint</td><td>partus sim
(-a, -um) sīs
sit</td><td>partī sīmus
(-ae, -a) sītis
sint</td></tr>
<tr><td>Plup.</td><td>peperissem
peperissēs
peperisset</td><td>peperissēmus
peperissētis
peperissent</td><td>partus essem
(-a, -um) essēs
esset</td><td>partī essēmus
(-ae, -a) essētis
essent</td></tr>
</table>

IMPERATIVE

Pres. pare   parite

INFINITIVE

Pres. parere   parī
Perf. peperisse   partus(-a, -um) esse
Fut.   paritūrus(-a, -um) esse

PARTICIPLE

Pres. pariēns(-tis)
Perf.   partus(-a, -um)
Fut.   paritūrus(-a, -um)   pariendus(-a, -um) (GERUNDIVE)

GERUND pariendī, -ō, -um, -ō SUPINE partum, -ū

134

parō, parāre, parāvī, parātum   *prepare*

<table>
<tr><th colspan="2" align="center">ACTIVE</th><th colspan="2" align="center">PASSIVE</th></tr>
<tr><td colspan="4" align="center">I N D I C A T I V E</td></tr>
</table>

	ACTIVE		PASSIVE	
Pres.	parō	parāmus	paror	parāmur
	parās	parātis	parāris(-re)	parāminī
	parat	parant	parātur	parantur
Impf.	parābam	parābāmus	parābar	parābāmur
	parābās	parābātis	parābāris(-re)	parābāminī
	parābat	parābant	parābātur	parābantur
Fut.	parābō	parābimus	parābor	parābimur
	parābis	parābitis	parāberis(-re)	parābiminī
	parābit	parābunt	parābitur	parābuntur
Perf.	parāvī	parāvimus	parātus sum	parātī sumus
	parāvistī	parāvistis	(-a, -um) es	(-ae, -a) estis
	parāvit	parāvērunt(-re)	est	sunt
Plup.	parāveram	parāverāmus	parātus eram	parātī erāmus
	parāverās	parāverātis	(-a, -um) erās	(-ae, -a) erātis
	parāverat	parāverant	erat	erant
Fut.	parāverō	parāverimus	parātus erō	parātī erimus
Perf.	parāveris	parāveritis	(-a, -um) eris	(-ae, -a) eritis
	parāverit	parāverint	erit	erunt

<table>
<tr><td colspan="4" align="center">S U B J U N C T I V E</td></tr>
</table>

	ACTIVE		PASSIVE	
Pres.	parem	parēmus	parer	parēmur
	parēs	parētis	parēris(-re)	parēminī
	paret	parent	parētur	parentur
Impf.	parārem	parārēmus	parārer	parārēmur
	parārēs	parārētis	parārēris(-re)	parārēminī
	parāret	parārent	parārētur	parārentur
Perf.	parāverim	parāverimus	parātus sim	parātī sīmus
	parāveris	parāveritis	(-a, -um) sīs	(-ae, -a) sītis
	parāverit	parāverint	sit	sint
Plup.	parāvissem	parāvissēmus	parātus essem	parātī essēmus
	parāvissēs	parāvissētis	(-a, -um) essēs	(-ae, -a) essētis
	parāvisset	parāvissent	esset	essent

<table>
<tr><td colspan="4" align="center">I M P E R A T I V E</td></tr>
</table>

Pres.	parā	parāte		

I N F I N I T I V E

Pres.	parāre	parārī
Perf.	parāvisse	parātus(-a, -um) esse
Fut.	parātūrus(-a, -um) esse	

P A R T I C I P L E

Pres.	parāns(-tis)	
Perf.		parātus(-a, -um)
Fut.	parātūrus(-a, -um)	parandus(-a, -um) (GERUNDIVE)

GERUND parandī, -ō, -um, -ō   SUPINE parātum, -ū

pateō, patēre, patuī   *lie open,   extend*

ACTIVE

INDICATIVE

Pres. pateō   patēmus
      patēs   patētis
      patet   patent

Impf. patēbam   patēbāmus
      patēbās   patēbātis
      patēbat   patēbant

Fut.   patēbō   patēbimus
      patēbis   patēbitis
      patēbit   patēbunt

Perf. patuī   patuimus
      patuistī   patuistis
      patuit   patuērunt(-re)

Plup. patueram   patuerāmus
      patuerās   patuerātis
      patuerat   patuerant

Fut.   patuerō   patuerimus
Perf. patueris   patueritis
      patuerit   patuerint

SUBJUNCTIVE

Pres. pateam   pateāmus
      pateās   pateātis
      pateat   pateant

Impf. patērem   patērēmus
      patērēs   patērētis
      patēret   patērent

Perf. patuerim   patuerimus
      patueris   patueritis
      patuerit   patuerint

Plup. patuissem   patuissēmus
      patuissēs   patuissētis
      patuisset   patuissent

IMPERATIVE

Pres. patē   patēte

INFINITIVE

Pres. patēre
Perf. patuisse
Fut.   ——

PARTICIPLE

Pres. patēns(-tis)
Perf. ——
Fut.   ——

GERUND patendī, -ō, -um, -ō   SUPINE ——

patior, patī, passus sum *allow, suffer*

ACTIVE
INDICATIVE

Pres.	patior	patimur
	pateris(-re)	patiminī
	patitur	patiuntur
Impf.	patiēbar	patiēbāmur
	patiēbāris(-re)	patiēbāminī
	patiēbātur	patiēbantur
Fut.	patiar	patiēmur
	patiēris(-re)	patiēminī
	patiētur	patientur
Perf.	passus sum	passī sumus
	(-a, -um) es	(-ae, -a) estis
	est	sunt
Plup.	passus eram	passī erāmus
	(-a, -um) erās	(-ae, -a) erātis
	erat	erant
Fut.	passus erō	passī erimus
Perf.	(-a, -um) eris	(-ae, -a) eritis
	erit	erunt

SUBJUNCTIVE

Pres.	patiar	patiāmur
	patiāris(-re)	patiāminī
	patiātur	patiantur
Impf.	paterer	paterēmur
	paterēris(-re)	paterēminī
	paterētur	paterentur
Perf.	passus sim	passī sīmus
	(-a, -um) sīs	(-ae, -a) sītis
	sit	sint
Plup.	passus essem	passī essēmus
	(-a, -um) essēs	(-ae, -a) essētis
	esset	essent

IMPERATIVE

Pres. patere patiminī

INFINITIVE

Pres. patī
Perf. passus(-a, -um) esse
Fut. passūrus(-a, -um) esse

Active PARTICIPLE **Passive**

Pres. patiēns(-tis)
Perf. passus(-a, -um)
Fut. passūrus(-a, -um) patiendus(-a, -um) (GERUNDIVE)

GERUND patiendī, -ō, -um, -ō SUPINE passum, -ū

pellō

pellō, pellere, pepulī, pulsum   *drive, rout*

	ACTIVE		**PASSIVE**	
			INDICATIVE	
Pres.	pellō	pellimus	pellor	pellimur
	pellis	pellitis	pelleris(-re)	pelliminī
	pellit	pellunt	pellitur	pelluntur
Impf.	pellēbam	pellēbāmus	pellēbar	pellēbāmur
	pellēbās	pellēbātis	pellēbāris(-re)	pellēbāminī
	pellēbat	pellēbant	pellēbātur	pellēbantur
Fut.	pellam	pellēmus	pellar	pellēmur
	pellēs	pellētis	pellēris(-re)	pellēminī
	pellet	pellent	pellētur	pellentur
Perf.	pepulī	pepulimus	pulsus sum	pulsī sumus
	pepulistī	pepulistis	(-a, -um) es	(-ae, -a) estis
	pepulit	pepulērunt(-re)	est	sunt
Plup.	pepuleram	pepulerāmus	pulsus eram	pulsī erāmus
	pepulerās	pepulerātis	(-a, -um) erās	(-ae, -a) erātis
	pepulerat	pepulerant	erat	erant
Fut.	pepulerō	pepulerimus	pulsus erō	pulsī erimus
Perf.	pepuleris	pepuleritis	(-a, -um) eris	(-ae, -a) eritis
	pepulerit	pepulerint	erit	erunt
			SUBJUNCTIVE	
Pres.	pellam	pellāmus	pellar	pellāmur
	pellās	pellātis	pellāris(-re)	pellāminī
	pellat	pellant	pellātur	pellantur
Impf.	pellerem	pellerēmus	pellerer	pellerēmur
	pellerēs	pellerētis	pellerēris(-re)	pellerēminī
	pelleret	pellerent	pellerētur	pellerentur
Perf.	pepulerim	pepulerimus	pulsus sim	pulsī sīmus
	pepuleris	pepuleritis	(-a, -um) sīs	(-ae, -a) sītis
	pepulerit	pepulerint	sit	sint
Plup.	pepulissem	pepulissēmus	pulsus essem	pulsī essēmus
	pepulissēs	pepulissētis	(-a, -um) essēs	(-ae, -a) essētis
	pepulisset	pepulissent	esset	essent

IMPERATIVE

Pres.   pelle   pellite

INFINITIVE

Pres.   pellere   pellī
Perf.   pepulisse   pulsus(-a, -um) esse
Fut.   pulsūrus(-a, -um) esse

PARTICIPLE

Pres.   pellēns(-tis)
Perf.   pulsus(-a, -um)
Fut.   pulsūrus(-a, -um)   pellendus(-a, -um) (GERUNDIVE)

GERUND pellendī, -ō, -um, -ō   SUPINE pulsum, -ū

138

petō

petō, petere, petīvī, petītum   *ask for,   seek*

	ACTIVE		PASSIVE	

INDICATIVE

	ACTIVE		PASSIVE	
Pres.	petō	petimus	petor	petimur
	petis	petitis	peteris(-re)	petiminī
	petit	petunt	petitur	petuntur
Impf.	petēbam	petēbāmus	petēbar	petēbāmur
	petēbās	petēbātis	petēbāris(-re)	petēbāminī
	petēbat	petēbant	petēbātur	petēbantur
Fut.	petam	petēmus	petar	petēmur
	petēs	petētis	petēris(-re)	petēminī
	petet	petent	petētur	petentur
Perf.	petīvī	petīvimus	petītus sum	petītī sumus
	petīvistī	petīvistis	(-a, -um) es	(-ae, -a) estis
	petīvit	petīvērunt(-re)	est	sunt
Plup.	petīveram	petīverāmus	petītus eram	petītī erāmus
	petīverās	petīverātis	(-a, -um) erās	(-ae, -a) erātis
	petīverat	petīverant	erat	erant
Fut.	petīverō	petīverimus	petītus erō	petītī erimus
Perf.	petīveris	petīveritis	(-a, -um) eris	(-ae, -a) eritis
	petīverit	petīverint	erit	erunt

SUBJUNCTIVE

Pres.	petam	petāmus	petar	petāmur
	petās	petātis	petāris(-re)	petāminī
	petat	petant	petātur	petantur
Impf.	peterem	peterēmus	peterer	peterēmur
	peterēs	peterētis	peterēris(-re)	peterēminī
	peteret	peterent	peterētur	peterentur
Perf.	petīverim	petīverimus	petītus sim	petītī sīmus
	petīveris	petīveritis	(-a, -um) sīs	(-ae, -a) sītis
	petīverit	petīverint	sit	sint
Plup.	petīvissem	petīvissēmus	petītus essem	petītī essēmus
	petīvissēs	petīvissētis	(-a, -um) essēs	(-ae, -a) essētis
	petīvisset	petīvissent	esset	essent

IMPERATIVE

Pres. pete   petite

INFINITIVE

Pres. petere   petī
Perf. petīvisse   petītus(-a, -um) esse
Fut. petītūrus(-a, -um) esse

PARTICIPLE

Pres. petēns(-tis)
Perf.   petītus(-a, -um)
Fut. petītūrus(-a, -um)   petendus(-a, -um) (GERUNDIVE)

GERUND petendī, -ō, -um, -ō   SUPINE petītum, -ū

139

placeō, placēre, placuī, placitum   *please*

	ACTIVE		**PASSIVE**	
		INDICATIVE		
Pres.	placeō	placēmus	placeor	placēmur
	placēs	placētis	placēris(-re)	placēminī
	placet	placent	placētur	placentur
Impf.	placēbam	placēbāmus	placēbar	placēbāmur
	placēbās	placēbātis	placēbāris(-re)	placēbāminī
	placēbat	placēbant	placēbātur	placēbantur
Fut.	placēbō	placēbimus	placēbor	placēbimur
	placēbis	placēbitis	placēberis(-re)	placēbiminī
	placēbit	placēbunt	placēbitur	placēbuntur
Perf.	placuī	placuimus	placitus sum	placitī sumus
	placuistī	placuistis	(-a, -um) es	(-ae, -a) estis
	placuit	placuērunt(-re)	est	sunt
Plup.	placueram	placuerāmus	placitus eram	placitī erāmus
	placuerās	placuerātis	(-a, -um) erās	(-ae, -a) erātis
	placuerat	placuerant	erat	erant
Fut.	placuerō	placuerimus	placitus erō	placitī erimus
Perf.	placueris	placueritis	(-a, -um) eris	(-ae, -a) eritis
	placuerit	placuerint	erit	erunt
		SUBJUNCTIVE		
Pres.	placeam	placeāmus	placear	placeāmur
	placeās	placeātis	placeāris(-re)	placeāminī
	placeat	placeant	placeātur	placeantur
Impf.	placērem	placērēmus	placērer	placērēmur
	placērēs	placērētis	placērēris(-re)	placērēminī
	placēret	placērent	placērētur	placērentur
Perf.	placuerim	placuerimus	placitus sim	placitī sīmus
	placueris	placueritis	(-a, -um) sīs	(-ae, -a) sītis
	placuerit	placuerint	sit	sint
Plup.	placuissem	placuissēmus	placitus essem	placitī essēmus
	placuissēs	placuissētis	(-a, -um) essēs	(-ae, -a) essētis
	placuisset	placuissent	esset	essent

IMPERATIVE

Pres. placē   placēte

INFINITIVE

Pres.	placēre	placērī
Perf.	placuisse	placitus(-a, -um) esse
Fut.	placitūrus(-a, -um) esse	

PARTICIPLE

Pres.	placēns(-tis)	
Perf.		placitus(-a, -um)
Fut.	placitūrus(-a, -um)	placendus(-a, -um) (GERUNDIVE)

GERUND placendī, -ō, -um, -ō   SUPINE placitum, -ū

polliceor, pollicērī, pollicitus sum   *promise*

ACTIVE
INDICATIVE

Pres. polliceor   pollicēmur
         pollicēris(-re)   pollicēminī
         pollicētur   pollicentur

Impf. pollicēbar   pollicēbāmur
         pollicēbāris(-re)   pollicēbāminī
         pollicēbātur   pollicēbantur

Fut.   pollicēbor   pollicēbimur
         pollicēberis(-re)   pollicēbiminī
         pollicēbitur   pollicēbuntur

Perf. pollicitus sum   pollicitī sumus
         (-a, -um) es   (-ae, -a) estis
                   est   sunt

Plup. pollicitus eram   pollicitī erāmus
         (-a, -um) erās   (-ae, -a) erātis
                   erat   erant

Fut.   pollicitus erō   pollicitī erimus
Perf. (-a, -um) eris   (-ae, -a) eritis
                   erit   erunt

SUBJUNCTIVE

Pres. pollicear   polliceāmur
         polliceāris(-re)   polliceāminī
         polliceātur   polliceantur

Impf. pollicērer   pollicērēmur
         pollicērēris(-re)   pollicērēminī
         pollicērētur   pollicērentur

Perf. pollicitus sim   pollicitī sīmus
         (-a, -um) sīs   (-ae, -a) sītis
                   sit   sint

Plup. pollicitus essem   pollicitī essēmus
         (-a, -um) essēs   (-ae, -a) essētis
                   esset   essent

IMPERATIVE
Pres. pollicēre   pollicēminī

INFINITIVE
Pres. pollicērī
Perf. pollicitus(-a, -um) esse
Fut.   pollicitūrus(-a, -um) esse

Active	PARTICIPLE	**Passive**

Pres. pollicēns(-tis)
Perf. pollicitus(-a, -um)
Fut.   pollicitūrus(-a, -um)   pollicendus(-a, -um) (GERUNDIVE)

GERUND pollicendī, -ō, -um, -ō   SUPINE pollicitum, -ū

141

pōnō

pōnō, pōnere, posuī, positum   *put, place*

<table>
<tr><th colspan="2">ACTIVE</th><th colspan="2">PASSIVE</th></tr>
<tr><th colspan="4">I N D I C A T I V E</th></tr>
</table>

	ACTIVE		PASSIVE	
Pres.	pōnō	pōnimus	pōnor	pōnimur
	pōnis	pōnitis	pōneris(-re)	pōniminī
	pōnit	pōnunt	pōnitur	pōnuntur
Impf.	pōnēbam	pōnēbāmus	pōnēbar	pōnēbāmur
	pōnēbās	pōnēbātis	pōnēbāris(-re)	pōnēbāminī
	pōnēbat	pōnēbant	pōnēbātur	pōnēbantur
Fut.	pōnam	pōnēmus	pōnar	pōnēmur
	pōnēs	pōnētis	pōnēris(-re)	pōnēminī
	pōnet	pōnent	pōnētur	pōnentur
Perf.	posuī	posuimus	positus sum	positī sumus
	posuistī	posuistis	(-a, -um) es	(-ae, -a) estis
	posuit	posuērunt(-re)	est	sunt
Plup.	posueram	posuerāmus	positus eram	positī erāmus
	posuerās	posuerātis	(-a, -um) erās	(-ae, -a) erātis
	posuerat	posuerant	erat	erant
Fut.	posuerō	posuerimus	positus erō	positī erimus
Perf.	posueris	posueritis	(-a, -um) eris	(-ae, -a) eritis
	posuerit	posuerint	erit	erunt

S U B J U N C T I V E

	ACTIVE		PASSIVE	
Pres.	pōnam	pōnāmus	pōnar	pōnāmur
	pōnās	pōnātis	pōnāris(-re)	pōnāminī
	pōnat	pōnant	pōnātur	pōnantur
Impf.	pōnerem	pōnerēmus	pōnerer	pōnerēmur
	pōnerēs	pōnerētis	pōnerēris(-re)	pōnerēminī
	pōneret	pōnerent	pōnerētur	pōnerentur
Perf.	posuerim	posuerimus	positus sim	positī sīmus
	posueris	posueritis	(-a, -um) sīs	(-ae, -a) sītis
	posuerit	posuerint	sit	sint
Plup.	posuissem	posuissēmus	positus essem	positī essēmus
	posuissēs	posuissētis	(-a, -um) essēs	(-ae, -a) essētis
	posuisset	posuissent	esset	essent

I M P E R A T I V E

Pres. pōne   pōnite

I N F I N I T I V E

Pres. pōnere   pōnī
Perf. posuisse   positus(-a, -um) esse
Fut.   positūrus(-a, -um) esse

P A R T I C I P L E

Pres. pōnēns(-tis)
Perf.   positus(-a, -um)
Fut.   positūrus(-a, -um)   pōnendus(-a, -um) (GERUNDIVE)

GERUND pōnendī, -ō, -um, -ō   SUPINE positum, -ū

portō, portāre, portāvī, portātum
carry

	ACTIVE		**PASSIVE**	
		INDICATIVE		
Pres.	portō	portāmus	portor	portāmur
	portās	portātis	portāris(-re)	portāminī
	portat	portant	portātur	portantur
Impf.	portābam	portābāmus	portābar	portābāmur
	portābās	portābātis	portābāris(-re)	portābāminī
	portābat	portābant	portābātur	portābantur
Fut.	portābō	portābimus	portābor	portābimur
	portābis	portābitis	portāberis(-re)	portābiminī
	portābit	portābunt	portābitur	portābuntur
Perf.	portāvī	portāvimus	portātus sum	portātī sumus
	portāvistī	portāvistis	(-a, -um) es	(-ae, -a) estis
	portāvit	portāvērunt(-re)	est	sunt
Plup.	portāveram	portāverāmus	portātus eram	portātī erāmus
	portāverās	portāverātis	(-a, -um) erās	(-ae, -a) erātis
	portāverat	portāverant	erat	erant
Fut.	portāverō	portāverimus	portātus erō	portātī erimus
Perf.	portāveris	portāveritis	(-a, -um) eris	(-ae, -a) eritis
	portāverit	portāverint	erit	erunt
		SUBJUNCTIVE		
Pres.	portem	portēmus	porter	portēmur
	portēs	portētis	portēris(-re)	portēminī
	portet	portent	portētur	portentur
Impf.	portārem	portārēmus	portārer	portārēmur
	portārēs	portārētis	portārēris(-re)	portārēminī
	portāret	portārent	portārētur	portārentur
Perf.	portāverim	portāverimus	portātus sim	portātī sīmus
	portāveris	portāveritis	(-a, -um) sīs	(-ae, -a) sītis
	portāverit	portāverint	sit	sint
Plup.	portāvissem	portāvissēmus	portātus essem	portātī essēmus
	portāvissēs	portāvissētis	(-a, -um) essēs	(-ae, -a) essētis
	portāvisset	portāvissent	esset	essent

IMPERATIVE

Pres.	portā	portāte

INFINITIVE

Pres.	portāre	portārī
Perf.	portāvisse	portātus(-a, -um) esse
Fut.	portātūrus(-a, -um) esse	

PARTICIPLE

Pres.	portāns(-tis)	
Perf.		portātus(-a, -um)
Fut.	portātūrus(-a, -um)	portandus(-a, -um) (GERUNDIVE)

GERUND portandī, -ō, -um, -ō SUPINE portātum, -ū

possum, posse, potuī   *be able,   can*

ACTIVE

INDICATIVE

Pres.	possum	possumus
	potes	potestis
	potest	possunt
Impf.	poteram	poterāmus
	poterās	poterātis
	poterat	poterant
Fut.	poterō	poterimus
	poteris	poteritis
	poterit	poterunt
Perf.	potuī	potuimus
	potuistī	potuistis
	potuit	potuērunt(-re)
Plup.	potueram	potuerāmus
	potuerās	potuerātis
	potuerat	potuerant
Fut.	potuerō	potuerimus
Perf.	potueris	potueritis
	potuerit	potuerint

SUBJUNCTIVE

Pres.	possim	possīmus
	possīs	possītis
	possit	possint
Impf.	possem	possēmus
	possēs	possētis
	posset	possent
Perf.	potuerim	potuerimus
	potueris	potueritis
	potuerit	potuerint
Plup.	potuissem	potuissēmus
	potuissēs	potuissētis
	potuisset	potuissent

IMPERATIVE

Pres.

INFINITIVE

Pres. posse
Perf. potuisse
Fut. ———

PARTICIPLE

Pres. potēns(-tis)
Perf. ———
Fut. ———

GERUND ——— SUPINE ———

postulō, postulāre, postulāvī, postulātum   *demand*

ACTIVE   **PASSIVE**

INDICATIVE

	ACTIVE		PASSIVE	
Pres.	postulō	postulāmus	postulor	postulāmur
	postulās	postulātis	postulāris(-re)	postulāminī
	postulat	postulant	postulātur	postulantur
Impf.	postulābam	postulābāmus	postulābar	postulābāmur
	postulābās	postulābātis	postulābāris(-re)	postulābāminī
	postulābat	postulābant	postulābātur	postulābantur
Fut.	postulābō	postulābimus	postulābor	postulābimur
	postulābis	postulābitis	postulāberis(-re)	postulābiminī
	postulābit	postulābunt	postulābitur	postulābuntur
Perf.	postulāvī	postulāvimus	postulātus sum	postulātī sumus
	postulāvistī	postulāvistis	(-a, -um) es	(-ae, -a) estis
	postulāvit	postulāvērunt(-re)	est	sunt
Plup.	postulāveram	postulāverāmus	postulātus eram	postulātī erāmus
	postulāverās	postulāverātis	(-a, -um) erās	(-ae, -a) erātis
	postulāverat	postulāverant	erat	erant
Fut.	postulāverō	postulāverimus	postulātus erō	postulātī erimus
Perf.	postulāveris	postulāveritis	(-a, -um) eris	(-ae, -a) eritis
	postulāverit	postulāverint	erit	erunt

SUBJUNCTIVE

	ACTIVE		PASSIVE	
Pres.	postulem	postulēmus	postuler	postulēmur
	postulēs	postulētis	postulēris(-re)	postulēminī
	postulet	postulent	postulētur	postulentur
Impf.	postulārem	postulārēmus	postulārer	postulārēmur
	postulārēs	postulārētis	postulārēris(-re)	postulārēminī
	postulāret	postulārent	postulārētur	postulārentur
Perf.	postulāverim	postulāverimus	postulātus sim	postulātī sīmus
	postulāveris	postulāveritis	(-a, -um) sīs	(-ae, -a) sītis
	postulāverit	postulāverint	sit	sint
Plup.	postulāvissem	postulāvissēmus	postulātus essem	postulātī essēmus
	postulāvissēs	postulāvissētis	(-a, -um) essēs	(-ae, -a) essētis
	postulāvisset	postulāvissent	esset	essent

IMPERATIVE

Pres. postulā   postulāte

INFINITIVE

Pres. postulāre   postulārī
Perf. postulāvisse   postulātus(-a, -um) esse
Fut.   postulātūrus(-a, -um) esse

PARTICIPLE

Pres. postulāns(-tis)
Perf.   postulātus(-a, -um)
Fut.   postulātūrus(-a, -um)   postulandus(-a, -um) (GERUNDIVE)

GERUND postulandī, -ō, -um, -ō   SUPINE postulātum, -ū

145

potior, potīrī, potītus sum   *acquire,   take possession of*

ACTIVE

INDICATIVE

Pres.	potior	potīmur
	potīris(-re)	potīminī
	potītur	potiuntur
Impf.	potiēbar	potiēbāmur
	potiēbāris(-re)	potiēbāminī
	potiēbātur	potiēbantur
Fut.	potiar	potiēmur
	potiēris(-re)	potiēminī
	potiētur	potientur
Perf.	potītus sum	potītī sumus
	(-a, -um) es	(-ae, -a) estis
	est	sunt
Plup.	potītus eram	potītī erāmus
	(-a, -um) erās	(-ae, -a) erātis
	erat	erant
Fut.	potītus erō	potītī erimus
Perf.	(-a, -um) eris	(-ae, -a) eritis
	erit	erunt

SUBJUNCTIVE

Pres.	potiar	potiāmur
	potiāris(-re)	potiāminī
	potiātur	potiantur
Impf.	potīrer	potīrēmur
	potīrēris(-re)	potīrēminī
	potīrētur	potīrentur
Perf.	potītus sim	potītī sīmus
	(-a, -um) sīs	(-ae, -a) sītis
	sit	sint
Plup.	potītus essem	potītī essēmus
	(-a, -um) essēs	(-ae, -a) essētis
	esset	essent

IMPERATIVE

Pres.	potīre	potīminī

INFINITIVE

Pres.	potīrī
Perf.	potītus(-a, -um) esse
Fut.	potītūrus(-a, -um) esse

	Active	PARTICIPLE	**Passive**
Pres.	potiēns(-tis)		
Perf.	potītus(-a, -um)		
Fut.	potītūrus(-a, -um)		potiendus(-a, -um) (GERUNDIVE)

GERUND potiendī, -ō, -um, -ō   SUPINE potītum, -ū

praestō, praestāre, praestitī, praestitum   *excel*

	ACTIVE		**PASSIVE**

INDICATIVE

Pres. praestō   praestāmus
       praestās   praestātis
       praestat   praestant   praestātur (Impers.)

Impf. praestābam   praestābāmus
       praestābās   praestābātis
       praestābat   praestābant   praestābātur (Impers.)

Fut. praestābō   praestābimus
       praestābis   praestābitis
       praestābit   praestābunt   praestābitur (Impers.)

Perf. praestitī   praestĭtimus
       praestitistī   praestitistis
       praestitit   praestitērunt(-re)   praestitum est (Impers.)

Plup. praestiteram   praestiterāmus
       praestiterās   praestiterātis
       praestiterat   praestiterant   praestitum erat (Impers.)

Fut. praestiterō   praestiterimus
Perf. praestiteris   praestiteritis
       praestiterit   praestiterint   praestitum erit (Impers.)

SUBJUNCTIVE

Pres. praestem   praestēmus
       praestēs   praestētis
       praestet   praestent   praestētur (Impers.)

Impf. praestārem   praestārēmus
       praestārēs   praestārētis
       praestāret   praestārent   praestārētur (Impers.)

Perf. praestiterim   praestiterimus
       praestiteris   praestiteritis
       praestiterit   praestiterint   praestitum sit (Impers.)

Plup. praestitissem   praestitissēmus
       praestitissēs   praestitissētis
       praestitisset   praestitissent   praestitum esset (Impers.)

IMPERATIVE

Pres. praestā   praestāte

INFINITIVE

Pres. praestāre   praestārī
Perf. praestitisse   praestitum esse
Fut. praestātūrus(-a, -um) esse

PARTICIPLE

Pres. praestāns(-tis)
Perf.   praestitus(-a, -um)
Fut. praestātūrus(-a, -um)   praestandus(-a, -um) (GERUNDIVE)

GERUND praestandī, -ō, -um, -ō   SUPINE praestitum, -ū

147

premō

premō, premere, pressī, pressum   *press, oppress*

ACTIVE		PASSIVE	

INDICATIVE

Pres.	premō	premimus	premor	premimur
	premis	premitis	premeris(-re)	premiminī
	premit	premunt	premitur	premuntur
Impf.	premēbam	premēbāmus	premēbar	premēbāmur
	premēbās	premēbātis	premēbāris(-re)	premēbāminī
	premēbat	premēbant	premēbātur	premēbantur
Fut.	premam	premēmus	premar	premēmur
	premēs	premētis	premēris(-re)	premēminī
	premet	prement	premētur	prementur
Perf.	pressī	pressimus	pressus sum	pressī sumus
	pressistī	pressistis	(-a, -um) es	(-ae, -a) estis
	pressit	pressērunt(-re)	est	sunt
Plup.	presseram	presserāmus	pressus eram	pressī erāmus
	presserās	presserātis	(-a, -um) erās	(-ae, -a) erātis
	presserat	presserant	erat	erant
Fut.	presserō	presserimus	pressus erō	pressī erimus
Perf.	presseris	presseritis	(-a, -um) eris	(-ae, -a) eritis
	presserit	presserint	erit	erunt

SUBJUNCTIVE

Pres.	premam	premāmus	premar	premāmur
	premās	premātis	premāris(-re)	premāminī
	premat	premant	premātur	premantur
Impf.	premerem	premerēmus	premerer	premerēmur
	premerēs	premerētis	premerēris(-re)	premerēminī
	premeret	premerent	premerētur	premerentur
Perf.	presserim	presserimus	pressus sim	pressī sīmus
	presseris	presseritis	(-a, -um) sīs	(-ae, -a) sītis
	presserit	presserint	sit	sint
Plup.	pressissem	pressissēmus	pressus essem	pressī essēmus
	pressissēs	pressissētis	(-a, -um) essēs	(-ae, -a) essētis
	pressisset	pressissent	esset	essent

IMPERATIVE

Pres.	preme	premite		

INFINITIVE

Pres.	premere	premī
Perf.	pressisse	pressus(-a, -um) esse
Fut.	pressūrus(-a, -um) esse	

PARTICIPLE

Pres.	premēns(-tis)	
Perf.		pressus(-a, -um)
Fut.	pressūrus(-a, -um)	premendus(-a, -um) (GERUNDIVE)

GERUND premendī, -ō, -um, -ō   SUPINE pressum, -ū

148

proficīscor, proficīscī, profectus sum   *set out*

ACTIVE

INDICATIVE

Pres. proficīscor   proficīscimur
     proficīsceris(-re)   proficīsciminī
     proficīscitur   proficīscuntur

Impf. proficīscēbar   proficīscēbāmur
     proficīscēbāris(-re)   proficīscēbāminī
     proficīscēbātur   proficīscēbantur

Fut.   proficīscar   proficīscēmur
     proficīscēris(-re)   proficīscēminī
     proficīscētur   proficīscentur

Perf. profectus sum   profectī sumus
     (-a, -um) es   (-ae, -a) estis
        est   sunt

Plup. profectus eram   profectī erāmus
     (-a, -um) erās   (-ae, -a) erātis
        erat   erant

Fut.   profectus erō   profectī erimus
Perf. (-a, -um) eris   (-ae, -a) eritis
        erit   erunt

SUBJUNCTIVE

Pres. proficīscar   proficīscāmur
     proficīscāris(-re)   proficīscāminī
     proficīscātur   proficīscantur

Impf. proficīscerer   proficīscerēmur
     proficīscerēris(-re)   proficīscerēminī
     proficīscerētur   proficīscerentur

Perf. profectus sim   profectī sīmus
     (-a, -um) sīs   (-ae, -a) sītis
        sit   sint

Plup. profectus essem   profectī essēmus
     (-a, -um) essēs   (-ae, -a) essētis
        esset   essent

IMPERATIVE

Pres. proficīscere   proficīsciminī

INFINITIVE

Pres. proficīscī
Perf. profectus(-a, -um) esse
Fut.   profectūrus(-a, -um) esse

Active   PARTICIPLE   **Passive**

Pres. proficīscēns(-tis)
Perf. profectus(-a, -um)
Fut.   profectūrus(-a, -um)   proficīscendus(-a, -um) (GERUNDIVE)

GERUND proficīscendī, -ō, -um, -ō SUPINE profectum, -ū

propero

propero, properāre, properāvī, properātum   *hurry*

<table>
<tr><td colspan="2" align="center">ACTIVE</td><td align="center">PASSIVE</td></tr>
<tr><td colspan="3" align="center">I N D I C A T I V E</td></tr>
</table>

	ACTIVE		PASSIVE
Pres.	propero	properāmus	
	properās	properātis	
	properat	properant	properātur (Impers.)
Impf.	properābam	properābāmus	
	properābās	properābātis	
	properābat	properābant	properabātur (Impers.)
Fut.	properābō	properābimus	
	properābis	properābitis	
	properābit	properābunt	properābitur (Impers.)
Perf.	properāvī	properāvimus	
	properāvistī	properāvistis	
	properāvit	properāvērunt(-re)	properātum est (Impers.)
Plup.	properāveram	properāverāmus	
	properāverās	properāverātis	
	properāverat	properāverant	properātum erat (Impers.)
Fut.	properāverō	properāverimus	
Perf.	properāveris	properāveritis	
	properāverit	properāverint	properātum erit (Impers.)

S U B J U N C T I V E

Pres.	properem	properēmus	
	properēs	properētis	
	properet	properent	properētur (Impers.)
Impf.	properārem	properārēmus	
	properārēs	properārētis	
	properāret	properārent	properārētur (Impers.)
Perf.	properāverim	properāverimus	
	properāveris	properāveritis	
	properāverit	properāverint	properātum sit (Impers.)
Plup.	properāvissem	properāvissēmus	
	properāvissēs	properāvissētis	
	properāvisset	properāvissent	properātum esset (Impers.)

I M P E R A T I V E

Pres.	properā	properāte

I N F I N I T I V E

Pres.	properāre	properārī
Perf.	properāvisse	properātum esse
Fut.	properātūrus(-a, -um) esse	

P A R T I C I P L E

Pres.	properāns(-tis)	
Perf.		properātus(-a, -um)
Fut.	properātūrus(-a, -um)	properandus(-a, -um) (GERUNDIVE)

GERUND properandī, -ō, -um, -ō   SUPINE properātum, -ū

pudet, pudēre, puduit — *be ashamed (it shames)* (Impers.)

ACTIVE

INDICATIVE

Pres. ———

pudet

Impf. ———

pudēbat

Fut. ———

pudēbit

Perf. ———

puduit

Plup. ———

puduerat

Fut. Perf. ———

puduerit

SUBJUNCTIVE

Pres. ———

pudeat

Impf. ———

pudēret

Perf. ———

puduerit

Plup. ———

puduisset

IMPERATIVE
Pres.

INFINITIVE
Pres. pudēre
Perf. puduisse
Fut. ———

	PARTICIPLE	
Active		**Passive**
Pres. pudēns(-tis)		
Perf. ———		
Fut. ———		pudendus(-a, -um) (GERUNDIVE)

GERUND pudendī, -ō, -um, -ō   SUPINE ———

pūgnō

<table>
<tr><th></th><th colspan="2">ACTIVE</th><th>PASSIVE</th></tr>
</table>

INDICATIVE

	ACTIVE		PASSIVE
Pres.	pūgnō	pūgnāmus	
	pūgnās	pūgnātis	
	pūgnat	pūgnant	pūgnātur (Impers.)
Impf.	pūgnābam	pūgnābāmus	
	pūgnābās	pūgnābātis	
	pūgnābat	pūgnābant	pūgnābātur (Impers.)
Fut.	pūgnābō	pūgnābimus	
	pūgnābis	pūgnābitis	
	pūgnābit	pūgnābunt	pūgnābitur (Impers.)
Perf.	pūgnāvī	pūgnāvimus	
	pūgnāvistī	pūgnāvistis	
	pūgnāvit	pūgnāvērunt(-re)	pūgnātum est (Impers.)
Plup.	pūgnāveram	pūgnāverāmus	
	pūgnāverās	pūgnāverātis	
	pūgnāverat	pūgnāverant	pūgnātum erat (Impers.)
Fut.	pūgnāverō	pūgnāverimus	
Perf.	pūgnāveris	pūgnāveritis	
	pūgnāverit	pūgnāverint	pūgnātum erit (Impers.)

SUBJUNCTIVE

	ACTIVE		PASSIVE
Pres.	pūgnem	pūgnēmus	
	pūgnēs	pūgnētis	
	pūgnet	pūgnent	pūgnētur (Impers.)
Impf.	pūgnārem	pūgnārēmus	
	pūgnārēs	pūgnārētis	
	pūgnāret	pūgnārent	pūgnārētur (Impers.)
Perf.	pūgnāverim	pūgnāverimus	
	pūgnāveris	pūgnāveritis	
	pūgnāverit	pūgnāverint	pūgnātum sit (Impers.)
Plup.	pūgnāvissem	pūgnāvissēmus	
	pūgnāvissēs	pūgnāvissētis	
	pūgnāvisset	pūgnāvissent	pūgnātum esset (Impers.)

IMPERATIVE

Pres.	pūgnā	pūgnāte

INFINITIVE

Pres.	pūgnāre	pūgnārī
Perf.	pūgnāvisse	pūgnātum esse
Fut.	pūgnātūrus(-a, -um) esse	

PARTICIPLE

Pres.	pūgnāns(-tis)	
Perf.		pūgnātus(-a, -um)
Fut.	pūgnātūrus(-a, -um)	pūgnandus(-a, -um) (GERUNDIVE)

GERUND pūgnandī, -ō, -um, -ō   SUPINE pūgnātum, -ū

putō, putāre, putāvī, putātum   *think*

	ACTIVE		**PASSIVE**	
		INDICATIVE		
Pres.	putō	putāmus	putor	putāmur
	putās	putātis	putāris(-re)	putāminī
	putat	putant	putātur	putantur
Impf.	putābam	putābāmus	putābar	putābāmur
	putābās	putābātis	putābāris(-re)	putābāminī
	putābat	putābant	putābātur	putābantur
Fut.	putābō	putābimus	putābor	putābimur
	putābis	putābitis	putāberis(-re)	putābiminī
	putābit	putābunt	putābitur	putābuntur
Perf.	putāvī	putāvimus	putātus sum	putātī sumus
	putāvistī	putāvistis	(-a, -um) es	(-ae, -a) estis
	putāvit	putāvērunt(-re)	est	sunt
Plup.	putāveram	putāverāmus	putātus eram	putātī erāmus
	putāverās	putāverātis	(-a, -um) erās	(-ae, -a) erātis
	putāverat	putāverant	erat	erant
Fut.	putāverō	putāverimus	putātus erō	putātī erimus
Perf.	putāveris	putāveritis	(-a, -um) eris	(-ae, -a) eritis
	putāverit	putāverint	erit	erunt
		SUBJUNCTIVE		
Pres.	putem	putēmus	puter	putēmur
	putēs	putētis	putēris(-re)	putēminī
	putet	putent	putētur	putentur
Impf.	putārem	putārēmus	putārer	putārēmur
	putārēs	putārētis	putārēris(-re)	putārēminī
	putāret	putārent	putārētur	putārentur
Perf.	putāverim	putāverimus	putātus sim	putātī sīmus
	putāveris	putāveritis	(-a, -um) sīs	(-ae, -a) sītis
	putāverit	putāverint	sit	sint
Plup.	putāvissem	putāvissēmus	putātus essem	putātī essēmus
	putāvissēs	putāvissētis	(-a, -um) essēs	(-ae, -a) essētis
	putāvisset	putāvissent	esset	essent

IMPERATIVE

Pres.   putā   putāte

INFINITIVE

Pres.	putāre	putārī
Perf.	putāvisse	putātus(-a, -um) esse
Fut.	putātūrus(-a, -um) esse	

PARTICIPLE

Pres.	putāns(-tis)	
Perf.		putātus(-a, -um)
Fut.	putātūrus(-a, -um)	putandus(-a, -um) (GERUNDIVE)

GERUND putandī, -ō, -um, -ō   SUPINE putātum, -ū

quaerō

quaerō, quaerere, quaesīvī, quaesītum   *ask,   seek*

	ACTIVE		PASSIVE	

INDICATIVE

Pres.	quaerō	quaerimus	quaeror	quaerimur
	quaeris	quaeritis	quaereris(-re)	quaeriminī
	quaerit	quaerunt	quaeritur	quaeruntur
Impf.	quaerēbam	quaerēbāmus	quaerēbar	quaerēbāmur
	quaerēbās	quaerēbātis	quaerēbāris(-re)	quaerēbāminī
	quaerēbat	quaerēbant	quaerēbātur	quaerēbantur
Fut.	quaeram	quaerēmus	quaerar	quaerēmur
	quaerēs	quaerētis	quaerēris(-re)	quaerēminī
	quaeret	quaerent	quaerētur	quaerentur
Perf.	quaesīvī	quaesīvimus	quaesītus sum	quaesītī sumus
	quaesīvistī	quaesīvistis	(-a, -um) es	(-ae, -a) estis
	quaesīvit	quaesīvērunt(-re)	est	sunt
Plup.	quaesīveram	quaesīverāmus	quaesītus eram	quaesītī erāmus
	quaesīverās	quaesīverātis	(-a, -um) erās	(-ae, -a) erātis
	quaesīverat	quaesīverant	erat	erant
Fut.	quaesīverō	quaesīverimus	quaesītus erō	quaesītī erimus
Perf.	quaesīveris	quaesīveritis	(-a, -um) eris	(-ae, -a) eritis
	quaesīverit	quaesīverint	erit	erunt

SUBJUNCTIVE

Pres.	quaeram	quaerāmus	quaerar	quaerāmur
	quaerās	quaerātis	quaerāris(-re)	quaerāminī
	quaerat	quaerant	quaerātur	quaerantur
Impf.	quaererem	quaererēmus	quaererer	quaererēmur
	quaererēs	quaererētis	quaererēris(-re)	quaererēminī
	quaereret	quaererent	quaererētur	quaererentur
Perf.	quaesīverim	quaesīverimus	quaesītus sim	quaesītī sīmus
	quaesīveris	quaesīveritis	(-a, -um) sīs	(-ae, -a) sītis
	quaesīverit	quaesīverint	sit	sint
Plup.	quaesīvissem	quaesīvissēmus	quaesītus essem	quaesītī essēmus
	quaesīvissēs	quaesīvissētis	(-a, -um) essēs	(-ae, -a) essētis
	quaesīvisset	quaesīvissent	esset	essent

IMPERATIVE

Pres.   quaere   quaerite

INFINITIVE

Pres.	quaerere	quaerī
Perf.	quaesīvisse	quaesītus(-a, -um) esse
Fut.	quaesītūrus(-a, -um) esse	

PARTICIPLE

Pres.	quaerēns(-tis)	
Perf.		quaesītus(-a, -um)
Fut.	quaesītūrus(-a, -um)	quaerendus(-a, -um) (GERUNDIVE)

GERUND quaerendī, -ō, -um, -ō   SUPINE quaesītum, -ū

154

rapiō, rapere, rapuī, raptum   *carry off,   snatch*

ACTIVE		**PASSIVE**	
		INDICATIVE	

Pres. rapiō rapimus · rapior rapimur
rapis rapitis · raperis(-re) rapiminī
rapit rapiunt · rapitur rapiuntur

Impf. rapiēbam rapiēbāmus · rapiēbar rapiēbāmur
rapiēbās rapiēbātis · rapiēbāris(-re) rapiēbāminī
rapiēbat rapiēbant · rapiēbātur rapiēbantur

Fut. rapiam rapiēmus · rapiar rapiēmur
rapiēs rapiētis · rapiēris(-re) rapiēminī
rapiet rapient · rapiētur rapientur

Perf. rapuī rapuimus · raptus sum raptī · sumus
rapuistī rapuistis · (-a, -um) es (-ae, -a) estis
rapuit rapuērunt(-re) · est sunt

Plup. rapueram rapuerāmus · raptus eram raptī erāmus
rapuerās rapuerātis · (-a, -um) erās (-ae, -a) erātis
rapuerat rapuerant · erat erant

Fut. rapuerō rapuerimus · raptus erō raptī erimus
Perf. rapueris rapueritis · (-a, -um) eris (-ae, -a) eritis
rapuerit rapuerint · erit erint

| | | SUBJUNCTIVE | |

Pres. rapiam rapiāmus · rapiar rapiāmur
rapiās rapiātis · rapiāris(-re) rapiāminī
rapiat rapiant · rapiātur rapiantur

Impf. raperem raperēmus · raperer raperēmur
raperēs raperētis · raperēris(-re) raperēminī
raperet raperent · raperētur raperentur

Perf. rapuerim rapuerimus · raptus sim raptī sīmus
rapueris rapueritis · (-a, -um) sīs (-ae, -a) sītis
rapuerit rapuerint · sit sint

Plup. rapuissem rapuissēmus · raptus essem raptī essēmus
rapuissēs rapuissētis · (-a, -um) essēs (-ae, -a) essētis
rapuisset rapuissent · esset essent

| | | IMPERATIVE | |

Pres. rape rapite

| | | INFINITIVE | |

Pres. rapere rapī
Perf. rapuisse raptus(-a, -um) esse
Fut. raptūrus(-a, -um) esse

| | | PARTICIPLE | |

Pres. rapiēns(-tis)
Perf. raptus(-a, -um)
Fut. raptūrus(-a, -um) rapiendus(-a, -um) (GERUNDIVE)

GERUND rapiendī, -ō, -um, -ō   SUPINE raptum, -ū

regō

regō, regere, rēxī, rēctum   *rule, guide*

ACTIVE		PASSIVE	
		INDICATIVE	

Pres.
regō	regimus	regor	regimur
regis	regitis	regeris(-re)	regiminī
regit	regunt	regitur	reguntur

Impf.
regēbam	regēbāmus	regēbar	regēbāmur
regēbās	regēbātis	regēbāris(-re)	regēbāminī
regēbat	regēbant	regēbātur	regēbantur

Fut.
regam	regēmus	regar	regēmur
regēs	regētis	regēris(-re)	regēminī
reget	regent	regētur	regentur

Perf.
rēxī	rēximus	rēctus sum	rēctī sumus
rēxistī	rēxistis	(-a, -um) es	(-ae, -a) estis
rēxit	rēxērunt(-re)	est	sunt

Plup.
rēxeram	rēxerāmus	rēctus eram	rēctī erāmus
rēxerās	rēxerātis	(-a, -um) erās	(-ae, -a) erātis
rēxerat	rēxerant	erat	erant

Fut.
rēxerō	rēxerimus	rēctus erō	rēctī erimus

Perf.
rēxeris	rēxeritis	(-a, -um) eris	(-ae, -a) eritis
rēxerit	rēxerint	erit	erunt

		SUBJUNCTIVE	

Pres.
regam	regāmus	regar	regāmur
regās	regātis	regāris(-re)	regāminī
regat	regant	regātur	regantur

Impf.
regerem	regerēmus	regerer	regerēmur
regerēs	regerētis	regerēris(-re)	regerēminī
regeret	regerent	regerētur	regerentur

Perf.
rēxerim	rēxerimus	rēctus sim	rēctī sīmus
rēxeris	rēxeritis	(-a, -um) sīs	(-ae, -a) sītis
rēxerit	rēxerint	sit	sint

Plup.
rēxissem	rēxissēmus	rēctus essem	rēctī essēmus
rēxissēs	rēxissētis	(-a, -um) essēs	(-ae, -a) essētis
rēxisset	rēxissent	esset	essent

	IMPERATIVE	

Pres. rege   regite

	INFINITIVE	

Pres. regere   regī
Perf. rēxisse   rēctus(-a, -um) esse
Fut.   rēctūrus(-a, -um) esse

	PARTICIPLE	

Pres. regēns(-tis)
Perf.   rēctus(-a, -um)
Fut.   rēctūrus(-a, -um)   regendus(-a, -um) (GERUNDIVE)

GERUND regendī, -ō, -um, -ō   SUPINE rēctum, -ū

156

relinquō, relinquere, relīquī, relictum   *abandon,* *leave*

	ACTIVE		**PASSIVE**	
		INDICATIVE		
Pres.	relinquō	relinquimus	relinquor	relinquimur
	relinquis	relinquitis	relinqueris(-re)	relinquiminī
	relinquit	relinquunt	relinquitur	relinquuntur
Impf.	relinquēbam	relinquēbāmus	relinquēbar	relinquēbāmur
	relinquēbās	relinquēbātis	relinquēbāris(-re)	relinquēbāminī
	relinquēbat	relinquēbant	relinquēbātur	relinquēbantur
Fut.	relinquam	relinquēmus	relinquar	relinquēmur
	relinquēs	relinquētis	relinquēris(-re)	relinquēminī
	relinquet	relinquent	relinquētur	relinquentur
Perf.	relīquī	relīquimus	relictus sum	relictī sumus
	relīquistī	relīquistis	(-a, -um) es	(-ae, -a) estis
	relīquit	relīquērunt(-re)	est	sunt
Plup.	relīqueram	relīquerāmus	relictus eram	relictī erāmus
	relīquerās	relīquerātis	(-a, -um) erās	(-ae, -a) erātis
	relīquerat	relīquerant	erat	erant
Fut.	relīquerim	relīquerimus	relictus erō	relictī erimus
Perf.	relīqueris	relīqueritis	(-a, -um) eris	(-ae, -a) eritis
	relīquerit	relīquerint	erit	erunt
		SUBJUNCTIVE		
Pres.	relinquam	relinquāmus	relinquar	relinquāmur
	relinquās	relinquātis	relinquāris(-re)	relinquāminī
	relinquat	relinquant	relinquātur	relinquantur
Impf.	relinquerem	relinquerēmus	relinquerer	relinquerēmur
	relinquerēs	relinquerētis	relinquerēris(-re)	relinquerēminī
	relinqueret	relinquerent	relinquerētur	relinquerentur
Perf.	relīquerim	relīquerimus	relictus sim	relictī sīmus
	relīqueris	relīqueritis	(-a, -um) sīs	(-ae, -a) sītis
	relīquerit	relīquerint	sit	sint
Plup.	relīquissem	relīquissēmus	relictus essem	relictī essēmus
	relīquissēs	relīquissētis	(-a, -um) essēs	(-ae, -a) essētis
	relīquisset	relīquissent	esset	essent

IMPERATIVE

Pres. relinque   relinquite

INFINITIVE

Pres.	relinquere	relinquī
Perf.	relīquisse	relictus(-a, -um) esse
Fut.	relictūrus(-a, -um) esse	

PARTICIPLE

Pres.	relinquēns(-tis)	
Perf.		relictus(-a, -um)
Fut.	relictūrus(-a, -um)	relinquendus(-a, -um) (GERUNDIVE)

GERUND relinquendī, -ō, -um, -ō SUPINE relictum, -ū

resistō

ACTIVE

INDICATIVE

Pres. resistō   resistimus
resistis   resistitis
resistit   resistunt

Impf. resistēbam   resistēbāmus
resistēbās   resistēbātis
resistēbat   resistēbant

Fut. resistam   resistēmus
resistēs   resistētis
resistet   resistent

Perf. restitī   restitimus
restitistī   restitistis
restitit   restitērunt(-re)

Plup. restiteram   restiterāmus
restiterās   restiterātis
restiterat   restiterant

Fut. restiterō   restiterimus
Perf. restiteris   restiteritis
restiterit   restiterint

SUBJUNCTIVE

Pres. resistam   resistāmus
resistās   resistātis
resistat   resistant

Impf. resisterem   resisterēmus
resisterēs   resisterētis
resisteret   resisterent

Perf. restiterim   restiterimus
restiteris   restiteritis
restiterit   restiterint

Plup. restitissem   restitissēmus
restitissēs   restitissētis
restitisset   restitissent

IMPERATIVE

Pres. resiste   resistite

INFINITIVE

Pres. resistere
Perf. restitisse
Fut. ———

	Active	PARTICIPLE	**Passive**
Pres.	resistēns(-tis)		
Perf.	———		
Fut.			resistendus(-a, -um) (GERUNDIVE)

GERUND resistendī, -ō, -um, -ō   SUPINE ———

respondeō

respondeō, respondēre, respondī, respōnsum   *answer, reply*

ACTIVE   PASSIVE

INDICATIVE

Pres.	respondeō	respondēmus	respondeor	respondēmur
	respondēs	respondētis	respondēris(-re)	respondēminī
	respondet	respondent	respondētur	respondentur
Impf.	respondēbam	respondēbāmus	respondēbar	respondēbāmur
	respondēbās	respondēbātis	respondēbāris(-re)	respondēbāminī
	respondēbat	respondēbant	respondēbātur	respondēbantur
Fut.	respondēbō	respondēbimus	respondēbor	respondēbimur
	respondēbis	respondēbitis	respondēberis(-re)	respondēbiminī
	respondēbit	respondēbunt	respondēbitur	respondēbuntur
Perf.	respondī	respondimus	respōnsus sum	respōnsī sumus
	respondistī	respondistis	(-a, -um) es	(-ae, -a) estis
	respondit	respondērunt(-re)	est	sunt
Plup.	responderam	responderāmus	respōnsus eram	respōnsī erāmus
	responderās	respōnderātis	(-a, -um) erās	(-ae, -a) erātis
	responderat	responderant	erat	erant
Fut.	responderō	responderimus	respōnsus erō	respōnsī erimus
Perf.	responderis	responderitis	(-a, -um) eris	(-ae, -a) eritis
	responderit	responderint	erit	erunt

SUBJUNCTIVE

Pres.	respondeam	respondeāmus	respondear	respondeāmur
	respondeās	respondeātis	respondeāris(-re)	respondeāminī
	respondeat	respondeant	respondeātur	respondeantur
Impf.	respondērem	respondērēmus	respondērer	respondērēmur
	respondērēs	respondērētis	respondērēris(-re)	respondērēminī
	respondēret	respondērent	respondērētur	respondērentur
Perf.	responderim	responderimus	respōnsus sim	respōnsī sīmus
	responderis	responderitis	(-a, -um) sīs	(-ae, -a) sītis
	responderit	responderint	sit	sint
Plup.	respondissem	respondissēmus	respōnsus essem	respōnsī essēmus
	respondissēs	respondissētis	(-a, -um) essēs	(-ae, -a) essētis
	respondisset	respondissent	esset	essent

IMPERATIVE

Pres.   respondē   respondēte

INFINITIVE

Pres.	respondēre	respondērī
Perf.	respondisse	respōnsus(-a, -um) esse
Fut.	respōnsūrus(-a, -um) esse	

PARTICIPLE

Pres.	respondēns(-tis)	
Perf.		respōnsus(-a, -um)
Fut.	respōnsūrus(-a, -um)	respondendus(-a, -um) (GERUNDIVE)

GERUND respondendī, -ō, -um, -ō   SUPINE respōnsum, -ū

rogō

ACTIVE   **PASSIVE**

INDICATIVE

	ACTIVE		PASSIVE	
Pres.	rogō	rogāmus	rogor	rogāmur
	rogās	rogātis	rogāris(-re)	rogāminī
	rogat	rogant	rogātur	rogantur
Impf.	rogābam	rogābāmus	rogābar	rogābāmur
	rogābās	rogābātis	rogābāris(-re)	rogābāminī
	rogābat	rogābant	rogābātur	togābantur
Fut.	rogābō	rogābimus	rogābor	rogābimur
	rogābis	rogābitis	rogāberis(-re)	rogābiminī
	rogābit	rogābunt	rogābitur	rogābuntur
Perf.	rogāvī	rogāvimus	rogātus sum	rogātī sumus
	rogāvistī	rogāvistis	(-a, -um) es	(-ae, -a) estis
	rogāvit	rogāvērunt(-re)	est	sunt
Plup.	rogāveram	rogāverāmus	rogātus eram	rogātī erāmus
	rogāverās	rogāverātis	(-a, -um) erās	(-ae, -a) erātis
	rogāverat	rogāverant	erat	erant
Fut.	rogāverō	rogāverimus	rogātus erō	rogātī erimus
Perf.	rogāveris	rogāveritis	(-a, -um) eris	(-ae, -a) eritis
	rogāverit	rogāverint	erit	erunt

SUBJUNCTIVE

	ACTIVE		PASSIVE	
Pres.	rogem	rogēmus	roger	rogēmur
	rogēs	rogētis	rogēris(-re)	rogēminī
	roget	rogent	rogētur	rogentur
Impf.	rogārem	rogārēmus	rogārer	rogārēmur
	rogārēs	rogārētis	rogārēris(-re)	rogārēminī
	rogāret	rogārent	rogārētur	rogārentur
Perf.	rogāverim	rogāverimus	rogātus sim	rogātī sīmus
	rogāveris	rogāveritis	(-a, -um) sīs	(-ae, -a) sītis
	rogāverit	rogāverint	sit	sint
Plup.	rogāvissem	rogāvissēmus	rogātus essem	rogātī essēmus
	rogāvissēs	rogāvissētis	(-a, -um) essēs	(-ae, -a) essētis
	rogāvisset	rogāvissent	esset	essent

IMPERATIVE

Pres.	rogā	rogāte

INFINITIVE

	ACTIVE	PASSIVE
Pres.	rogāre	rogārī
Perf.	rogāvisse	rogātus(-a, -um) esse
Fut.	rogātūrus(-a, -um) esse	

PARTICIPLE

	ACTIVE	PASSIVE
Pres.	rogāns(-tis)	
Perf.		rogātus(-a, -um)
Fut.	rogātūrus(-a, -um)	rogandus(-a, -um) (GERUNDIVE)

GERUND rogandī, -ō, -um, -ō   SUPINE rogātum, -ū

rumpō, rumpere, rūpī, ruptum   *break,   burst*

ACTIVE		PASSIVE	
INDICATIVE			
Pres. rumpō	rumpimus	rumpor	rumpimur
rumpis	rumpitis	rumperis(-re)	rumpiminī
rumpit	rumpunt	rumpitur	rumpuntur
Impf. rumpēbam	rumpēbāmus	rumpēbar	rumpēbāmur
rumpēbās	rumpēbātis	rumpēbāris(-re)	rumpēbāminī
rumpēbat	rumpēbant	rumpēbātur	rumpēbantur
Fut. rumpam	rumpēmus	rumpar	rumpēmur
rumpēs	rumpētis	rumpēris(-re)	rumpēminī
rumpet	rumpent	rumpētur	rumpentur
Perf. rūpī	rūpimus	ruptus sum	ruptī sumus
rūpistī	rūpistis	(-a, -um) es	(-ae, -a) estis
rūpit	rūpērunt(-re)	est	sunt
Plup. rūperam	rūperāmus	ruptus eram	ruptī erāmus
rūperās	rūperātis	(-a, -um) erās	(-ae, -a) erātis
rūperat	rūperant	erat	erant
Fut. rūperō	rūperimus	ruptus erō	ruptī erimus
Perf. rūperis	rūperitis	(-a, -um) eris	(-ae, -a) eritis
rūperit	rūperint	erit	erunt
SUBJUNCTIVE			
Pres. rumpam	rumpāmus	rumpar	rumpāmur
rumpās	rumpātis	rumpāris(-re)	rumpāminī
rumpat	rumpant	rumpātur	rumpantur
Impf. rumperem	rumperēmus	rumperer	rumperēmur
rumperēs	rumperētis	rumperēris(-re)	rumperēminī
rumperet	rumperent	rumperētur	rumperentur
Perf. rūperim	rūperimus	ruptus sim	ruptī sīmus
rūperis	rūperitis	(-a, -um) sīs	(-ae, -a) sītis
rūperit	rūperint	sit	sint
Plup. rūpissem	rūpissēmus	ruptus essem	ruptī essēmus
rūpissēs	rūpissētis	(-a, -um) essēs	(-ae, -a) essētis
rūpisset	rūpissent	esset	essent

IMPERATIVE

Pres. rumpe   rumpite

INFINITIVE

Pres. rumpere   rumpī
Perf. rūpisse   ruptus(-a, -um) esse
Fut. ruptūrus(-a, -um) esse

PARTICIPLE

Pres. rumpēns(-tis)
Perf.   ruptus(-a, -um)
Fut. ruptūrus(-a, -um)   rumpendus(-a, -um) (GERUNDIVE)

GERUND rumpendī, -ō, -um, -ō   SUPINE ruptum, -ū

sciō

scīō, scīre, scīvī, scītum   *know*

	ACTIVE		PASSIVE	
			INDICATIVE	

Pres.
sciō	scīmus	scior	scīmur
scīs	scītis	scīris(-re)	scīminī
scit	sciunt	scītur	sciuntur

Impf.
sciēbam	sciēbāmus	sciēbar	sciēbāmur
sciēbās	sciēbātis	sciēbāris(-re)	sciēbāminī
sciēbat	sciēbant	sciēbātur	sciēbantur

Fut.
sciam	sciēmus	sciar	sciēmur
sciēs	sciētis	sciēris	sciēminī
sciet	scient	sciētur	scientur

Perf.
scīvī	scīvimus	scītus sum	scītī sumus
scīvistī	scīvistis	(-a, -um) es	(-ae, -a) estis
scīvit	scīvērunt(-re)	est	sunt

Plup.
scīveram	scīverāmus	scītus eram	scītī erāmus
scīverās	scīverātis	(-a, -um) erās	(-ae, -a) erātis
scīverat	scīverant	erat	erant

Fut.
Perf.
scīverō	scīverimus	.scītus erō	scītī erimus
scīveris	scīveritis	(-a, -um) eris	(-ae, -a) eritis
scīverit	scīverint	erit	erunt

			SUBJUNCTIVE	

Pres.
sciam	sciāmus	sciar	sciāmur
sciās	sciātis	sciāris(-re)	sciāminī
sciat	sciant	sciātur	sciantur

Impf.
scīrem	scīrēmus	scīrer	scīrēmur
scīrēs	scīrētis	scīrēris(-re)	scīrēminī
scīret	scīrent	scīrētur	scīrentur

Perf.
scīverim	scīverimus	scītus sim	scītī sīmus
scīveris	scīveritis	(-a, -um) sīs	(-ae, -a) sītis
scīverit	scīverint	sit	sint

Plup.
scīvissem	scīvissēmus	scītus essem	scītī essēmus
scīvissēs	scīvissētis	(-a, -um) essēs	(-ae, -a) essētis
scīvisset	scīvissent	esset	essent

		IMPERATIVE	

Fut.
scītō	scītōte

		INFINITIVE	

Pres. scīre — scīrī
Perf. scīvisse — scītus(-a, -um) esse
Fut. scītūrus(-a, -um) esse

	PARTICIPLE

Pres. sciēns(-tis)
Perf. — scītus(-a, -um)
Fut. scītūrus(-a, -um) — sciendus(-a, -um) (GERUNDIVE)

GERUND sciendī, -ō, -um, -ō SUPINE scītum, -ū

scrībō, scrībere, scrīpsī, scrīptum   *write*

ACTIVE		PASSIVE	
		INDICATIVE	

Pres. scrībō   scrībimus   scrībor   scrībimur
         scrībis   scrībitis   scrīberis(-re)   scrībiminī
         scrībit   scrībunt   scrībitur   scrībuntur

Impf. scrībēbam   scrībēbāmus   scrībēbar   scrībēbāmur
         scrībēbās   scrībēbātis   scrībēbāris(-re) scrībēbāminī
         scrībēbat   scrībēbant   scrībēbātur   scrībēbantur

Fut.   scrībam   scrībēmus   scrībar   scrībēmur
         scrībēs   scrībētis   scrībēris(-re)   scrībēminī
         scrībet   scrībent   scrībētur   scrībentur

Perf. scrīpsī   scrīpsimus   scrīptus sum   scrīptī sumus
         scrīpsistī scrīpsistis   (-a, -um) es   (-ae, -a) estis
         scrīpsit   scrīpsērunt(-re)   est   sunt

Plup. scrīpseram scrīpserāmus   scrīptus eram   scrīptī srāmus
         scrīpserās scrīpserātis   (-a, -um) erās   (-ae, -a) erātis
         scrīpserat scrīpserant   erat   erant

Fut.   scrīpserō   scrīpserimus   scrīptus erō   scrīptī erimus
Perf. scrīpseris scrīpseritis   (-a, -um) eris   (-ae, -a) eritis
         scrīpserit scrīpserint   erit   erunt

| | | **SUBJUNCTIVE** | |

Pres. scrībam   scrībāmus   scrībar   scrībāmur
         scrībās   scrībātis   scrībāris(-re)   scrībāminī
         scrībat   scrībant   scrībātur   scrībantur

Impf. scrīberem   scrīberēmus   scrīberer   scrīberēmur
         scrīberēs   scrīberētis   scrīberēris(-re) scrīberēminī
         scrīberet   scrīberent   scrīberētur   scrīberentur

Perf. scrīpserim scrīpserimus   scrīptus sim   scrīptī sīmus
         scrīpseris scrīpseritis   (-a, -um) sīs   (-ae, -a) sītis
         scrīpserit scrīpserint   sit   sint

Plup. scrīpsissem scrīpsissēmus scrīptus essem   scrīptī essēmus
         scrīpsissēs scrīpsissētis (-a, -um) essēs (-ae, -a) essētis
         scrīpsisset scrīpsissent   esset   essent

| | | **IMPERATIVE** | |

Pres. scrībe   scrībite

| | | **INFINITIVE** | |

Pres. scrībere   scrībī
Perf. scrīpsisse   scrīptus(-a, -um) esse
Fut.   scrīptūrus(-a, -um) esse

| | | **PARTICLLPE** | |

Pres. scrībēns(-tis)
Perf.   scrīptus(-a, -um)
Fut.   scrīptūrus(-a, -um)   scrībendus(-a, -um) (GERUNDIVE)

GERUND scrībendī, -ō, -um, -ō   SUPINE scrīptum, -ū

sedeō

ACTIVE

INDICATIVE

Pres.	sedeō	sedēmus
	sedēs	sedētis
	sedet	sedent

Impf.	sedēbam	sedēbāmus
	sedēbās	sedēbātis
	sedēbat	sedēbant

Fut.	sedēbō	sedēbimus
	sedēbis	sedēbitis
	sedēbit	sedēbunt

Perf.	sēdī	sēdimus
	sēdistī	sēdistis
	sēdit	sēdērunt(-re)

Plup.	sēderam	sēderāmus
	sēderās	sēderātis
	sēderat	sēderant

Fut.	sēderō	sēderimus
Perf.	sēderis	sēderitis
	sēderit	sēderint

SUBJUNCTIVE

Pres.	sedeam	sedeāmus
	sedeās	sedeātis
	sedeat	sedeant

Impf.	sedērem	sedērēmus
	sedērēs	sedērētis
	sedēret	sedērent

Perf.	sēderim	sēderimus
	sēderis	sēderitis
	sēderit	sēderint

Plup.	sēdissem	sēdissēmus
	sēdissēs	sēdissētis
	sēdisset	sēdissent

IMPERATIVE

Pres.	sedē	sedēte

INFINITIVE

Pres.	sedēre
Perf.	sēdisse
Fut.	sessūrus(-a, -um) esse

PARTICIPLE

Active		**Passive**
Pres.	sedēns(-tis)	
Perf.	———	
Fut.	sessūrus(-a, -um)	sedendus(-a, -um) (GERUNDIVE)

GERUND sedendī, -ō, -um, -ō   SUPINE ———

164

sentiō, sentīre, sēnsī, sēnsum   *feel, perceive*

ACTIVE		PASSIVE	
INDICATIVE			

	ACTIVE		PASSIVE	
Pres.	sentiō	sentīmus	sentior	sentīmur
	sentīs	sentītis	sentīris(-re)	sentīminī
	sentit	sentiunt	sentītur	sentiuntur
Impf.	sentiēbam	sentiēbāmus	sentiēbar	sentiēbāmur
	sentiēbās	sentiēbātis	sentiēbāris(-re)	sentiēbāminī
	sentiēbat	sentiēbant	sentiēbātur	sentiēbantur
Fut.	sentiam	sentiēmus	sentiar	sentiēmur
	sentiēs	sentiētis	sentiēris(-re)	sentiēminī
	sentiet	sentient	sentiētur	sentientur
Perf.	sēnsī	sēnsimus	sēnsus sum	sēnsī sumus
	sēnsistī	sēnsistis	(-a, -um) es	(-ae, -a) estis
	sēnsit	sēnsērunt(-re)	est	sunt
Plup.	sēnseram	sēnserāmus	sēnsus eram	sēnsī erāmus
	sēnserās	sēnserātis	(-a, -um) erās	(-ae, -a) erātis
	sēnserat	sēnserant	erat	erant
Fut.	sēnserō	sēnserimus	sēnsus erō	sēnsī erimus
Perf.	sēnseris	sēnseritis	(-a, -um) eris	(-ae, -a) eritis
	sēnserit	sēnserint	erit	erunt

SUBJUNCTIVE

	ACTIVE		PASSIVE	
Pres.	sentiam	sentiāmus	sentiar	sentiāmur
	sentiās	sentiātis	sentiāris(-re)	sentiāminī
	sentiat	sentiant	sentiātur	sentiantur
Impf.	sentīrem	sentīrēmus	sentīrer	sentīrēmur
	sentīrēs	sentīrētis	sentīrēris(-re)	sentīrēminī
	sentīret	sentīrent	sentīrētur	sentīrentur
Perf.	sēnserim	sēnserimus	sēnsus sim	sēnsī sīmus
	sēnseris	sēnseritis	(-a, -um) sīs	(-ae, -a) sītis
	sēnserit	sēnserint	sit	sint
Plup.	sēnsissem	sēnsissēmus	sēnsus essem	sēnsī essēmus
	sēnsissēs	sēnsissētis	(-a, -um) essēs	(-ae, -a) essētis
	sēnsisset	sēnsissent	esset	essent

IMPERATIVE

Pres.	sentī	sentīte

INFINITIVE

Pres.	sentīre	sentīrī
Perf.	sēnsisse	sēnsus(-a, -um) esse
Fut.	sēnsūrus(-a, -um) esse	

PARTICIPLE

Pres.	sentiēns(-tis)	
Perf.		sēnsus(-a, -um)
Fut.	sēnsūrus(-a, -um)	sentiendus(-a, -um) (GERUNDIVE)

GERUND sentiendī, -ō, -um, -ō   SUPINE sēnsum, -ū

sequor

sequor, sequī, secūtus sum   *follow*

ACTIVE
INDICATIVE

Pres.	sequor	sequimur
	sequeris(-re)	sequiminī
	sequitur	sequuntur
Impf.	sequēbar	sequēbāmur
	sequēbāris(-re)	sequēbāminī
	sequēbātur	sequēbantur
Fut.	sequar	sequēmur
	sequēris(-re)	sequēminī
	sequētur	sequentur
Perf.	secūtus sum	secūtī sumus
	(-a, -um) es	(-ae, -a) estis
	est	sunt
Plup.	secūtus eram	secūtī erāmus
	(-a, -um) erās	(-ae, -a) erātis
	erat	erant
Fut.	secūtus erō	secūtī erimus
Perf.	(-a, -um) eris	(-ae, -a) eritis
	erit	erunt

SUBJUNCTIVE

Pres.	sequar	sequāmur
	sequāris(-re)	sequāminī
	sequātur	sequantur
Impf.	sequerer	sequerēmur
	sequerēris(-re)	sequerēminī
	sequerētur	sequerentur
Perf.	secūtus sim	secūtī sīmus
	(-a, -um) sīs	(-ae, -a) sītis
	sit	sint
Plup.	secūtus essem	secūtī essēmus
	(-a, -um) essēs	(-ae, -a) essētis
	esset	essent

IMPERATIVE

Pres.	sequere	sequiminī

INFINITIVE

Pres.	sequī
Perf.	secūtus(-a, -um) esse
Fut.	secūtūrus(-a, -um) esse

PARTICIPLE

	Active	**Passive**
Pres.	sequēns(-tis)	
Perf.	secūtus(-a, -um)	
Fut.	secūtūrus(-a, -um)	sequendus(-a, -um) (GERUNDIVE)

GERUND sequendī, -ō, -um, -ō   SUPINE secūtum, -ū

serviō, servīre, servīvī, servītum   *serve*

ACTIVE		PASSIVE	

I N D I C A T I V E

	ACTIVE		PASSIVE	
Pres.	serviō	servīmus	servior	servīmur
	servīs	servītis	servīris(-re)	servīminī
	servit	serviunt	servītur	serviuntur
Impf.	serviēbam	serviēbāmus	serviēbar	serviēbāmur
	serviēbās	serviēbātis	serviēbāris(-re)	serviēbāminī
	serviēbat	serviēbant	serviēbātur	serviēbantur
Fut.	serviam	serviēmus	serviar	serviēmur
	serviēs	serviētis	serviēris(-re)	serviēminī
	serviet	servient	serviētur	servientur
Perf.	servīvī	servīvimus	servītus sum	servītī sumus
	servīvistī	servīvistis	(-a, -um) es	(-ae, -a) estis
	servīvit	servīvērunt(-re)	est	sunt
Plup.	servīveram	servīverāmus	servītus eram	servītī erāmus
	servīverās	servīverātis	(-a, -um) erās	(-ae, -a) erātis
	servīverat	servīverant	erat	erant
Fut.	servīverō	servīverimus	servītus erō	servītī erimus
Perf.	servīveris	servīveritis	(-a, -um) eris	(-ae, -a) eritis
	servīverit	servīverint	erit	erunt

S U B J U N C T I V E

	ACTIVE		PASSIVE	
Pres.	serviam	serviāmus	serviar	serviāmur
	serviās	serviātis	serviāris(-re)	serviāminī
	serviat	serviant	serviātur	serviantur
Impf.	servīrem	servīrēmus	servīrer	servīrēmur
	servīrēs	servīrētis	servīrēris(-re)	servīrēminī
	servīret	servīrent	servīrētur	servīrentur
Perf.	servīverim	servīverimus	servītus sim	servītī sīmus
	servīveris	servīveritis	(-a, -um) sīs	(-ae, -a) sītis
	servīverit	servīverint	sit	sint
Plup.	servīvissem	servīvissēmus	servītus essem	servītī essēmus
	servīvissēs	servīvissētis	(-a, -um) essēs	(-ae, -a) essētis
	servīvisset	servīvissent	esset	essent

I M P E R A T I V E

Pres. servī   servīte

I N F I N I T I V E

Pres.	servīre	servīrī
Perf.	servīvisse	servītus(-a, -um) esse
Fut.	servītūrus(-a, -um) esse	

P A R T I C I P L E

Pres.	serviēns(-tis)	
Perf.		servītus(-a, -um)
Fut.	servītūrus(-a, -um)	serviendus(-a, -um) (GERUNDIVE)

GERUND serviendī, -ō, -um, -ō   SUPINE servītum, -ū

167

servō

servō, servāre, servāvī, servātum   *save, keep*

<table>
<tr><td colspan="3">ACTIVE</td><td colspan="2">PASSIVE</td></tr>
<tr><td colspan="5" align="center">INDICATIVE</td></tr>
</table>

	ACTIVE		PASSIVE	
Pres.	servō	servāmus	servor	servāmur
	servās	servātis	servāris(-re)	servāminī
	servat	servant	servātur	servantur
Impf.	servābam	servābāmus	servābar	servābāmur
	servābās	servābātis	servābāris(-re)	servābāminī
	servābat	servābant	servābātur	servābantur
Fut.	servābō	servābimus	servābor	servābimur
	servābis	servābitis	servāberis(-re)	servābiminī
	servābit	servābunt	servābitur	servābuntur
Perf.	servāvī	servāvimus	servātus sum	servātī sumus
	servāvistī	servāvistis	(-a, -um) es	(-ae, -a) estis
	servāvit	servāvērunt(-re)	est	sunt
Plup.	servāveram	servāverāmus	servātus eram	servātī erāmus
	servāverās	servāverātis	(-a, -um) erās	(-ae, -a) erātis
	servāverat	servāverant	erat	erant
Fut.	servāverō	servāverimus	servātus erō	servātī erimus
Perf.	servāveris	servāveritis	(-a, -um) eris	(-ae, -a) eritis
	servāverit	servāverint	erit	erunt

SUBJUNCTIVE

Pres.	servem	servēmus	server	servēmur
	servēs	servētis	servēris(-re)	servēminī
	servet	servent	servētur	serventur
Impf.	servārem	servārēmus	servārer	servārēmur
	servārēs	servārētis	servārēris(-re)	servārēminī
	servāret	servārent	servārētur	servārentur
Perf.	servāverim	servāverimus	servātus sim	servātī sīmus
	servāveris	savāveritis	(-a, -um) sīs	(-ae, -a) sītis
	servāverit	servāverint	sit	sint
Plup.	servāvissem	servāvissēmus	servātus essem	servātī essēmus
	servāvissēs	servāvissētis	(-a, -um) essēs	(-ae, -a) essētis
	servāvisset	servāvissent	esset	essent

IMPERATIVE

Pres.   servā   servāte

INFINITIVE

Pres.   servāre   servārī
Perf.   servāvisse   servātus(-a, -um) esse
Fut.   servātūrus(-a, -um) esse

PARTICIPLE

Pres.   servāns(-tis)
Perf.   servātus(-a, -um)
Fut.   servātūrus(-a, -um)   servandus(-a, -um) (GERUNDIVE)

GERUND servandī, -ō, -um, -ō   SUPINE servātum, -ū

sinō, sinere, sīvī, situm   *let,   permit*

ACTIVE		PASSIVE	

INDICATIVE

Pres.	sinō	sinimus	sinor	sinimur
	sinis	sinitis	sineris(-re)	siniminī
	sinit	sinunt	sinitur	sinuntur
Impf.	sinēbam	sinēbāmus	sinēbar	sinēbāmur
	sinēbās	sinēbātis	sinēbāris(-re)	sinēbāminī
	sinēbat	sinēbant	sinēbātur	sinēbantur
Fut.	sinam	sinēmus	sinar	sinēmur
	sinēs	sinētis	sinēris(-re)	sinēminī
	sinet	sinent	sinētur	sinentur
Perf.	sīvī	sīvimus	situs sum	sitī sumus
	sīvistī	sīvistis	(-a, -um) es	(-ae, -a) estis
	sīvit	sīvērunt(-re)	est	sunt
Plup.	sīveram	sīverāmus	situs eram	sitī erāmus
	sīverās	sīverātis	(-a, -um) erās	(-ae, -a) erātis
	sīverat	sīverant	erat	erant
Fut.	sīverō	sīverimus	situs erō	sitī erimus
Perf.	sīveris	sīveritis	(-a, -um) eris	(-ae, -a) eritis
	sīverit	sīverint	erit	erunt

SUBJUNCTIVE

Pres.	sinam	sināmus	sinar	sināmur
	sinās	sinātis	sināris(-re)	sināminī
	sinat	sinant	sinātur	sinantur
Impf.	sinerem	sinerēmus	sinerer	sinerēmur
	sinerēs	sinerētis	sinerēris(-re)	sinerēminī
	sineret	sinerent	sinerētur	sinerentur
Perf.	sīverim	sīverimus	situs sim	sitī sīmus
	sīveris	sīveritis	(-a, -um) sīs	(-ae, -a) sītis
	sīverit	sīverint	sit	sint
Plup.	sīvissem	sīvissēmus	situs essem	sitī essēmus
	sīvissēs	sīvissētis	(-a, -um) essēs	(-ae, -a) essētis
	sīvisset	sīvissent	esset	essent

IMPERATIVE

Pres.   sine   sinite

INFINITIVE

Pres.   sinere   sinī
Perf.   sīvisse   situs(-a, -um) esse
Fut.   sitūrus(-a, -um) esse

PARTICIPLE

Pres.   sinēns(-tis)
Perf.   situs(-a, -um)
Fut.   sitūrus(-a, -um) sinendus(-a, -um) (GERUNDIVE)

GERUND sinendī, -ō, -um, -ō   SUPINE situm, -ū

soleō

soleō, solēre, solitus sum   *be accustomed*

ACTIVE

INDICATIVE

Pres. soleō   solēmus
solēs   solētis
solet   solent

Impf. solēbam   solēbāmus
solēbās   solēbātis
solēbat   solēbant

Fut. solēbō   solēbimus
solēbis   solēbitis
solēbit   solēbunt

Perf. solitus sum   solitī   sumus
(-a, -um) es   (-ae, -a) estis
est   sunt

Plup. solitus eram   solitī   erāmus
(-a, -um) erās   (-ae, -a) erātis
erat   erant

Fut. solitus erō   solitī   erimus
Perf. (-a, -um) eris   (-ae, -a) eritis
erit   erunt

SUBJUNCTIVE

Pres. soleam   soleāmus
soleās   soleātis
soleat   soleant

Impf. solērem   solērēmus
solērēs   solērētis
solēret   solērent

Perf. solitus sim   solitī   sīmus
(-a, -um) sīs   (-ae, -a) sītis
sit   sint

Plup. solitus essem   solitī   essēmus
(-a, -um) essēs (-ae, -a) essētis
esset   essent

IMPERATIVE
Pres. solē   solēte

INFINITIVE
Pres. solēre
Perf. solitus(-a, -um) esse
Fut. solitūrus(-a, -um) esse

PARTICIPLE
Pres. solēns(-tis)
Perf. solitus(-a, -um)
Fut. solitūrus(-a, -um)

GERUND solendī, -ō, -um, -ō   SUPINE solitum, -ū

170

solvō, solvere, solvī, solūtus   *loosen,   set sail*

ACTIVE   PASSIVE

I N D I C A T I V E

Pres.	solvō	solvimus	solvor	solvimur
	solvis	solvitis	solveris(-re)	solviminī
	solvit	solvunt	solvitur	solvuntur
Impf.	solvēbam	solvēbāmus	solvēbar	solvēbāmur
	solvēbās	solvēbātis	solvēbāris(-re)	solvēbāminī
	solvēbat	solvēbant	solvēbātur	solvēbantur
Fut.	solvam	solvēmus	solvar	solvēmur
	solvēs	solvētis	solvēris(-re)	solvēminī
	solvet	solvent	solvētur	solventur
Perf.	solvī	solvimus	solūtus sum	solūtī sumus
	solvistī	solvistis	(-a, -um) es	(-ae, -a) estis
	solvit	solvērunt(-re)	est	sunt
Plup.	solveram	solverāmus	solūtus eram	solūtī erāmus
	solverās	solverātis	(-a, -um) erās	(-ae, -a) erātis
	solverat	solverant	erat	erant
Fut.	solverō	solverimus	solūtus erō	solūtī erimus
Perf.	solveris	solveritis	(-a, -um) eris	(-ae, -a) eritis
	solverit	solverint	erit	erunt

S U B J U N C T I V E

Pres.	solvam	solvāmus	solvar	solvāmur
	solvās	solvātis	solvāris(-re)	solvāminī
	solvat	solvant	solvātur	solvantur
Impf.	solverem	solverēmus	solverer	solverēmur
	solverēs	solverētis	solverēris(-re)	solverēminī
	solveret	solverent	solverētur	solverentur
Perf.	solverim	solverimus	solūtus sim	solūtī sīmus
	solveris	solveritis	(-a, -um) sīs	(-ae, -a) sītis
	solverit	solverint	sit	sint
Plup.	solvissem	solvissēmus	solūtus essem	solūtī essēmus
	solvissēs	solvissētis	(-a, -um) essēs	(-ae, -a) essētis
	solvisset	solvissent	esset	essent

I M P E R A T I V E

Pres. solve   solvite

I N F I N I T I V E

Pres. solvere   solvī
Perf. solvisse   solūtus(-a, -um) esse
Fut. solūtūrus(-a, -um) esse

P A R T I C I P L E

Pres. solvēns(-tis)
Perf.   solūtus(-a, -um)
Fut. solūtūrus(-a, -um)   solvendus(-a, -um) (GERUNDIVE)

GERUND solvendī, -ō, -um, -ō SUPINE solūtum, -ū

spectō

spectō, spectāre, spectāvī, spectātum   *look at*

<table>
<tr><td colspan="2" align="center">**ACTIVE**</td><td colspan="2" align="center">**PASSIVE**</td></tr>
<tr><td colspan="4" align="center">I N D I C A T I V E</td></tr>
<tr><td>*Pres.* spectō</td><td>spectāmus</td><td>spector</td><td>spectāmur</td></tr>
<tr><td>spectās</td><td>spectātis</td><td>spectāris(-re)</td><td>spectāminī</td></tr>
<tr><td>spectat</td><td>spectant</td><td>spectātur</td><td>spectantur</td></tr>
<tr><td>*Impf.* spectābam</td><td>spectābāmus</td><td>spectābar</td><td>spectābāmur</td></tr>
<tr><td>spectābās</td><td>spectābātis</td><td>spectābāris(-re)</td><td>spectābāminī</td></tr>
<tr><td>spectābat</td><td>spectābant</td><td>spectābātur</td><td>spectābantur</td></tr>
<tr><td>*Fut.* spectābō</td><td>spectābimus</td><td>spectābor</td><td>spectābimur</td></tr>
<tr><td>spectābis</td><td>spectābitis</td><td>spectāberis(-re)</td><td>spectābiminī</td></tr>
<tr><td>spectābit</td><td>spectābunt</td><td>spectābitur</td><td>spectābuntur</td></tr>
<tr><td>*Perf.* spectāvī</td><td>spectāvimus</td><td>spectātus sum</td><td>spectātī sumus</td></tr>
<tr><td>spectāvistī</td><td>spectāvistis</td><td>(-a, -um) es</td><td>(-ae, -a) estis</td></tr>
<tr><td>spectāvit</td><td>spectāvērunt(-re)</td><td>est</td><td>sunt</td></tr>
<tr><td>*Plup.* spectāveram</td><td>spectāverāmus</td><td>spectātus eram</td><td>spectātī erāmus</td></tr>
<tr><td>spectāverās</td><td>spectāverātis</td><td>(-a, -um) erās</td><td>(-ae, -a) erātis</td></tr>
<tr><td>spectāverat</td><td>spectāverant</td><td>erat</td><td>erant</td></tr>
<tr><td>*Fut.* spectāverō</td><td>spectāverimus</td><td>spectātus erō</td><td>spectātī erimus</td></tr>
<tr><td>*Perf.* spectāveris</td><td>spectāveritis</td><td>(-a, -um) eris</td><td>(-ae, -a) eritis</td></tr>
<tr><td>spectāverit</td><td>spectāverint</td><td>erit</td><td>erunt</td></tr>
<tr><td colspan="4" align="center">S U B J U N C T I V E</td></tr>
<tr><td>*Pres.* spectem</td><td>spectēmus</td><td>specter</td><td>spectēmur</td></tr>
<tr><td>spectēs</td><td>spectētis</td><td>spectēris(-re)</td><td>spectēminī</td></tr>
<tr><td>spectet</td><td>spectent</td><td>spectētur</td><td>spectentur</td></tr>
<tr><td>*Impf.* spectārem</td><td>spectārēmus</td><td>spectārer</td><td>spectārēmur</td></tr>
<tr><td>spectārēs</td><td>spectārētis</td><td>spectārēris(-re)</td><td>spectārēminī</td></tr>
<tr><td>spectāret</td><td>spectārent</td><td>spectārētur</td><td>spectārentur</td></tr>
<tr><td>*Perf.* spectāverim</td><td>spectāverimus</td><td>spectātus sim</td><td>spectātī sīmus</td></tr>
<tr><td>spectāveris</td><td>spectāveritis</td><td>(-a, -um) sīs</td><td>(-ae, -a) sītis</td></tr>
<tr><td>spectāverit</td><td>spectāverint</td><td>sit</td><td>sint</td></tr>
<tr><td>*Plup.* spectāvissem</td><td>spectāvissēmus</td><td>spectātus essem</td><td>spectātī essēmus</td></tr>
<tr><td>spectāvissēs</td><td>spectāvissētis</td><td>(-a, -um) essēs</td><td>(-ae, -a) essētis</td></tr>
<tr><td>spectāvisset</td><td>spectāvissent</td><td>esset</td><td>essent</td></tr>
</table>

I M P E R A T I V E

Pres. spectā   spectāte

I N F I N I T I V E

Pres. spectāre   spectārī
Perf. spectāvisse   spectātus(-a, -um) esse
Fut. spectātūrus(-a, -um) esse

P A R T I C I P L E

Pres. spectāns(-tis)
Perf.   spectātus(-a, -um)
Fut. spectātūrus(-a, -um)   spectandus(-a, -um) (GERUNDIVE)

GERUND spectandī, -ō, -um, -ō   SUPINE spectātum, -ū

spērō, spērāre, spērāvī, spērātum   *hope*

ACTIVE   PASSIVE
                          I N D I C A T I V E

Pres. spērō   spērāmus   ———   ———
        spērās   spērātis
        spērat   spērant   spērātur   spērantur

Impf. spērābam   spērābāmus   ———   ———
        spērābās   spērābātis
        spērābat   spērābant   spērābātur   spērābantur

Fut. spērābō   spērābimus   ———   ———
        spērābis   spērābitis
        spērābit   spērābunt   spērābitur   spērābuntur

Perf. spērāvī   spērāvimus   ———   ———
        spērāvistī   spērāvistis
        spērāvit   spērāvērunt(-re) spērātus(-a, -um) est   spērātī(-ae, -a) sunt

Plup. spērāveram   spērāverāmus   ———   ———
        spērāverās   spērāverātis
        spērāverat   spērāverant   spērātus(-a, -um) erat   spērātī(-ae, -a) erant

Fut. spērāverō   spērāverimus   ———   ———
Perf. spērāveris   spērāveritis
        spērāverit   spērāverint   spērātus(-a, -um) erit   spērātī(-ae, -a) erunt

                          S U B J U N C T I V E

Pres. spērem   spērēmus   ———   ———
        spērēs   spērētis
        spēret   spērent   spērētur   spērentur

Impf. spērārem   spērārēmus   ———   ———
        spērārēs   spērārētis
        spērāret   spērārent   spērārētur   spērārentur

Perf. spērāverim   spērāverimus   ———   ———
        spērāveris   spērāveritis
        spērāverit   spērāverint   spērātus(-a, -um) sit   spērātī(-ae, -a) sint

Plup. spērāvissem spērāvissēmus   ———   ———
        spērāvissēs spērāvissētis
        spērāvisset spērāvissent   spērātus(-a, -um) esset spērātī(-ae, -a) essent

                          I M P E R A T I V E

Pres. spērā   spērāte

                          I N F I N I T I V E

Pres. spērāre   spērārī
Perf. spērāvisse   spērātus(-a, -um) esse
Fut. spērātūrus(-a, -um) esse

                          P A R T I C I P L E

Pres. spērāns(-tis)
Perf.   spērātus(-a, -um)
Fut. spērātūrus(-a, -um)   spērandus(-a, -um) (GERUNDIVE)

GERUND spērandī, -ō, -um, -ō   SUPINE spērātum, -ū

statuō

statuō, statuere, statuī, statūtum   *decide,   station*

	ACTIVE		PASSIVE	

INDICATIVE

	ACTIVE		PASSIVE	
Pres.	statuō	statuimus	statuor	statuimur
	statuis	statuitis	statueris(-re)	statuiminī
	statuit	statuunt	statuitur	statuuntur
Impf.	statuēbam	statuēbāmus	statuēbar	statuēbāmur
	statuēbās	statuēbātis	statuēbāris(-re)	statuēbāminī
	statuēbat	statuēbant	statuēbātur	statuēbantur
Fut.	statuam	statuēmus	statuar	statuēmur
	statuēs	statuētis	statuēris(-re)	statuēminī
	statuet	statuent	statuētur	statuentur
Perf.	statuī	statuimus	statūtus sum	statūtī sumus
	statuistī	statuistis	(-a, -um) es	(-ae, -a) estis
	statuit	statuērunt(-re)	est	sunt
Plup.	statueram	statuerāmus	statūtus eram	statūtī erāmus
	statuerās	statuerātis	(-a, -um) erās	(-ae, -a) erātis
	statuerat	statuerant	erat	erant
Fut.	statuerō	statuerimus	statūtus erō	statūtī erimus
Perf.	statueris	statueritis	(-a, -um) eris	(-ae, -a) eritis
	statuerit	statuerint	erit	erunt

SUBJUNCTIVE

	ACTIVE		PASSIVE	
Pres.	statuam	statuāmus	statuar	statuāmur
	statuās	statuātis	statuāris(-re)	statuāminī
	statuat	statuant	statuātur	statuantur
Impf.	statuerem	statuerēmus	statuerer	statuerēmur
	statuerēs	statuerētis	statuerēris(-re)	statuerēminī
	statueret	statuerent	statuerētur	statuerentur
Perf.	statuerim	statuerimus	statūtus sim	statūtī sīmus
	statueris	statueritis	(-a, -um) sīs	(-ae, -a) sītis
	statuerit	statuerint	sit	sint
Plup.	statuissem	statuissēmus	statūtus essem	statūtī essēmus
	statuissēs	statuissētis	(-a, -um) essēs	(-ae, -a) essētis
	statuisset	statuissent	esset	essent

IMPERATIVE

Pres.   statue   statuite

INFINITIVE

Pres.   statuere   statuī
Perf.   statuisse   statūtus(-a, -um) esse
Fut.   statūtūrus(-a, -um) esse

PARTICIPLE

Pres.   statuēns(-tis)
Perf.   statūtus(-a, -um)
Fut.   statūtūrus(-a, -um)   statuendus(-a, -um) (GERUNDIVE)

GERUND statuendī, -ō, -um, -ō   SUPINE statūtum, -ū

174

stō, stāre, stetī, statūrus   *stand*

ACTIVE

INDICATIVE

Pres. stō   stāmus
         stās   stātis
         stat   stant

Impf. stābam   stābāmus
         stābās   stābātis
         stābat   stābant

Fut.   stābō   stābimus
         stābis   stābitis
         stābit   stābunt

Perf. stetī   stetimus
         stetistī   stetistis
         stetit   stetērunt(-re)

Plup. steteram   steterāmus
         steterās   steterātis
         steterat   steterant

Fut.   steterō   steterimus
Perf. steteris   steteritis
         steterit   steterint

SUBJUNCTIVE

Pres. stem   stēmus
         stēs   stētis
         stet   stent

Impf. stārem   stārēmus
         stārēs   stārētis
         stāret   stārent

Perf. steterim   steterimus
         steteris   steteritis
         steterit   steterint

Plup. stetissem   stetissēmus
         stetissēs   stetissētis
         stetisset   stetissent

IMPERATIVE

Pres. stā   stāte

INFINITIVE

Pres. stāre
Perf. stetisse
Fut.   statūrus(-a, -um) esse

PARTICIPLE

Pres. stāns(-tis)
Perf. ———
Fut.   statūrus(-a, -um)

GERUND standī, -ō, -um, -ō   SUPINE ———

studeō, studēre, studuī   *be eager for, desire*

ACTIVE

INDICATIVE

Pres. studeō   studēmus
        studēs   studētis
        studet   student

Impf. studēbam   studēbāmus
        studēbās   studēbātis
        studēbat   studēbant

Fut.   studēbō   studēbimus
        studēbis   studēbitis
        studēbit   studēbunt

Perf. studuī   studuimus
        studuistī   studuistis
        studuit   studuērunt(-re)

Plup. studueram   studuerāmus
        studuerās   studuerātis
        studuerat   studuerant

Fut.   studuerō   studuerimus
Perf. studueris   studueritis
        studuerit   studuerint

SUBJUNCTIVE

Pres. studeam   studeāmus
        studeās   studeātis
        studeat   studeant

Impf. studērem   studērēmus
        studērēs   studērētis
        studēret   studērent

Perf. studuerim   studuerimus
        studueris   studueritis
        studuerit   studuerint

Plup. studuissem   studuissēmus
        studuissēs   studuissētis
        studuisset   studuissent

IMPERATIVE

Pres. studē   studēte

INFINITIVE

Pres. studēre
Perf. studuisse
Fut. ———

PARTICIPLE

Pres. studēns(-tis)
Perf. ———
Fut. ———

GERUND studendī, -ō, -um, -ō SUPINE ———

suādeō, suādēre, suāsī, suāsum   *advise*

ACTIVE		PASSIVE	
		I N D I C A T I V E	

Pres. suādeō suādēmus · suādeor suādēmur
suādēs suādētis · suādēris(-re) suādēminī
suādet suādent · suādētur suādentur

Impf. suādēbam suādēbāmus · suādēbar suādēbāmur
suādēbās suādēbātis · suādēbāris(-re) suādēbāminī
suādēbat suādēbant · suādēbātur suādēbantur

Fut. suādēbō suādēbimus · suādēbor suādēbimur
suādēbis suādēbitis · suādēberis(-re) suādēbiminī
suādēbit suādēbunt · suādēbitur suādēbuntur

Perf. suāsī suāsimus · suāsus sum   suāsī sumus
suāsistī suāsistis · (-a, -um) es   (-ae, -a) estis
suāsit suāsērunt(-re) · est   sunt

Plup. suāseram suāserāmus · suāsus eram   suāsī erāmus
suāserās suāserātis · (-a, -um) erās   (-ae, -a) erātis
suāserat suāserant · erat   erant

Fut. suāserō suāserimus · suāsus erō   suāsī erimus
Perf. suāseris suāseritis · (-a, -um) eris   (-ae, -a) eritis
suāserit suāserint · erit   erunt

| | | **S U B J U N C T I V E** | |

Pres. suādeam suādeāmus · suādear suādeāmur
suādeās suādeātis · suādeāris(-re) suādeāminī
suādeat suādeant · suādeātur suādeantur

Impf. suādērem suādērēmus · suādērer suādērēmur
suādērēs suādērētis · suādērēris(-re) suādērēminī
suādēret suādērent · suādērētur suādērentur

Perf. suāserim suāserimus · suāsus sim   suāsī sīmus
suāseris suāseritis · (-a, -um) sīs   (-ae, -a) sītis
suāserit suāserint · sit   sint

Plup. suāsissem suāsissēmus · suāsus essem   suāsī essēmus
suāsissēs suāsissētis · (-a, -um) essēs   (-ae, -a) essētis
suāsisset suāsissent · esset   essent

| | | **I M P E R A T I V E** | |

Pres. suādē   suādēte

| | | **I N F I N I T I V E** | |

Pres. suādēre   suādērī
Perf. suāsisse   suāsus(-a, -um) esse
Fut. suāsūrus(-a, -um) esse

| | | **P A R T I C I P L E** | |

Pres. suādēns(-tis)
Perf.   suāsus(-a, -um)
Fut. suāsūrus(-a, -um)   suādendus(-a, -um) (GERUNDIVE)

GERUND suādendī, -ō, -um, -ō   SUPINE suāsum, -ū

177

sum, esse, fuī, futūrus

ACTIVE

INDICATIVE

Pres. sum   sumus
        es   estis
        est   sunt

Impf. eram   erāmus
       erās   erātis
       erat   erant

Fut. erō   erimus
      eris   eritis
      erit   erunt

Perf. fuī   fuimus
       fuistī   fuistis
       fuit   fuērunt(-re)

Plup. fueram   fuerāmus
       fuerās   fuerātis
       fuerat   fuerant

Fut. fuerō   fuerimus
Perf. fueris   fueritis
       fuerit   fuerint

SUBJUNCTIVE

Pres. sim   sīmus
       sīs   sītis
       sit   sint

Impf. essem   essēmus
       essēs   essētis
       esset   essent

Perf. fuerim   fuerimus
       fueris   fueritis
       fuerit   fuerint

Plup. fuissem   fuissēmus
       fuissēs   fuissētis
       fuisset   fuissent

IMPERATIVE

Fut. estō   estōte

INFINITIVE

Pres. esse
Perf. fuisse
Fut. futūrus(-a, -um) esse

PARTICIPLE

Pres. ——
Perf. ——
Fut. futūrus(-a, -um)

GERUND ——   SUPINE ——

sūmō, sūmere, sūmpsī, sūmptum   *take*

ACTIVE		PASSIVE	
		INDICATIVE	

Pres. sūmō   sūmimus   sūmor   sūmimur
        sūmis   sūmitis   sūmeris(-re) sūmiminī
        sūmit   sūmunt   sūmitur   sūmuntur

Impf. sūmēbam   sūmēbāmus   sūmēbar   sūmēbāmur
        sūmēbās   sūmēbātis   sūmēbāris(-re) sūmēbāminī
        sūmēbat   sūmēbant   sūmēbātur   sūmēbantur

Fut. sūmam   sūmēmus   sūmar   sūmēmur
        sūmēs   sūmētis   sūmēris(-re) sūmēminī
        sūmet   sūment   sūmētur   sūmentur

Perf. sūmpsī   sūmpsimus   sūmptus sum   sūmptī sumus
        sūmpsistī sūmpsistis   (-a, -um) es (-ae, -a) estis
        sūmpsit   sūmpsērunt(-re)   est   sunt

Plup. sūmpseram sūmpserāmus sūmptus eram sūmptī erāmus
        sūmpserās sūmpserātis (-a, -um) erās (-ae, -a) erātis
        sūmpserat sūmpserant   erat   erant

Fut. sūmpserō sūmpserimus sūmptus erō   sūmptī erimus
Perf. sūmpseris sūmpseritis (-a, -um) eris (-ae, -a) eritis
        sūmpserit sūmpserint   erit   erunt

SUBJUNCTIVE

Pres. sūmam   sūmāmus   sūmar   sūmāmur
        sūmās   sūmātis   sūmāris(-re) sūmāminī
        sūmat   sūmant   sūmātur   sūmantur

Impf. sūmerem   sūmerēmus   sūmerer   sūmerēmur
        sūmerēs   sūmerētis   sūmerēris(-re) sūmerēminī
        sūmeret   sūmerent   sūmerētur   sūmerentur

Perf. sūmpserim sūmpserimus sūmptus sim   sūmptī sīmus
        sūmpseris sūmpseritis (-a, -um) sīs (-ae, -a) sītis
        sūmpserit sūmpserint   sit   sint

Plup. sūmpsissem sūmpsissēmus sūmptus essem sūmptī essēmus
        sūmpsissēs sūmpsissētis (-a, -um) essēs (-ae, -a) essētis
        sūmpsisset sūmpsissent   esset   essent

IMPERATIVE

Pres. sūme   sūmite

INFINITIVE

Pres. sūmere   sūmī
Perf. sūmpsisse   sūmptus(-a, -um) esse
Fut. sūmptūrus(-a, -um) esse

PARTICIPLE

Pres. sūmēns(-tis)
Perf.   sūmptus(-a, -um)
Fut. sūmptūrus(-a, -um)   sūmendus(-a, -um) (GERUNDIVE)

GERUND sūmendī, -ō, -um, -ō   SUPINE sūmptum, -ū

supero

superō, superāre, superāvī, superātum   *overcome, surpass*

ACTIVE   **PASSIVE**

INDICATIVE

Pres.	superō	superāmus	superor	superāmur
	superās	superātis	superāris(-re)	superāminī
	superat	superant	superātur	superantur
Impf.	superābam	superābāmus	superābar	superābāmur
	superābās	superābātis	superābāris(-re)	superābāminī
	superābat	superābant	superābātur	superābantur
Fut.	superābō	superābimus	superābor	superābimur
	superābis	superābitis	superāberis(-re)	superābiminī
	superābit	superābunt	superābitur	superābuntur
Perf.	superāvī	superāvimus	superātus sum	superātī sumus
	superāvistī	superāvistis	(-a, -um) es	(-ae, -a) estis
	superāvit	superāvērunt(-re)	est	sunt
Plup.	superāveram	superāverāmus	superātus eram	superātī erāmus
	superāverās	superāverātis	(-a, -um) erās	(-ae, -a) erātis
	superāverat	superāverant	erat	erant
Fut.	superāverō	superāverimus	superātus erō	superātī erimus
Perf.	superāveris	superāveritis	(-a, -um) eris	(-ae, -a) eritis
	superāverit	superāverint	erit	erunt

SUBJUNCTIVE

Pres.	superem	superēmus	superer	superēmur
	superēs	superētis	superēris(-re)	superēminī
	superet	superent	superētur	superentur
Impf.	superārem	superārēmus	superārer	superārēmur
	superārēs	superārētis	superārēris(-re)	superārēminī
	superāret	superārent	superārētur	superārentur
Perf.	superāverim	superāverimus	superātus sim	superātī sīmus
	superāveris	superāveritis	(-a, -um) sīs	(-ae, -a) sītis
	superāverit	superāverint	sit	sint
Plup.	superāvissem	superāvissēmus	superātus essem	superātī essēmus
	superāvissēs	superāvissētis	(-a, -um) essēs	(-ae, -a) essētis
	superāvisset	superāvissent	esset	essent

IMPERATIVE

Pres. superā   superāte

INFINITIVE

Pres. superāre   superārī
Perf. superāvisse   superātus(-a, -um) esse
Fut.   superātūrus(-a, -um) esse

PARTICIPLE

Pres. superāns(-tis)
Perf.   superātus(-a, -um)
Fut.   superātūrus(-a, -um)   superandus(-a, -um) (GERUNDIVE)

GERUND superandī, -ō, -um, -ō   SUPINE superātum, -ū

taceō, tacēre, tacuī, tacitum   *be silent,   keep still*

ACTIVE		PASSIVE	

INDICATIVE

Pres. taceō   tacēmus   ———   ———
tacēs   tacētis
tacet   tacent   tacētur   tacentur

Impf. tacēbam   tacēbāmus   ———   ———
tacēbās   tacēbātis
tacēbat   tacēbant   tacēbātur   tacēbantur

Fut. tacēbō   tacēbimus   ———   ———
tacēbis   tacēbitis
tacēbit   tacēbunt   tacēbitur   tacēbuntur

Perf. tacuī   tacuimus   ———   ———
tacuistī   tacuistis
tacuit   tacuērunt(-re)   tacitus(-a, -um) est   tacitī(-ae, -a) sunt

Plup. tacueram   tacuerāmus   ———   ———
tacuerās   tacuerātis
tacuerat   tacuerant   tacitus(-a, -um) erat   tacitī(-ae, -a) erant

Fut. tacuerō   tacuerimus   ———   ———
Perf. tacueris   tacueritis
tacuerit   tacuerint   tacitus(-a, -um) erit   tacitī(-ae, -a) erunt

SUBJUNCTIVE

Pres. taceam   taceāmus   ———   ———
taceās   taceātis
taceat   taceant   taceātur   taceantur

Impf. tacērem   tacērēmus   ———   ———
tacērēs   tacērētis
tacēret   tacērent   tacērētur   tacērentur

Perf. tacuerim   tacuerimus   ———   ———
tacueris   tacueritis
tacuerit   tacuerint   tacitus(-a, -um) sit   tacitī(-ae, -a) sint

Plup. tacuissem   tacuissēmus   ———   ———
tacuissēs   tacuissētis
tacuisset   tacuissent   tacitus(-a, -um) esset   tacitī(-ae, -a) essent

IMPERATIVE

Pres. tacē   tacēte

INFINITIVE

Pres. tacēre   tacērī
Perf. tacuisse   tacitus(-a, -um) esse
Fut. tacitūrus(-a, -um) esse

PARTICIPLE

Pres. tacēns(-tis)
Perf.   tacitus(-a, -um)
Fut. tacitūrus(-a, -um)   tacendus(-a, -um) (GERUNDIVE)

GERUND tacendī, -ō, -um, -ō SUPINE tacitum, -ū

tangō

	ACTIVE		PASSIVE	
		INDICATIVE		
Pres.	tangō	tangimus	tangor	tangimur
	tangis	tangitis	tangeris(-re)	tangiminī
	tangit	tangunt	tangitur	tanguntur
Impf.	tangēbam	tangēbāmus	tangēbar	tangēbāmur
	tangēbās	tangēbātis	tangēbāris(-re)	tangēbāminī
	tangēbat	tangēbant	tangēbātur	tangēbantur
Fut.	tangam	tangēmus	tangar	tangēmur
	tangēs	tangētis	tangēris(-re)	tangēminī
	tanget	tangent	tangētur	tangentur
Perf.	tetigī	tetigimus	tāctus sum	tāctī sumus
	tetigistī	tetigistis	(-a, -um) es	(-ae, -a) estis
	tetigit	tetigērunt(-re)	est	sunt
Plup.	tetigeram	tetigerāmus	tāctus eram	tāctī erāmus
	tetigerās	tetigerātis	(-a, -um) erās	(-ae, -a) erātis
	tetigerat	tetigerant	erat	erant
Fut.	tetigerō	tetigerimus	tāctus erō	tāctī erimus
Perf.	tetigeris	tetigeritis	(-a, -um) eris	(-ae, -a) eritis
	tetigerit	tetigerint	erit	erunt
		SUBJUNCTIVE		
Pres.	tangam	tangāmus	tangar	tangāmur
	tangās	tangātis	tangāris(-re)	tangāminī
	tangat	tangant	tangātur	tangantur
Impf.	tangerem	tangerēmus	tangerer	tangerēmur
	tangerēs	tangerētis	tangerēris(-re)	tangerēminī
	tangeret	tangerent	tangerētur	tangerentur
Perf.	tetigerim	tetigerimus	tāctus sim	tāctī sīmus
	tetigeris	tetigeritis	(-a, -um) sīs	(-ae, -a) sītis
	tetigerit	tetigerint	sit	sint
Plup.	tetigissem	tetigissēmus	tāctus essem	tāctī essēmus
	tetigissēs	tetigissētis	(-a, -um) essēs	(-ae, -a) essētis
	tetigisset	tetigissent	esset	essent

IMPERATIVE

Pres.   tange   tangite

INFINITIVE

Pres.   tangere   tangī
Perf.   tetigisse   tāctus(-a, -um) esse
Fut.   tāctūrus(-a, -um) esse

PARTICIPLE

Pres.   tangēns(-tis)
Perf.   tāctus(-a, -um)
Fut.   tāctūrus(-a, -um)   tangendus(-a, -um) (GERUNDIVE)

GERUND tangendī, -ō, -um, -ō   SUPINE tāctum, -ū

182

temptō, temptāre, temptāvī, temptātum   *try*

	ACTIVE		**PASSIVE**	
		INDICATIVE		
Pres.	temptō	temptāmus	temptor	temptāmur
	temptās	temptātis	temptāris(-re)	temptāminī
	temptat	temptat	temptātur	temptantur
Impf.	temptābam	tamptābāmus	temptābar	temptābāmur
	temptābās	temptābātis	temptābāris(-re)	temptābāminī
	temptābat	temptābant	temptābātur	temptābantur
Fut.	temptābō	temptābimus	temptābor	temptābimur
	temptābis	temptābitis	temptāberis(-re)	temptābiminī
	temptābit	temptābunt	temptābitur	temptābuntur
Perf.	temptāvī	temptāvimus	temptātus sum	temptātī sumus
	temptāvistī	temptāvistis	(-a, -um) es	(-ae, -a) estis
	temptāvit	temptāvērunt(-re)	est	sunt
Plup.	temptāveram	temptāverāmus	temptātus eram	temptātī erāmus
	temptāverās	temptāverātis	(-a, -um) erās	(-ae, -a) erātis
	temptāverat	temptāverant	erat	erant
Fut.	temptāverō	temptāverimus	temptātus erō	temptātī erimus
Perf.	temptāveris	temptāveritis	(-a, -um) eris	(-ae, -a) eritis
	temptāverit	temptāverint	erit	erunt
		SUBJUNCTIVE		
Pres.	temptem	temptēmus	tempter	temptēmur
	temptēs	temptētis	temptēris(-re)	temptēminī
	temptet	temptent	temptētur	temptentur
Impf.	temptārem	temptārēmus	temptārer	temptārēmur
	temptārēs	temptārētis	temptārēris(-re)	temptārēminī
	temptāret	temptārent	temptārētur	temptārentur
Perf.	temptāverim	temptāverimus	temptātus sim	temptātī sīmus
	temptāveris	temptāveritis	(-a, -um) sīs	(-ae, -a) sītis
	temptāverit	temptāverint	sit	sint
Plup.	temptāvissem	temptāvissēmus	temptātus essem	temptātī essēmus
	temptāvissēs	temptāvissētis	(-a, -um) essēs	(-ae, -a) essētis
	temptāvisset	temptāvissent	esset	essent

IMPERATIVE

Pres. temptā   temptāte

INFINITIVE

Pres. temptāre   temptārī
Perf. temptāvisse   temptātus(-a, -um) esse
Fut. temptātūrus(-a, -um) esse

PARTICIPLE

Pres. temptāns(-tis)
Perf.   temptātus(-a, -um)
Fut. temptātūrus(-a, -um)   temptandus(-a, -um) (GERUNDIVE)

GERUND temptandī, -ō, -um, -ō   SUPINE temptātum, -ū

teneō

teneō, tenēre, tenuī   hold, keep

	ACTIVE		PASSIVE	

INDICATIVE

	ACTIVE		PASSIVE	
Pres.	teneō	tenēmus	teneor	tenēmur
	tenēs	tenētis	tenēris(-re)	tenēminī
	tenet	tenent	tenētur	tenentur
Impf.	tenēbam	tenēbāmus	tenēbar	tenēbāmur
	tenēbās	tenēbātis	tenēbāris(-re)	tenēbāminī
	tenēbat	tenēbant	tenēbātur	tenēbantur
Fut.	tenēbō	tenēbimus	tenēbor	tenēbimur
	tenēbis	tenēbitis	tenēberis(-re)	tenēbiminī
	tenēbit	tenēbunt	tenēbitur	tenēbuntur
Perf.	tenuī	tenuimus		
	tenuistī	tenuistis		
	tenuit	tenuērunt(-re)		
Plup.	tenueram	tenuerāmus		
	tenuerās	tenuerātis		
	tenuerat	tenuerant		
Fut.	tenuerō	tenuerimus		
Perf.	tenueris	tenueritis		
	tenuerit	tenuerint		

SUBJUNCTIVE

	ACTIVE		PASSIVE	
Pres.	teneam	teneāmus	tenear	teneāmur
	teneās	teneātis	teneāris(-re)	teneāminī
	teneat	teneant	teneātur	teneantur
Impf.	tenērem	tenērēmus	tenērer	tenērēmur
	tenērēs	tenērētis	tenērēris(-re)	tenērēminī
	tenēret	tenērent	tenērētur	tenērentur
Perf.	tenuerim	tenuerimus		
	tenueris	tenueritis		
	tenuerit	tenuerint		
Plup.	tenuissem	tenuissēmus		
	tenuissēs	tenuissētis		
	tenuisset	tenuissent		

IMPERATIVE

Pres.	tenē	tenēte

INFINITIVE

Pres.	tenēre	tenērī
Perf.	tenuisse	
Fut.		

PARTICIPLE

Pres.	tenēns(-tis)	
Perf.	———	
Fut.	———	tenendus(-a, -um) (GERUNDIVE)

GERUND tenendī, -ō, -um, -ō   SUPINE ———

184

terreō, terrēre, terruī, territum   *frighten*

	ACTIVE		PASSIVE
		INDICATIVE	

Pres. terreō, terrēmus — terreor, terrēmur
terrēs, terrētis — terrēris(-re), terrēminī
terret, terrent — terrētur, terrentur

Impf. terrēbam, terrēbāmus — terrēbar, terrēbāmur
terrēbās, terrēbātis — terrēbāris(-re), terrēbāminī
terrēbat, terrēbant — terrēbātur, terrēbantur

Fut. terrēbō, terrēbimus — terrēbor, terrēbimur
terrēbis, terrēbitis — terrēberis(-re), terrēbiminī
terrēbit, terrēbunt — terrēbitur, terrēbuntur

Perf. terruī, terruimus — territus sum, territī sumus
terruistī, terruistis — (-a, -um) es, (-ae, -a) estis
terruit, terruērunt(-re) — est, sunt

Plup. terrueram, terruerāmus — territus eram, territī erāmus
terruerās, terruerātis — (-a, -um) erās, (-ae, -a) erātis
terruerat, terruerant — erat, erant

Fut. terruerō, terruerimus — territus erō, territī erimus
Perf. terrueris, terrueritis — (-a, -um) eris, (-ae, -a) eritis
terruerit, terruerint — erit, erunt

SUBJUNCTIVE

Pres. terream, terreāmus — terrear, terreāmur
terreās, terreātis — terreāris(-re), terreāminī
terreat, terreant — terreātur, terreantur

Impf. terrērem, terrērēmus — terrērer, terrērēmur
terrērēs, terrērētis — terrērēris(-re), terrērēminī
terrēret, terrērent — terrērētur, terrērentur

Perf. terruerim, terruerimus — territus sim, territī sīmus
terrueris, terrueritis — (-a, -um) sīs, (-ae, -a) sītis
terruerit, terruerint — sit, sint

Plup. terruissem, terruissēmus — territus essem, territī essēmus
terruissēs, terruissētis — (-a, -um) essēs, (-ae, -a) essētis
terruisset, terruissent — esset, essent

IMPERATIVE

Pres. terrē, terrēte

INFINITIVE

Pres. terrēre — terrērī
Perf. terruisse — territus(-a, -um) esse
Fut. territūrus(-a, -um) esse

PARTICIPLE

Pres. terrēns(-tis)
Perf. — territus(-a, -um)
Fut. territūrus(-a, -um) — terrendus(-a, -um) (GERUNDIVE)

GERUND terrendī, -ō, -um, -ō   SUPINE territum, -ū

185

timeō

timeō, timēre, timuī   *fear*

<table>
<tr><td></td><td colspan="2">ACTIVE</td><td colspan="2">PASSIVE</td></tr>
<tr><td colspan="5" align="center">INDICATIVE</td></tr>
<tr><td>*Pres.*</td><td>timeō</td><td>timēmus</td><td>timeor</td><td>timēmur</td></tr>
<tr><td></td><td>timēs</td><td>timētis</td><td>timēris(-re)</td><td>timēminī</td></tr>
<tr><td></td><td>timet</td><td>timent</td><td>timētur</td><td>timentur</td></tr>
<tr><td>*Impf.*</td><td>timēbam</td><td>timēbāmus</td><td>timēbar</td><td>timēbāmur</td></tr>
<tr><td></td><td>timēbās</td><td>timēbātis</td><td>timēbāris(-re)</td><td>timēbāminī</td></tr>
<tr><td></td><td>timēbat</td><td>timēbant</td><td>timēbātur</td><td>timēbantur</td></tr>
<tr><td>*Fut.*</td><td>timēbō</td><td>timēbimus</td><td>timēbor</td><td>timēbimur</td></tr>
<tr><td></td><td>timēbis</td><td>timēbitis</td><td>timēberis(-re)</td><td>timēbiminī</td></tr>
<tr><td></td><td>timēbit</td><td>timēbunt</td><td>timēbitur</td><td>timēbuntur</td></tr>
<tr><td>*Perf.*</td><td>timuī</td><td>timuimus</td><td></td><td></td></tr>
<tr><td></td><td>timuistī</td><td>timuistis</td><td></td><td></td></tr>
<tr><td></td><td>timuit</td><td>timuērunt(-re)</td><td></td><td></td></tr>
<tr><td>*Plup.*</td><td>timueram</td><td>timuerāmus</td><td></td><td></td></tr>
<tr><td></td><td>timuerās</td><td>timuerātis</td><td></td><td></td></tr>
<tr><td></td><td>timuerat</td><td>timuerant</td><td></td><td></td></tr>
<tr><td>*Fut.*</td><td>timuerō</td><td>timuerimus</td><td></td><td></td></tr>
<tr><td>*Perf.*</td><td>timueris</td><td>timueritis</td><td></td><td></td></tr>
<tr><td></td><td>timuerit</td><td>timuerint</td><td></td><td></td></tr>
<tr><td colspan="5" align="center">SUBJUNCTIVE</td></tr>
<tr><td>*Pres.*</td><td>timeam</td><td>timeāmus</td><td>timear</td><td>timeāmur</td></tr>
<tr><td></td><td>timeās</td><td>timeātis</td><td>timeāris(-re)</td><td>timeāminī</td></tr>
<tr><td></td><td>timeat</td><td>timeant</td><td>timeātur</td><td>timeantur</td></tr>
<tr><td>*Impf.*</td><td>timērem</td><td>timērēmus</td><td>timērer</td><td>timērēmur</td></tr>
<tr><td></td><td>timērēs</td><td>timērētis</td><td>timērēris(-re)</td><td>timērēminī</td></tr>
<tr><td></td><td>timēret</td><td>timērent</td><td>timērētur</td><td>timērentur</td></tr>
<tr><td>*Perf.*</td><td>timuerim</td><td>timuerimus</td><td></td><td></td></tr>
<tr><td></td><td>timueris</td><td>timueritis</td><td></td><td></td></tr>
<tr><td></td><td>timuerit</td><td>timuerint</td><td></td><td></td></tr>
<tr><td>*Plup.*</td><td>timuissem</td><td>timuissēmus</td><td></td><td></td></tr>
<tr><td></td><td>timuissēs</td><td>timuissētis</td><td></td><td></td></tr>
<tr><td></td><td>timuisset</td><td>timuissent</td><td></td><td></td></tr>
</table>

IMPERATIVE

Pres. timē   timēte

INFINITIVE

Pres. timēre   timērī
Perf. timuisse   ———
Fut.   ———

PARTICIPLE

Pres. timēns(-tis)
Perf. ———
Fut.   ———   timendus(-a, -um) (GERUNDIVE)

GERUND timendī, -ō, -um, -ō SUPINE ———

tollō, tollere, sustulī, sublātum   *lift,   raise*

ACTIVE		PASSIVE	
		INDICATIVE	
Pres. tollō	tollimus	tollor	tollimur
tollis	tollitis	tolleris(-re)	tolliminī
tollit	tollunt	tollitur	tolluntur
Impf. tollēbam	tollēbāmus	tollēbar ˙	tollēbāmur
tollēbās	tollēbātis	tollēbāris(-re)	tollēbāminī
tollēbat	tollēbant	tollēbātur	tollēbantur
Fut. tollam	tollēmus	tollar	tollēmur
tollēs	tollētis	tollēris(-re)	tollēminī
tollet	tollent	tollētur	tollentur
Perf. sustulī	sustulimus	sublātus sum	sublātī sumus
sustulistī	sustulistis	(-a, -um) es	(-ae, -a) estis
sustulit	sustulērunt(-re)	est	sunt
Plup. sustuleram	sustulerāmus	sublātus eram	sublātī erāmus
sustulerās	sustulerātis	(-a, -um) erās	(-ae, -a) erātis
sustulerat	sustulerant	erat	erant
Fut. sustulerō	sustulerimus	sublātus erō	sublātī erimus
Perf. sustuleris	sustuleritis	(-a, -um) eris	(-ae, -a) eritis
sustulerit	sustulerint	erit	erunt
		SUBJUNCTIVE	
Pres. tollam	tollāmus	tollar	tollāmur
tollās	tollātis	tollāris(-re)	tollāminī
tollat	tollant	tollātur	tollantur
Impf. tollerem	tollerēmus	tollerer	tollerēmur
tollerēs	tollerētis	tollerēris(-re)	tollerēminī
tolleret	tollerent	tollerētur	tollerentur
Perf. sustulerim	sustulerimus	sublātus sim	sublātī sīmus
sustuleris	sustuleritis	(-a, -um) sīs	(-ae, -a) sītis
sustulerit	sustulerint	sit	sint
Plup. sustulissem	sustulissēmus	sublātus essem	sublātī essēmus
sustulissēs	sustulissētis	(-a, -um) essēs	(-ae, -a) essētis
sustulisset	sustulissent	esset	essent

IMPERATIVE

Pres. tolle   tollite

INFINITIVE

Pres. tollere   tollī
Perf. sustulisse   sublātus(-a, -um) esse
Fut. sublātūrus(-a, -um) esse

PARTICIPLE

Pres. tollēns(-tis)
Perf.   sublātus(-a, -um)
Fut. sublātūrus(-a, -um)   tollendus(-a, -um) (GERUNDIVE)

GERUND tollendī, -ō, -um, -ō   SUPINE sublātum, -ū

trahō

trahō, trahere, trāxī, tractum   *drag, draw*

	ACTIVE		**PASSIVE**	
			INDICATIVE	
Pres.	trahō	trahimus	trahor	trahimur
	trahis	trahitis	traheris(-re)	trahiminī
	trahit	trahunt	trahitur	trahuntur
Impf.	trahēbam	trahēbāmus	trahēbar	trahēbāmur
	trahēbās	trahēbātis	trahēbāris(-re)	trahēbāminī
	trahēbat	trahēbant	trahēbātur	trahēbantur
Fut.	traham	trahēmus	trahar	trahēmur
	trahēs	trahētis	trahēris(-re)	trahēminī
	trahet	trahent	trahētur	trahentur
Perf.	trāxī	trāximus	tractus sum	tractī sumus
	trāxistī	trāxistis	(-a, -um) es	(-ae, -a) estis
	trāxit	trāxērunt(-re)	est	sunt
Plup.	trāxeram	trāxerāmus	tractus eram	tractī erāmus
	trāxerās	trāxerātis	(-a, -um) erās	(-ae, -a) erātis
	trāxerat	trāxerant	erat	erant
Fut.	trāxerō	trāxerimus	tractus erō	tractī erimus
Perf.	trāxeris	trāxeritis	(-a, -um) eris	(-ae, -a) eritis
	trāxerit	trāxerint	erit	erint
			SUBJUNCTIVE	
Pres.	traham	trahāmus	trahar	trahāmur
	trahās	trahātis	trahāris(-re)	trahāminī
	trahat	trahant	trahātur	trahantur
Impf.	traherem	traherēmus	traherer	traherēmur
	traherēs	traherētis	traherēris(-re)	traherēminī
	traheret	traherent	traherētur	traherentur
Perf.	trāxerim	trāxerimus	tractus sim	tractī sīmus
	trāxeris	trāxeritis	(-a, -um) sīs	(-ae, -a) sītis
	trāxerit	trāxerint	sit	sint
Plup.	trāxissem	trāxissēmus	tractus essem	tractī essēmus
	trāxissēs	trāxissētis	(-a, -um) essēs	(-ae, -a) essētis
	trāxisset	trāxissent	esset	essent

IMPERATIVE

Pres. trahe   trahite

INFINITIVE

Pres. trahere   trahī
Perf. trāxisse   tractus(-a, -um) esse
Fut.   tractūrus(-a, -um) esse

PARTICIPLE

Pres. trahēns(-tis)
Perf.   tractus(-a, -um)
Fut.   tractūrus(-a, -um)   trahendus(-a, -um) (GERUNDIVE)

GERUND trahendī, -ō, -um, -ō SUPINE tractum, -ū

ulcīscor, ulcīscī, ūltus sum   *avenge,   punish*

ACTIVE
INDICATIVE

Pres.	ulcīscor	ulcīscimur
	ulcīsceris(-re)	ulcīsciminī
	ulcīscitur	ulcīscuntur

Impf.	ulcīscēbar	ulcīscēbāmur
	ulcīscēbāris(-re)	ulcīscēbāminī
	ulcīscēbātur	ulcīscēbantur

Fut.	ulcīscar	ulcīscēmur
	ulcīscēris(-re)	ulcīscēminī
	ulcīscētur	ulcīscentur

Perf.	ūltus	sum	ūltī	sumus
	(-a, -um)	es	(-ae, -a)	estis
		est		sunt

Plup.	ūltus	eram	ūltī	erāmus
	(-a, -um)	erās	(-ae, -a)	erātis
		erat		erant

Fut.	ūltus	erō	ūltī	erimus
Perf.	(-a, -um)	eris	(-ae, -a)	eritis
		erit		erunt

SUBJUNCTIVE

Pres.	ulcīscar	ulcīscāmur
	ulcīscāris(-re)	ulcīscāminī
	ulcīscātur	ulcīscantur

Impf.	ulcīscerer	ulcīscēremur
	ulcīscerēris(-re)	ulcīscerēminī
	ulcīscerētur	ulcīscerentur

Perf.	ūltus	sim	ūltī	sīmus
	(-a, -um)	sīs	(-ae, -a)	sītis
		sit		sint

Plup.	ūltus	essem	ūltī	essēmus
	(-a, -um)	essēs	(-ae, -a)	essētis
		esset		essent

IMPERATIVE

| *Pres.* | ulcīscere | ulcīsciminī |

INFINITIVE

Pres. ulcīscī
Perf. ūltus(-a, -um) esse
Fut. ūltūrus(-a, -um) esse

Active	PARTICIPLE	**Passive**
Pres. ulcīscēns(-tis)		
Perf. ūltus(-a, -um)		
Fut. ūltūrus(-a, -um)		ulcīscendus(-a, -um) (GERUNDIVE)

GERUND ulcīscendī, -ō, -um, -ō   SUPINE ūltum, -ū

ūtor, ūtī, ūsus sum   *use*

ACTIVE
INDICATIVE

Pres. ūtor   ūtimur
         ūteris(-re)   ūtiminī
         ūtitur   ūtuntur

Impf. ūtēbar   ūtēbāmur
         ūtēbāris(-re)   ūtēbāminī
         ūtēbātur   ūtēbantur

Fut.   ūtar   ūtēmur
         ūtēris(-re)   ūtēminī
         ūtētur   ūtentur

Perf. ūsus   sum   ūsī   sumus
         (-a, -um) es   (-ae, -a) estis
                 est   sunt

Plup. ūsus   eram   ūsī   erāmus
         (-a, -um) erās   (-ae, -a) erātis
                 erat   erant

Fut.   ūsus   erō   ūsī   erimus
Perf. (-a, -um) eris   (-ae, -a) eritis
                 erit   erunt

SUBJUNCTIVE

Pres. ūtar   ūtāmur
         ūtāris(-re)   ūtāminī
         ūtātur   ūtantur

Impf. ūterer   ūterēmur
         ūterēris(-re)   ūterēminī
         ūterētur   ūterentur

Perf. ūsus   sim   ūsī   sīmus
         (-a, -um) sīs   (-ae, -a) sītis
                 sit   sint

Plup. ūsus   essem   ūsī   essēmus
         (-a, -um) essēs   (-ae, -a) essētis
                 esset   essent

IMPERATIVE
Pres. ūtere   ūtiminī

INFINITIVE
Pres. ūtī
Perf. ūsus(-a, -um) esse
Fut.   ūsūrus(-a, -um) esse

Active   PARTICIPLE   **Passive**

Pres. ūtēns(-tis)
Perf. ūsus(-a, -um)
Fut.   ūsūrus(-a, -um)   ūtendus(-a, -um) (GERUNDIVE)

GERUND ūtendī, -ō, -um, -ō   SUPINE ūsum, -ū

valeō, valēre, valuī, valitūrus   *be well,*   *be strong*

ACTIVE

INDICATIVE

Pres.	valeō	valēmus
	valēs	valētis
	valet	valent
Impf.	valēbam	valēbāmus
	valēbās	valēbātis
	valēbat	valēbant
Fut.	valēbō	valēbimus
	valēbis	valēbitis
	valēbit	valēbunt
Perf.	valuī	valuimus
	valuistī	valuistis
	valuit	valuērunt(-re)
Plup.	valueram	valuerāmus
	valuerās	valuerātis
	valuerat	valuerant
Fut.	valuerō	valuerimus
Perf.	valueris	valueritis
	valuerit	valuerint

SUBJUNCTIVE

Pres.	valeam	valeāmus
	valeās	valeātis
	valeat	valeant
Impf.	valērem	valērēmus
	valērēs	valērētis
	valēret	valērent
Perf.	valuerim	valuerimus
	valueris	valueritis
	valuerit	valuerint
Plup.	valuissem	valuissēmus
	valuissēs	valuissētis
	valuisset	valuissent

IMPERATIVE

Pres.	valē	valēte

INFINITIVE

Pres.	valēre
Perf.	valuisse
Fut.	valitūrus(-a, -um) esse

PARTICIPLE

Pres.	valēns(-tis)
Perf.	———
Fut.	valitūrus(-a, -um)

GERUND valendī, -ō, -um, -ō   SUPINE ———

vehō

vehō, vehere, vexī, vectum   *bear,   draw*

	ACTIVE		PASSIVE	
			INDICATIVE	

<table>
<tr><td>Pres.</td><td>vehō
vehis
vehit</td><td>vehimus
vehitis
vehunt</td><td>vehor
veheris(-re)
vehitur</td><td>vehimur
vehiminī
vehuntur</td></tr>
<tr><td>Impf.</td><td>vehēbam
vehēbās
vehēbat</td><td>vehēbāmus
vehēbātis
vehēbant</td><td>vehēbar
vehēbāris(-re)
vehēbātur</td><td>vehēbāmur
vehēbāminī
vehēbantur</td></tr>
<tr><td>Fut.</td><td>veham
vehēs
vehet</td><td>vehēmus
vehētis
vehent</td><td>vehar
vehēris(-re)
vehētur</td><td>vehēmur
vehēminī
vehentur</td></tr>
<tr><td>Perf.</td><td>vexī
vexistī
vexit</td><td>veximus
vexistis
vexērunt(-re)</td><td>vectus   sum
(-a, -um) es
       est</td><td>vectī   sumus
(-ae, -a) estis
       sunt</td></tr>
<tr><td>Plup.</td><td>vexeram
vexerās
vexerat</td><td>vexerāmus
vexerātis
vexerant</td><td>vectus   eram
(-a, -um) erās
       erat</td><td>vectī   erāmus
(-ae, -a) erātis
       erant</td></tr>
<tr><td>Fut.
Perf.</td><td>vexerō
vexeris
vexerit</td><td>vexerimus
vexeritis
vexerint</td><td>vectus   erō
(-a, -um) eris
       erit</td><td>vectī   erimus
(-ae, -a) eritis
       erunt</td></tr>
</table>

SUBJUNCTIVE

<table>
<tr><td>Pres.</td><td>veham
vehās
vehat</td><td>vehāmus
vehātis
vehant</td><td>vehar
vehāris(-re)
vehātur</td><td>vehāmur
vehāminī
vehantur</td></tr>
<tr><td>Impf.</td><td>veherem
veherēs
veheret</td><td>veherēmus
veherētis
veherent</td><td>veherer
veherēris(-re)
veherētur</td><td>veherēmur
veherēminī
veherentur</td></tr>
<tr><td>Perf.</td><td>vexerim
vexeris
vexerit</td><td>vexerimus
vexeritis
vexerint</td><td>vectus   sim
(-a, -um) sīs
       sit</td><td>vectī   sīmus
(-ae, -a) sītis
       sint</td></tr>
<tr><td>Plup.</td><td>vexissem
vexissēs
vexisset</td><td>vexissēmus
vexissētis
vexissent</td><td>vectus   essem
(-a, -um) essēs
       esset</td><td>vectī   essēmus
(-ae, -a) essētis
       essent</td></tr>
</table>

IMPERATIVE

Pres.   vehe   vehite

INFINITIVE

Pres.   vehere   vehī
Perf.   vexisse   vectus(-a, -um) esse
Fut.   vectūrus(-a, -um) esse

PARTICIPLE

Pres.   vehēns(-tis)
Perf.   vectus(-a, -um)
Fut.   vectūrus(-a, -um)   vehendus(-a, -um) (GERUNDIVE)

GERUND vehendī, -ō, -um, -ō   SUPINE vectum, -ū

192

veniō, venīre, vēnī, ventum   *come*

ACTIVE   **PASSIVE**

INDICATIVE

Pres.	veniō	venīmus	
	venīs	venītis	
	venit	veniunt	venitur (Impers.)
Impf.	veniēbam	veniēbāmus	
	veniēbās	veniēbātis	
	veniēbat	veniēbant	veniēbātur (Impers.)
Fut.	veniam	veniēmus	
	veniēs	veniētis	
	veniet	venient	veniētur (Impers.)
Perf.	vēnī	vēnimus	
	vēnistī	vēnistis	
	vēnit	vēnērunt(-re)	ventum est (Impers.)
Plup.	vēneram	vēnerāmus	
	vēnerās	vēnerātis	
	vēnerat	vēnerant	ventum erat (Impers.)
Fut.	vēnerō	vēnerimus	
Perf.	vēneris	vēneritis	
	vēnerit	vēnerint	ventum erit (Impers.)

SUBJUNCTIVE

Pres.	veniam	veniāmus	
	veniās	veniātis	
	veniat	veniant	veniātur (Impers.)
Impf.	venīrem	venīrēmus	
	venīrēs	venīrētis	
	venīret	venīrent	venīrētur (Impers.)
Perf.	vēnerim	vēnerimus	
	vēneris	vēneritis	
	vēnerit	vēnerint	ventum sit (Impers.)
Plup.	vēnissem	vēnissēmus	
	vēnissēs	vēnissētis	
	vēnisset	vēnissent	ventum esset (Impers.)

IMPERATIVE

Pres.	venī	venīte

INFINITIVE

Pres.	venīre	venīrī
Perf.	vēnisse	ventum esse
Fut.	ventūrus(-a, -um) esse	

PARTICIPLE

Pres.	veniēns(-tis)	
Perf.		———
Fut.	ventūrus(-a, -um)	veniendus(-a, -um) (GERUNDIVE)

GERUND veniendī, -ō, -um, -ō   SUPINE ventum, -ū

vereor, verērī, veritus sum   *fear, respect*

ACTIVE

INDICATIVE

Pres. vereor   verēmur
         verēris(-re)   verēminī
         verētur   verentur

Impf. verēbār   verēbāmur
         verēbāris(-re)   verēbāminī
         verēbātur   verēbantur

Fut.   verēbor   verēbimur
         verēberis(-re)   verēbiminī
         verēbitur   verēbuntur

Perf. veritus sum   veritī sumus
         (-a, -um) es   (-ae, -a) estis
                  est   sunt

Plup. veritus eram   veritī erāmus
         (-a, -um) erās   (-ae, -a) erātis
                  erat   erant

Fut.   veritus erō   veritī erimus
Perf. (-a, -um) eris   (-ae, -a) eritis
                  erit   erunt

SUBJUNCTIVE

Pres. verear   vereāmur
         vereāris(-re)   vereāminī
         vereātur   vereantur

Impf. verērer   verērēmur
         verērēris(-re)   verērēminī
         verērētur   verērentur

Perf. veritus sim   veritī sīmus
         (-a, -um) sīs   (-ae, -a) sītis
                  sit   sint

Plup. veritus essem   veritī essēmus
         (-a, -um) essēs   (-ae, -a) essētis
                  esset   essent

IMPERATIVE

Pres. verēre   verēminī

INFINITIVE

Pres. verērī
Perf. veritus(-a, -um) esse
Fut.   veritūrus(-a, -um) esse

Active   PARTICIPLE   **Passive**

Pres. verēns(-tis)
Perf. veritus(-a, -um)
Fut.   veritūrus(-a, -um)   verendus(-a, -um) (GERUNDIVE)

GERUND verendī, -ō, -um, -ō SUPINE veritum, -ū

vertō, vertere, vertī, versum   *turn*

ACTIVE		PASSIVE	
		I N D I C A T I V E	

Pres. vertō vertimus vertor vertimur
vertis vertitis verteris(-re) vertiminī
vertit vertunt vertitur vertuntur

Impf. vertēbam vertēbāmus vertēbar vertēbāmur
vertēbās vertēbātis vertēbāris(-re) vertēbāminī
vertēbat vertēbant vertēbātur vertēbantur

Fut. vertam vertēmus vertar vertēmur
vertēs vertētis vertēris(-re) vertēminī
vertet vertent vertētur vertentur

Perf. vertī vertimus versus sum versī sumus
vertistī vertistis (-a, -um) es (-ae, -a) estis
vertit vertērunt(-re) est sunt

Plup. verteram verterāmus versus eram versī erāmus
verterās verterātis (-a, -um) erās (-ae, -a) erātis
verterat verterant erat erant

Fut. verterō verterimus versus erō versī erimus
Perf. verteris verteritis (-a, -um) eris (-ae, -a) eritis
verterit verterint erit erunt

| | | S U B J U N C T I V E | |

Pres. vertam vertāmus vertar vertāmur
vertās vertātis vertāris(-re) vertāminī
vertat vertant vertātur vertantur

Impf. verterem verterēmus verterer verterēmur
verterēs verterētis vertererīs(-re) verterēminī
verteret verterent verterētur verterentur

Perf. verterim verterimus versus sim versī sīmus
verteris verteritis (-a, -um) sīs (-ae, -a) sītis
verterit verterint sit sint

Plup. vertissem vertissēmus versus essem versī essēmus
vertissēs vertissētis (-a, -um) essēs (-ae, -a) essētis
vertisset vertissent esset essent

| | I M P E R A T I V E | |

Pres. verte vertite

| | I N F I N I T I V E | |

Pres. vertere vertī
Perf. vertisse versus(-a, -um) esse
Fut. versūrus(-a, -um) esse

| | P A R T I C I P L E | |

Pres. vertēns(-tis)
Perf. versus(-a, -um)
Fut. versūrus(-a, -um) vertendus(-a, -um) (GERUNDIVE)

GERUND vertendī, -ō, -um, -ō   SUPINE versum, -ū

195

vetō

vetō, vetāre, vetuī, vetitum   *forbid*

ACTIVE		PASSIVE	

INDICATIVE

Pres.	vetō	vetāmus	vetor	vetāmur
	vetās	vetātis	vetāris(-re)	vetāminī
	vetat	vetant	vetātur	vetantur
Impf.	vetābam	vetābāmus	vetābar	vetābāmur
	vetābās	vetābātis	vetābāris(-re)	vetābāminī
	vetābat	vetābant	vetābātur	vetābantur
Fut.	vetābō	vetābimus	vetābor	vetābimur
	vetābis	vetābitis	vetāberis(-re)	vetābiminī
	vetābit	vetābunt	vetābitur	vetābuntur
Perf.	vetuī	vetuimus	vetitus sum	vetitī sumus
	vetuistī	vetuistis	(-a, -um) es	(-ae, -a) estis
	vetuit	vetuērunt(-re)	est	sunt
Plup.	vetueram	vetuerāmus	vetitus eram	vetitī erāmus
	vetuerās	vetuerātis	(-a, -um) erās	(-ae, -a) erātis
	vetuerat	vetuerant	erat	erant
Fut.	vetuerō	vetuerimus	vetitus erō	vetitī erimus
Perf.	vetueris	vetueritis	(-a, -um) eris	(-ae, -a) eritis
	vetuerit	vetuerint	erit	erunt

SUBJUNCTIVE

Pres.	vetem	vetēmus	veter	vetēmur
	vetēs	vetētis	vetēris(-re)	vetēminī
	vetet	vetent	vetētur	vetentur
Impf.	vetārem	vetārēmus	vetārer	vetārēmur
	vetārēs	vetārētis	vetārēris(-re)	vetārēminī
	vetāret	vetārent	vetārētur	vetārentur
Perf.	vetuerim	vetuerimus	vetitus sim	vetitī sīmus
	vetueris	vetueritis	(-a, -um) sīs	(-ae, -a) sītis
	vetuerit	vetuerint	sit	sint
Plup.	vetuissem	vetuissēmus	vetitus essem	vetitī essēmus
	vetuissēs	vetuissētis	(-a, -um) essēs	(-ae, -a) essētis
	vetuisset	vetuissent	esset	essent

IMPERATIVE

Pres.	vetā	vetāte		

INFINITIVE

Pres.	vetāre	vetārī
Perf.	vetuisse	vetitus(-a, -um) esse
Fut.	vetitūrus(-a, -um) esse	

PARTICIPLE

Pres.	vetāns(-tis)	
Perf.		vetitus(-a, -um)
Fut.	vetitūrus(-a, -um)	vetandus(-a, -um) (GERUNDIVE)

GERUND vetandī, -ō, -um, -ō   SUPINE vetitum, -ū

196

videō

videō, vidēre, vīdī, vīsum   *see, seem* (in Passive)

ACTIVE   **PASSIVE**

INDICATIVE

Pres. videō   vidēmus   videor   vidēmur
        vidēs   vidētis   vidēris(-re)   vidēminī
        videt   vident   vidētur   videntur

Impf. vidēbam   vidēbāmus   vidēbar   vidēbāmur
        vidēbās   vidēbātis   vidēbāris(-re)   vidēbāminī
        vidēbat   vidēbant   vidēbātur   vidēbantur

Fut. vidēbō   vidēbimus   vidēbor   vidēbimur
        vidēbis   vidēbitis   vidēberis(-re)   vidēbiminī
        vidēbit   vidēbunt   vidēbitur   vidēbuntur

Perf. vīdī   vīdimus   vīsus   sum   vīsī   sumus
        vīdistī   vīdistis   (-a, -um) es   (-ae, -a) estis
        vīdit   vīdērunt(-re)   est   sunt

Plup. vīderam   vīderāmus   vīsus   eram   vīsī   erāmus
        vīderās   vīderātis   (-a, -um) erās   (-ae, -a) erātis
        vīderat   vīderant   erat   erant

Fut. vīderō   vīderimus   vīsus   erō   vīsī   erimus
Perf. vīderis   vīderitis   (-a, -um) eris   (-ae, -a) eritis
        vīderit   vīderint   erit   erunt

SUBJUNCTIVE

Pres. videam   videāmus   videar   videāmur
        videās   videātis   videāris(-re)   videāminī
        videat   videant   videātur   videantur

Impf. vidērem   vidērēmus   vidērer   vidērēmur
        vidērēs   vidērētis   vidērēris(-re)   vidērēminī
        vidēret   vidērent   vidērētur   vidērentur

Perf. vīderim   vīderimus   vīsus   sim   vīsī   sīmus
        vīderis   vīderitis   (-a, -um) sīs   (-ae, -a) sītis
        vīderit   vīderint   sit   sint

Plup. vīdissem   vīdissēmus   vīsus   essem   vīsī   essēmus
        vīdissēs   vīdissētis   (-a, -um) essēs (-ae, -a) essētis
        vīdisset   vīdissent   esset   essent

IMPERATIVE

Pres. vidē   vidēte

INFINITIVE

Pres. vidēre   vidērī
Perf. vīdisse   vīsus(-a, -um) esse
Fut. vīsūrus(-a, -um) esse

PARTICIPLE

Pres. vidēns(-tis)
Perf.   vīsus(-a, -um)
Fut. vīsūrus(-a, -um)   videndus(-a, -um) (GERUNDIVE)

GERUND videndī, -ō, -um, -ō   SUPINE vīsum, -ū

vigilō

vigilō, vigilāre, vigilāvī, vigilātum   *keep awake,   watch*

	ACTIVE		**PASSIVE**	
		I N D I C A T I V E		
Pres.	vigilō	vigilāmus	vigilor	vigilāmur
	vigilās	vigilātis	vigilāris(-re)	vigilāminī
	vigilat	vigilant	vigilātur	vigilantur
Impf.	vigilābam	vigilābāmus	vigilābar	vigilābāmur
	vigilābās	vigilābātis	vigilābāris(-re)	vigilābāminī
	vigilābat	vigilābant	vigilābātur	vigilābantur
Fut.	vigilābō	vigilābimus	vigilābor	vigilābimur
	vigilābis	vigilābitis	vigilāberis(-re)	vigilābiminī
	vigilābit	vigilābunt	vigilābitur	vigilābuntur
Perf.	vigilāvī	vigilāvimus	vigilātus sum	vigilātī sumus
	vigilāvistī	vigilāvistis	(-a, -um) es	(-ae, -a) estis
	vigilāvit	vigilāvērunt(-re)	est	sunt
Plup.	vigilāveram	vigilāverāmus	vigilātus eram	vigilātī erāmus
	vigilāverās	vigilāverātis	(-a, -um) erās	(-ae, -a) erātis
	vigilāverat	vigilāverant	erat	erant
Fut.	vigilāverō	vigilāverimus	vigilātus erō	vigilātī erimus
Perf.	vigilāveris	vigilāveritis	(-a, -um) eris	(-ae, -a) eritis
	vigilāverit	vigilāverint	erit	erunt
		S U B J U N C T I V E		
Pres.	vigilem	vigilēmus	vigiler	vigilēmur
	vigilēs	vigilētis	vigilēris(-re)	vigilēminī
	vigilet	vigilent	vigilētur	vigilentur
Impf.	vigilārem	vigilārēmus	vigilārer	vigilārēmur
	vigilārēs	vigilārētis	vigilārēris(-re)	vigilārēminī
	vigilāret	vigilārent	vigilārētur	vigilārentur
Perf.	vigilāverim	vigilāverimus	vigilātus sim	vigilātī sīmus
	vigilāveris	vigilāveritis	(-a, -um) sīs	(-ae, -a) sītis
	vigilāverit	vigilāverint	sit	sint
Plup.	vigilāvissem	vigilāvissēmus	vigilātus essem	vigilātī essēmus
	vigilāvissēs	vigilāvissētis	(-a, -um) essēs	(-ae, -a) essētis
	vigilāvisset	vigilāvissent	esset	essent

I M P E R A T I V E
Pres.   vigilā   vigilāte

I N F I N I T I V E
Pres.   vigilāre   vigilārī
Perf.   vigilāvisse   vigilātus(-a, -um) esse
Fut.   vigilātūrus(-a, -um) esse

P A R T I C I P L E
Pres.   vigilāns(-tis)
Perf.   vigilātus(-a, -um)
Fut.   vigilātūrus(-a, -um)   vigilandus(-a, -um) (GERUNDIVE)

GERUND vigilandī, -ō, -um, -ō   SUPINE vigilātum, -ū

vincō, vincere, vīcī, vīctum *conquer*

ACTIVE		PASSIVE	

INDICATIVE

	ACTIVE		PASSIVE	
Pres.	vincō	vincimus	vincor	vincimur
	vincis	vincitis	vinceris(-re)	vinciminī
	vincit	vincunt	vincitur	vincuntur
Impf.	vincēbam	vincēbāmus	vincēbar	vincēbāmur
	vincēbās	vincēbātis	vincēbāris(-re)	vincēbāminī
	vincēbat	vincēbant	vincēbātur	vincēbantur
Fut.	vincam	vincēmus	vincar	vincēmur
	vincēs	vincētis	vincēris(-re)	vincēminī
	vincet	vincent	vincētur	vincentur
Perf.	vīcī	vīcimus	vīctus sum	vīctī sumus
	vīcistī	vīcistis	(-a, -um) es	(-ae, -a) estis
	vīcit	vīcērunt(-re)	est	sunt
Plup.	vīceram	vīcerāmus	vīctus eram	vīctī erāmus
	vīcerās	vīcerātis	(-a, -um) erās	(-ae, -a) erātis
	vīcerat	vīcerant	erat	erant
Fut.	vīcerō	vīcerimus	vīctus erō	vīctī erimus
Perf.	vīceris	vīceritis	(-a, -um) eris	(-ae, -a) eritis
	vīcerit	vīcerint	erit	erunt

SUBJUNCTIVE

	ACTIVE		PASSIVE	
Pres.	vincam	vincāmus	vincar	vincāmur
	vincās	vincātis	vincāris(-re)	vincāminī
	vincat	vincant	vincātur	vincantur
Impf.	vincerem	vincerēmus	vincerer	vincerēmur
	vincerēs	vincerētis	vincerēris(-re)	vincerēminī
	vinceret	vincerent	vincerētur	vincerentur
Perf.	vīcerim	vīcerimus	vīctus sim	vīctī sīmus
	vīceris	vīceritis	(-a, -um) sīs	(-ae, -a) sītis
	vīcerit	vīcerint	sit	sint
Plup.	vīcissem	vīcissēmus	vīctus essem	vīctī essēmus
	vīcissēs	vīcissētis	(-a, -um) essēs	(-ae, -a) essētis
	vīcisset	vīcissent	esset	essent

IMPERATIVE

Pres.	vince	vincite

INFINITIVE

Pres.	vincere	vincī
Perf.	vīcisse	vīctus(-a, -um) esse
Fut.	vīctūrus(-a, -um) esse	

PARTICIPLE

Pres.	vincēns(-tis)	
Perf.		vīctus(-a, -um)
Fut.	vīctūrus(-a, -um)	vincendus(-a, -um) (GERUNDIVE)

GERUND vincendī, -ō, -um, -ō   SUPINE vīctum, -ū

vocō, vocāre, vocāvī, vocātum　　　　　　　　　　　*call*

	ACTIVE		PASSIVE	
		INDICATIVE		
Pres.	vocō	vocāmus	vocor	vocāmur
	vocās	vocātis	vocāris(-re)	vocāminī
	vocat	vocant	vocātur	vocantur
Impf.	vocābam	vocābāmus	vocābar	vocābāmur
	vocābās	vocābātis	vocābāris(-re)	vocābāminī
	vocābat	vocābant	vocābātur	vocābantur
Fut.	vocābō	vocābimus	vocābor	vocābimur
	vocābis	vocābitis	vocāberis(-re)	vocābiminī
	vocābit	vocābunt	vocābitur	vocabuntur
Perf.	vocāvī	vocāvimus	vocātus sum	vocātī sumus
	vocāvistī	vocāvistis	(-a, -um) es	(-ae, -a) estis
	vocāvit	vocāvērunt(-re)	est	sunt
Plup.	vocāveram	vocāverāmus	vocātus eram	vocātī erāmus
	vocāverās	vocāverātis	(-a, -um) erās	(-ae, -a) erātis
	vocāverat	vocāverant	erat	erant
Fut.	vocāverō	vocāverimus	vocātus erō	vocātī erimus
Perf.	vocāveris	vocāveritis	(-a, -um) eris	(-ae, -a) eritis
	vocāverit	vocāverint	erit	erunt
		SUBJUNCTIVE		
Pres.	vocem	vocēmus	vocer	vocēmur
	vocēs	vocētis	vocēris(-re)	vocēminī
	vocet	vocent	vocētur	vocentur
Impf.	vocārem	vocārēmus	vocārer	vocārēmur
	vocārēs	vocārētis	vocārēris(-re)	vocārēminī
	vocāret	vocārent	vocārētur	vocārentur
Perf.	vocāverim	vocāverimus	vocātus sim	vocātī sīmus
	vocāveris	vocāveritis	(-a, -um) sīs	(-ae, -a) sītis
	vocāverit	vocāverint	sit	sint
Plup.	vocāvissem	vocāvissēmus	vocātus essem	vocātī essēmus
	vocāvissēs	vocāvissētis	(-a, -um) essēs	(-ae, -a) essētis
	vocāvisset	vocāvissent	esset	essent

IMPERATIVE

Pres.	vocā	vocāte

INFINITIVE

Pres.	vocāre	vocārī
Perf.	vocāvisse	vocātus(-a, -um) esse
Fut.	vocātūrus(-a, -um) esse	

PARTICIPLE

Pres.	vocāns(-tis)	
Perf.		vocātus(-a, -um)
Fut.	vocātūrus(-a, -um)	vocandus(-a, -um) (GERUNDIVE)

GERUND vocandī, -ō, -um, -ō　SUPINE vocātum, -ū

volō, velle, voluī   *wish*

ACTIVE

INDICATIVE

Pres.	volō	volumus
	vīs	vultis
	vult	volunt

Impf.	volēbam	volēbāmus
	volēbās	volēbātis
	volēbat	volēbant

Fut.	volam	volēmus
	volēs	volētis
	volet	volent

Perf.	voluī	voluimus
	voluistī	voluistis
	voluit	voluērunt(-re)

Plup.	volueram	voluerāmus
	voluerās	voluerātis
	voluerat	voluerant

Fut.	voluerō	voluerimus
Perf.	volueris	volueritis
	voluerit	voluerint

SUBJUNCTIVE

Pres.	velim	velīmus
	velīs	velītis
	velit	velint

Impf.	vellem	vellēmus
	vellēs	vellētis
	vellet	vellent

Perf.	voluerim	voluerimus
	volueris	volueritis
	voluerit	voluerint

Plup.	voluissem	voluissēmus
	voluissēs	voluissētis
	voluisset	voluissent

IMPERATIVE
Pres.

INFINITIVE
Pres. velle
Perf. voluisse
Fut. ———

PARTICIPLE
Pres. volēns(-tis)
Perf. ———
Fut. ———

GERUND ——— SUPINE ———

ENGLISH-LATIN INDEX

A

abandon   relinquō
abuse   abūtor
accept   accipiō
accomplish   cōnficiō
accuse   accūsō
accustom   cōnsuecō
acquire   potior
acquit   absolvō
add   addō
admit   fateor
advance   prōcēdō, prōgredior
advise   moneō, suādeō
aid   iuvō
alarm   commoveō
allow   patior, permittō
announce   ēnūtiō, nūntiō
answer   respondeō
approach   accēdō, adeō
arm   armō
arouse   permoveō, incitō
arrange   īnstruō
arrive   perveniō
ask   quaerō, rogō
ask for   petō
attack   aggredior, oppūgnō
attain   adipīscor
attempt   cōnor
avenge   ulcīscor
avoid   caveō

B

be   sum
be able   possum
be absent   absum
be accustomed to   soleō
be afraid   metuō
be amazed   mīror
be angry   īrāscor
be ashamed (it shames)   pudet
be away   absum
be born   nāscor
be eager for   studeō
be in command   praesum
be made   fīō
be silent   taceō
be strong   valeō
be unwilling   nōlō
be well   valeō
be without   careō
bear   ferō, vehō
become   fīō
become acquainted   nōscō
becomes   decet
beg   ōrō, rogō
began   coepī
begin   incipiō
believe   crēdō
beware   caveō
blaze   ārdeō
break   rumpō
break in pieces   frangō
bring   ferō
bring about   efficiō
bring back word   renūntiō
bring down   dēdūcō
bring in   īnferō
bring together   cōnferō
burn   incendō
burst   rumpō

C

call   vocō
call together   convocō
can   possum
capture   expūgnō
carry   portō, ferō
carry   trānsportō
carry off   rapiō
carry on (war)   gerō
change   mūtō

charge   accūsō
cherish   colō
choose   mālō, legō
cling   haereō
close   claudō
collect   cōgō, cōnferō
come   veniō
come upon   inveniō, nancīscor
come together   conveniō
command   imperō
compell   cōgō
confess   fateor
confuse   misceō
conquer   vincō
crush   opprimō
cultivate   colō
cut   caedō

D

dare   audeō
deceive   fallō
decide   īnstituō, dēcernō, cōnstituō
    iūdicō, statuō
declare   enūntiō
decree   dēcernō
defend   dēfendō
delay   moror
demand   postulō
deny   negō
depart   discēdō, excēdō
deprive   adimō
desire   cupiō, studeō
destroy   perdō
despair   dēspērō
determine   cōnstituō
devote   dēdō
die   morior
discontinue   intermittō
dislodge   dēiciō
display   ostendō
divide   dīvidō
do   faciō, agō
doubt   dubitō
do without   careō
drag   trahō

draw   vehō, trahō
draw up   īnstruō
drive   agō, pellō
drive back   repellō
drive on   impellō
drive out   expellō

E

enjoy   fruor
enlist   cōnscrībō
enroll   cōnscrībō
enter upon   ineō
entrust,   committō, cōnfīdō, mandō,
    permittō
envy   invideō
equip   armō
establish   īnstituō
excel   praestō
explain   doceō
extend   pertineō, pateō
extinguish   exstinguō

F

fail   dēficiō, fallō
fall   cadō
favor   faveō
fear   metuō, timeō, vereor
feel   sentiō
fight   contendō, pūgnō
find   inveniō, nancīscor
find out   cōgnōscō
finish   absolvō, cōnficiō
flee   fugiō
follow   sequor
follow closely   subsequor
forbid   vetō
force   cōgō
forget   oblīvīscor
found   condō
frighten   terreō

G

get together   comparō
give   dō

give back   reddō
give birth   pariō
glow   ārdeō
go   eō
go across   trānseō
go away   abeō
go back   redeō
go out   ēgredior, excēdō, exeō
grow larger   crēscō
guide   regō

H

halt   cōnsistō
hand over   trādō
happen   accidō, cōntingō, fīō
harm   noceō
hasten   cōntendō
hate   ōdī
have   habeō
hear   audiō
hem in   contineō
hesitate   dubitō
hide   condō
hinder   impediō
hold   teneō, obtineō
hold back   prohibeō, retineō
hold together   contineō
hold up   sustineō
hope   spērō
hurl   cōniciō
hurry   properō

I

increase   augeō, crēscō
influence   addūcō, impellō
is allowed   licet
is fitting   oportet, decet
is permitted   licet

J

join   coniungō, committō, iungō
judge   iūdicō

K

keep   cōnservō, retineō, servō, teneō
keep awake   vigilō
keep back   abstineō
keep still   taceō
kill   caedō, interficiō, occīdō
know   nōvī, sciō

L

launch   dēdūcō
lead   dūcō
lead across   trādūcō
lead back   redūcō
lead forth   prōdūcō
lead out   ēdūcō
learn   cōgnōscō, discō
leave   discēdō, ēgredior, relinquō
leave out   omittō
let   sinō
let go   dīmittō
lie (on the ground)   iaceō
lift   tollō
like   amō
linger   moror
look at   spectō
loosen   solvō
lose   āmittō
love   amō

M

make   faciō
make a mistake   errō
may   licet
meet   conveniō
mingle   misceō
mix   misceō
move   moveō
move back   removeō
move deeply   permoveō, commoveō

N

name   appellō
neglect   neglegō

notice   animadvertō, cōnspiciō,
    perspiciō
not know   nesciō
not say   negō
not want   nōlō

O

obey   pareō
obtain   adipīscor
offer   prōpōnō
order   imperō, iubeō, mandō
oppress   premō
outrage   abūtor
ought   debeō, oportet
owe   debeō
overcome   superō
overlook   neglegō
overtake   cōnsequor
overturn   ēvertō

P

pardon   īgnōscō
pass by   omittō, praetereō
perceive   sentiō, perspiciō
permit   sinō
persuade   persuādeō
pick   legō
place   pōnō
play   lūdō
plead   ōrō
please   placeō, iuvō
point out   dēmōnstrō
possess   obtineō
praise   laudō
prefer   mālō
prepare   parō, comparō
preserve   cōnservō
press   premō
prevent   prohibeō
proceed   prōgredior
promise   polliceor
punish   animadvertō, ulcīscor
pursue   cōnsequor, īnsequor,
    persequor

put   pōnō
put in charge   praeficiō
put out   expōnō

Q

quench   exstinguō
question   interrogō

R

raise   tollō
reach   contingō, pertineō
read   legō
realize   intellegō
receive   accipiō, recipiō
reflect   cogitō
refrain   abstineō
rejoice   gaudeō
relate   narrō
remain   maneō, remaneō
remember   meminī
remind   admoneō
repent (it repents)   paenitet
reply   respondeō
report   renūntiō
resist   resistō
resolve   dēcernō
respect   vereor
return (give back)   reddō
return (go back)   redeō
revolt   dēficiō
rise   orior
ruin   perdō
rule   regō
run   currō
run forward   prōcurrō

S

say   loquor, dīcō
save   servō
see   videō
seek   petō, quaerō
seem   *see* Passive of videō
seize   occupō, capiō

send   mittō
send ahead   praemittō
send away   āmittō, dīmittō
send back   remittō
serve   serviō
set fire to   incendō
set forth   expōnō, propōnō
set out   proficīscor
set sail   solvō
shatter   frangō
shout   clāmō
show   dēmōnstrō, ostendō
shut   claudō
sing   canō
sit   sedeō
sleep   dormiō
snatch   rapiō
spare   parcō
speak   dīcō, for, loquor
spend   cōnsūmō
stand   stō
station   statuō
stay   maneō
stick   haereō
stop   intermittō
struggle   certō
subdue   opprimō
suffer   patior
summon   adhibeō, convocō
surpass   superō
surrender   dēdō, trādō
surround   circumdō, circumveniō
swear   iūrō

T

take   sūmō, capiō
take a stand   cōnsistō
take away   adimō, auferō
take back   recipiō

take possession of   potior
teach   doceō
tell   dīcō, nārrō
terrify   perterreō
throw   iaciō
throw down   dēiciō
throw out   ēiciō
think   censeō, cōgitō, exīstimō, putō
touch   tangō
train   exerceō
try   cōnor, temptō
turn   vertō

U

understand   intellegō
undertake   suscipiō
unite   coniungō
urge   hortor
use   ūtor
use up   cōnsūmō

W

wage (war)   gerō, īnferō
wait for   exspectō
wander   errō
want   volō
warn   moneō, admoneō
watch   vigilō
wear   gerō
wish   cupiō, volō
withdraw   concēdō, redeō, removeō
withstand   sustineō
wonder   mīror
work   labōrō
write   scrībō

Y

yield   cēdō, concēdō

LATIN-ENGLISH INDEX

A

abeō (like eō)   go away
ablātum   *see* auferō
absolvō (like solvō)   acquit, finish
abstineō   keep back, refrain
abstulī   *see* auferō
absum (like sum)   be absent, be away
abūtor (like ūtor)   outrage, abuse
accēdō (like cēdō)   approach
accidō   happen
accipiō   accept, receive
accūsō   charge, accuse
addō   add
addūcō (like dūcō)   influence
adeō (like eō)   approach
adhibeō   summon, furnish
adimō   take away, deprive
adipīscor   attain, obtain
admoneō (like moneō)   remind, warn
aggredior   attack
agō   do, drive
āmittō (like mittō)   lose, drive away
amō   love, like
animadvertō (like vertō)   notice, punish
appellō   name
ārdeō   blaze, glow
armō   arm, equip
audeō   dare
audiō   hear
auferō   take away
augeō   increase

C

cadō   fall
caedō   cut, kill
canō   sing
capiō   seize, take
careō   be without, do without
caveō   avoid, beware

cēdō   yield
cēnseō   think
certō   struggle
circumdō (like dō)   surround
circumveniō (like veniō)   surround
clāmō   shout
claudō   close, shut
coepī   began
cōgitō   think, reflect
cōgnōscō   find out, learn
cōgō   collect, compell, force
colō   cherish, cultivate
committō (like mittō)   entrust, join
commoveō (like moveō)   alarm, move deeply
comparō (like parō)   get together, prepare
concēdō (like cēdō)   withdraw, yield
condō (like addō)   found, hide
cōnferō (like ferō)   bring together, collect
cōnficiō   accomplish, finish
cōnfīdō   entrust
cōniciō   hurl
coniungō (like iungō)   join, unite
cōnor   try, attempt
cōnscrībō (like scrībō)   enlist, enroll
cōnsequor (like sequor)   pursue, overtake
cōnservō (like servō)   preserve, keep
cōnsistō   halt, take a stand
cōnspiciō   notice
cōnstituō   decide, determine
cōnsuēscō   accustom
cōnsūmō (like sūmō)   spend, use up
contendō   hasten, fight
contingō   touch, reach, happen
contineō (like abstineō)   hem in, hold together
conveniō (like veniō)   come together, meet
convocō (like vocō)   call together, summon

crēdō   believe
crēscō   grow larger, increase
cupiō   desire, wish
currō   run

D

dēbeō   owe, ought
dēcernō   decide, decree, resolve
decet   is fitting, becomes
dēdō (like addō)   devote, surrender
dēdūcō (like dūcō)   bring down,
    launch
dēfendō   defend
dēficiō (like cōnficiō)   fail, revolt
dēiciō (like cōniciō)   dislodge,
    throw down
dēmōnstrō   show, point out
dēspērō (like spērō)   despair
dīcō   say, speak, tell
dīligō   pick, choose, love
dīmittō (like mittō)   let go, send
    away
discēdō (like cēdō)   leave, depart
discō   learn
dīvidō   divide
dō   give
doceō   teach, explain
dormiō   sleep
dubitō   doubt, hesitate
dūcō   lead

E

ēdūcō (like dūcō)   lead out
efficiō (like cōnficiō)   bring about,
    accomplish
ēgredior (like aggredior)   go out,
    leave
ēiciō (like cōniciō)   throw out
ēnūntiō (like nūntiō)   declare,
    announce
eō   go
errō   wonder, make a mistake
esse   see sum
ēvertō (like vertō)   overturn
excēdō (like cēdō)   go out, depart
exeō (like eō)   go out

exerceō   train
exīstimō   think
expellō   drive out
expōnō (like pōnō)   put out, set forth
expūgnō (like pūgnō)   capture
exspectō (like spectō)   wait
exstinguō   extinquish, quench

F

faciō   make, do
fallō   deceive, fail
fārī   see for
fateor   admit, confess
fātum   see for
faveō   favor
ferō   bear, carry, bring
fīō (Passive of faciō)   become,
    be made, happen
for   speak
frangō   shatter, break in pieces
fruor   enjoy
fugiō   flee
fuī   see sum
futūrus   see sum

G

gaudeō   rejoice
gerō   wear, carry on (war), wage
    (war)

H

habeō   have
haereō   cling, stick
hortor   urge

I

iaceō   lie (on the ground)
iaciō   throw
īgnōscō (like nōscō)   pardon
impediō   hinder
impellō (like pellō)   drive on,
    influence
imperō   command, order
incendō   set fire to, burn
incipiō (like accipiō)   begin
incitō   arouse

ineō (like eō) enter upon
īnferō (like ferō) bring in, wage
īnsequor (like sequor) pursue
īnstituō (like cōnstituō) establish, decide
īnstruō draw up, arrange
intellegō realize, understand
interficiō (like cōnficiō) kill
intermittō (like mittō) stop, discontinue
interrogō (like rogō) question
inveniō (like veniō) find, come upon
invideō (like videō) envy
īrāscor be angry
īre see eō
itum see eō
iubeō order
iūdicō judge, decide
iungō join
iūrō swear
iuvō aid, please
īvī see eō

L

labōrō work
lātum see ferō
laudō praise
legō choose, read
licet is allowed, is permitted, may
loquor speak, say
lūdō play

M

mālō choose, prefer
mandō entrust, order
maneō remain, stay
meminī remember
metuō fear, be afraid
misceō mix, mingle, confuse
mīror wonder, be amazed
mittō send
moneō warn, advise
morior die
moror delay, linger
moveō move
mūtō change

N

nancīscor come upon, find
nārrō tell, relate
nāscor be born
neglegō (like intellegō) overlook, neglect
negō deny, not say
nēsciō (like sciō) not know
noceō harm
nōlō be unwilling, not want
nōscō become acquainted, (in Perfect) know
nūntiō announce

O

oblīvīscor forget
obtineō (like abstineō) hold, possess
occīdō kill
occupō seize
ōdī hate
omittō leave out, pass by
oportet is fitting, ought
opprimō (like premō) crush, subdue
oppūgnō (like pūgnō) attack
orior rise
ōrō beg, plead
ostendō (like contendō) show, display

P

paenitet repent (it repents)
parcō spare
pareō obey
pariō give birth
parō prepare
pateō lie open, extend
patior suffer, allow
perdō (like addō) ruin, destroy
permittō (like mittō) allow, entrust
permoveō (like moveō) arouse, move deeply
persequor (like sequor) pursue

perspiciō (like cōnspiciō)   notice, perceive
persuādeō (like suādeō)   persuade
perterreō (like terreō)   terrify
pertineō (like abstineō)   reach, pertain
perveniō (like veniō)   arrive
pellō   drive, rout
petō   seek, ask for
polliceor   promise
placeō   please
pōnō   put, place
portō   carry
posse   *see* possum
possum   be able, can
postulō   demand
potior   acquire, take possession of
potuī   *see* possum
praeficiō (like cōnficiō)   put in charge of
praemittō (like mittō)   send ahead
praestō   excel
praesum (like sum)   be in command
praetereō (like eō)   pass by
premō   press, oppress
prōcēdō (like cēdō)   advance
prōcurrō (like currō)   run forward
prōdūcō (like dūcō)   lead forth
proficīscor   set out
prōgredior (like aggredior)   advance, proceed
prohibeō (like adhibeō)   prevent, hold back
properō   hurry
prōpōnō (like pōnō)   set forth, offer
pudet   be ashamed, (it shames)
pūgnō   fight
putō   think

Q

quaerō   seek, ask

R

rapiō   carry off, snatch
recipiō (like accipiō)   take back, receive

reddō   give back, return
redeō (like eō)   go back, return
redūcō (like dūcō)   lead back
regō   rule, guide
relinquō   abandon, leave
remaneō   remain
remittō (like mittō)   send back
removeō (like moveō)   move back, withdraw
renūntiō (like nūntiō)   bring back word, report
repellō (like expellō)   drive back
resistō   resist
respondeō   reply, answer
retineō (like abstineō)   hold back, keep
rogō   ask, beg
rumpō   break, burst

S

sciō   know
scrībō   write
sedeō   sit
sentiō   feel, perceive
sequor   follow
serviō   serve
servō   save, keep
sinō   let, permit
soleō   be accustomed
solvō   loosen, set sail
spectō   look at
spērō   hope
statuō   station, decide
stō   stand
studeō   be eager for, desire
suādeō   advise
sublātum   *see* tollō
subsequor (like sequor)   follow closely
sum   be
sūmō   take
superō   overcome, surpass
suscipiō (like accipiō)   undertake
sustineō (like abstineō)   hold up, withstand
sustulī   *see* tollō

T

taceō   keep still, be silent
tangō   touch
temptō   try
teneō   hold, keep
terreō   frighten
timeō   fear
tollō   lift, raise
trādō (like addō)   surrender, hand over
trādūcō (like dūcō)   lead across
trahō   draw, drag
trānseō (like eō)   go across
trānsportō (like portō)   carry across
tulī   *see* ferō

U

ulcīscor   avenge, punish
ūtor   use

V

valeō   be well, be strong
vehō   bear, draw
veniō   come
vereor   fear, respect
vertō   turn
vetō   forbid
videō   see, seem (in Passive)
vigilō   keep awake, watch
vincō   conquer
vocō   call
volō   want, wish